Bonner Studien zur Wirtschaftssoziologie

Bonner Studien zur Wirtschaftssoziologie

Band 34

Herausgeber:

Prof. Dr. Thomas Kutsch

Michael Griesen

Akzeptanz von Biogasanlagen

D 98 (Diss. Universität Bonn)

Shaker Verlag
Aachen 2010

Bibliografische Information der Deutschen Nationalbibliothek
Die Deutsche Nationalbibliothek verzeichnet diese Publikation in der
DeutschenNationalbibliografie; detaillierte bibliografische Daten sind
im Internet über http://dnb.d-nb.de abrufbar.

Zugl.: Bonn, Univ., Diss., 2010

Copyright Shaker Verlag 2010
Alle Rechte, auch das des auszugsweisen Nachdruckes, der auszugsweisen
oder vollständigen Wiedergabe, der Speicherung in Datenverarbeitungs-
anlagen und der Übersetzung, vorbehalten.

Printed in Germany.

ISBN 978-3-8322-9616-2
ISSN 1864-3981

Shaker Verlag GmbH • Postfach 101818 • 52018 Aachen
Telefon: 02407 / 95 96 - 0 • Telefax: 02407 / 95 96 - 9
Internet: www.shaker.de • E-Mail: info@shaker.de

Institut für Lebensmittel- und Ressourcenökonomik

Akzeptanz von Biogasanlagen

Inaugural-Dissertation

zur

Erlangung des Grades

Doktor der Agrarwissenschaften

(Dr. agr.)

der

Hohen Landwirtschaftlichen Fakultät

der

Rheinischen Friedrich-Wilhelms-Universität

zu Bonn

vorgelegt am 8. März 2010

von

Michael Griesen

aus

Haren (Ems)

Referent: Prof. Dr. Thomas Kutsch
Korreferent: Prof. Dr. Hermann Schlagheck
Tag der mündlichen Prüfung: 25.10.2010

Danksagung

Die vorliegende Arbeit entstand während meiner Tätigkeit als wissenschaftlicher Mitarbeiter am Institut für Lebensmittel- und Ressourcenökonomik der Universität Bonn. An dieser Stelle möchte ich mich bei den Menschen bedanken, die mich bei meiner Promotion begleitet haben. Mein Dank gilt:

- Herrn Prof. Dr. Thomas Kutsch für die Möglichkeit zur Promotion und für den gewährten Freiraum sowohl bei der Erstellung der Dissertation als auch bei der Arbeit am Lehrstuhl,
- Herrn Prof. Dr. Hermann Schlagheck für die freundliche Übernahme des Korreferats,
- Herrn Dr. Ralf Nolten, der meine Arbeit fachlich begleitet hat und dem ich das Themengebiet der vorliegenden Studie zu verdanken habe,
- Frau Prof. Dr. Karin Holm-Müller, die sich seit Beginn des Studiums immer wieder für mich engagiert hat und mir tatkräftig zur Seite stand.

Vor allem danke ich der Reiner-Lemoine-Stiftung, die mich als Promotionsstipendiat gefördert hat. Ich danke für die großzügige finanzielle Unterstützung, aber insbesondere auch für die ideelle Förderung und das vertrauensvolle Miteinander.

Allen Landwirten und Anwohnern in den Untersuchungsgebieten, die sich an meiner empirischen Untersuchung beteiligt haben, danke ich außerordentlich für das Interesse und die Zeit, die sie sich für das Ausfüllen der Fragebögen genommen haben.

Ich danke Herrn Wulkotte von der Landwirtschaftskammer Niedersachsen in Meppen für sein außergewöhnliches Engagement. Herrn Adams von der Landwirtschaftskammer Nordrhein-Westfalen in Düren danke ich ebenfalls für die freundliche Unterstützung.

Wesentlich zum Erfolg dieser Arbeit haben meine Kollegen und Freunde Sandra Greiten und Andrea Ludwig beigetragen: Wir haben uns während der Promotion gegenseitig gestützt und sehr zielführend zusammengearbeitet. Ich danke für die zahlreichen Gespräche, die vielen fachlichen Diskussionen und die uneingeschränkte Unterstützung in allen Lebenslagen.

Im Hinblick auf die Studien- und Promotionszeit danke ich v. a. Julia Kloos und Annika Schlesinger. Ohne sie wäre das Studium nicht das gewesen, was es war.

Schließlich danke ich meiner Mutter und meiner Schwester Maria-Carmen dafür, dass sie mich während des Studiums und der Promotion vertrauensvoll begleitet, motiviert und immer wieder tatkräftig unterstützt haben.

KURZFASSUNG: AKZEPTANZ VON BIOGASANLAGEN

In den letzten Jahren werden aus den verschiedenen Regionen Deutschlands zunehmend lokale Konflikte um den Bau von Biogasanlagen dokumentiert: *Konflikte mit der örtlichen Bevölkerung* basieren auf Befürchtungen der Anwohner von (geplanten) Biogasanlagen: Geruchs- und Lärmbelästigungen, Explosions- und Vergiftungsgefahr, übermäßiger Schwerlastverkehr, nachteilige Auswirkungen des Energiepflanzenanbaus sowie der Verlust der regionalen Biodiversität (Maiswüste) führen zu Konflikten und Akzeptanzproblemen. Ferner bestehen *innerlandwirtschaftliche Konflikte* aufgrund der Konkurrenz um Flächen. Steigende Pachtpreise und Verknappung der Flächen für die Ausbringung von Gärresten aus Biogasanlagen und Gülle stellen in Regionen mit hoher Vieh-/Biogasanlagendichte ein zunehmendes Problem dar.
Ziel dieser Studie ist, die *Akzeptanz von Biogasanlagen* und *akzeptanzbestimmende Faktoren* zu ermitteln. Es soll geklärt werden, inwieweit und unter welchen Umständen Konflikte von Biogasanlagen ausgehen, die dazu führen, dass Potenziale hinsichtlich einer nachhaltigen Energieversorgung nicht ausgeschöpft werden können.
Hierfür wird als übergeordneter Rahmen der Untersuchung das RREEMM-Modell angewendet. Die handlungstheoretischen Aspekte werden durch soziologische Akzeptanztheorien erweitert. Die einstellungsbezogenen Aspekte werden durch das Drei-Komponenten-Modell berücksichtigt. In der statistischen Auswertung finden uni- und bivariate Methoden sowie regressionsanalytische Modelle Anwendung.
Im Rahmen der postalischen Erhebung wurden 1150 Fragebögen an Landwirte und Anwohner in der Ackerbauregion Düren und der Veredelungsregion Emsland verschickt. Die Erhebung fand im Oktober und November 2008 statt. Die Rücklaufquote betrug 16,8 % bei den Anwohnern, bei den Landwirten 29,6 %.

Knapp über 20 % der *Landwirte* und 25 % der *Anwohner* in der Stichprobe weisen eine ablehnende Haltung gegenüber dem Bau einer Biogasanlage in ihrer Umgebung auf; genauso groß ist der Anteil der Landwirte und Anwohner, die eine gleichgültige Haltung haben. Somit äußerten knapp 60 % der Landwirte und 50 % der Anwohner ihre Zustimmung gegenüber Biogasanlagen. Viele Landwirte und Anwohner weisen extreme Akzeptanzformen auf: Etwa 10 % der Landwirte gaben an, eine Biogasanlage bauen zu wollen, 5 % der Landwirte und Anwohner würden eine Bürgerinitiative gegen eine Biogasanlage gründen, 12 % an einer Bürgerinitiative teilnehmen.
In der Veredelungsregion (Emsland) konnte sowohl bei den Landwirten als auch bei den Anwohnern eine niedrigere Akzeptanz als in der Ackerbauregion (Düren) nachgewiesen werden.
Als wesentliche akzeptanzbestimmende Faktoren stellten sich heraus: Ethische Beurteilung des Energiepflanzenanbaus, Entfernung der Biogasanlage zum Wohnhaus bzw. Betrieb und v. a. Perspektiven, die mit der Biogaserzeugung in Verbindung gebracht werden, wie Klimaschutz, Entstehung von Arbeitsplätzen, Energieunabhängigkeit und alternative Einkommensmöglichkeit für Landwirte. Die Akzeptanz der emsländischen Landwirte wird zum Großteil durch die mit der Biogastechnologie entstehenden Flächenprobleme (Pachtpreise, Verknappung der Fläche, Monokulturen) erklärt.

Damit die Biogaserzeugung sich aus sozialwissenschaftlichen Gesichtspunkten weiter positiv entwickeln könnte, müssten Veränderungen v. a. hinsichtlich der Bereiche Ethik und Flächenproblematik vorgenommen werden. Der Anbau von Zwischenfrüchten zur Energiepflanzenproduktion sollte stärker gefördert, die finanzielle Förderung von Energiemais hingegen vermindert/eingestellt werden. Insbesondere für Nahwärmenetze in Neubaugebieten im ländlichen Raum sollten weitere Anreize vom Gesetzgeber geschaffen werden (EE-Wärme-Gesetz).

ABSTRACT: ACCEPTANCE OF BIOGAS PLANTS

Over the last years a widespread adoption of biogas technology has been reported in agricultural areas of Germany. The increased construction of new biogas plants goes along with a high conflict potential between the resident population and farmers. As a consequence of the growing number of biogas plants the local population feels threatened by the increase of noise and odor, the danger of poisoning and explosion and the rising traffic. Furthermore negative impacts on agricultural cultivation and the loss of biological diversity lead to a minor acceptance of biogas plants.

From an agricultural point of view the increase of biogas plants results in a higher competition of potential agricultural zones and in a shortage of available area. In certain regions characterized by a high concentration of biogas plants scarcity of available area can arise and lead to increased tenancies.

The aim of the study is to research and identify the acceptance of biogas plants and to define the determining parameters of these processes. Another approach was to figure out to which extend conflicts around biogas plants can lower the potential of a sustainable energy supply.

The framework of the study was the RREEMM-Model, which was used for the investigation and enhanced by sociological (acceptance) theories.

Uni- and bivariate methods and regressions analysis and models were applied.

Aiming at these goals, questionnaires were developed and sent to the target groups in the agricultural region of Düren (agricultural focus: sugar-beets and wheat) and Emsland (focus: livestock breeding) during october and november 2008. The return rate was 16,8 % for the residents and 29,6 % for the farmers.

Around 20 % of the farmers and 25 % of the residents would not welcome the construction of new biogas plants close to their homes. The same number showed an indifferent attitude towards biogas plants. 60 % of the farmers and 50 % of the residents agreed on building new biogas plants, while extreme forms of acceptance were proved in this study: Around 10 % of the respondents would even support the construction of biogas plants, 5 % would launch a citizens' initiative against it and 12 % would join a citizens' initiative. Another result of this study was that farmers and residents situated in the Emsland showed less acceptance than farmers and residents from the agricultural area around Düren.

The following major determinants for the acceptance were identified in this case study: ethical estimation of energy crop production, distance of farm or residence to the biogas plant, individual issues related to biogas plants as e. g. climate protection, employment, independency of public energy supply and possible increase of income for farmers.

The minor acceptance in the Emsland seems to be related to the shortage of available agricultural area, which is a major problem in this district.

From the socio-economic point of view a change of policy is necessary in order to strengthen the development of biogas technology in the near future. The support and implementation of catch crops would be a solution, the subvention of energy maize should be decreased. New energy solutions e. g. local heat networks particularly in rural areas should be more strengthened by Legislative and Government.

Inhalt

INHALTSVERZEICHNIS..I
ABBILDUNGSVERZEICHNIS..IV
TABELLENVERZEICHNIS..VI
ABKÜRZUNGSVERZEICHNIS..VIII

Inhaltsverzeichnis

1 Einleitung 1

2 Grundlagen der Biogaserzeugung in Deutschland 6
   2.1 Verfahrenstechnische Grundlagen 6
      2.1.1 Grundlagen der Biogaserzeugung 6
      2.1.2 Verwertungsmöglichkeiten von Biogas 13
   2.2 Rechtliche Grundlagen der Biogaserzeugung in Deutschland 14
      2.2.1 Förderbedingungen für Biogasanlagen (EEG) 14
      2.2.2 Rechtliche Grundlagen: Errichtung und Betrieb von Biogasanlagen .. 23
   2.3 Ökonomische Kenngrößen für den Betrieb einer Biogasanlage 35
   2.4 Verbreitung von Biogasanlagen in Deutschland 41
   2.5 Potenzial der Biogaserzeugung in Deutschland 45

3 Theoretischer Rahmen der Untersuchung 48
   3.1 Modellierung sozialer Prozesse 51
      3.1.1 RREEMM-Modell 51
      3.1.2 Integration des RREEMM-Modells ins Grundmodell soziologischer Erklärung 53
   3.2 Akzeptanzforschung 56
      3.2.1 Definition Akzeptanz 56
      3.2.2 Erscheinungsformen von Akzeptanz 60
         3.2.2.1 Erscheinungsformen nach LUCKE 61
         3.2.2.2 Erscheinungsformen nach HOFINGER 66
      3.2.3 Akzeptanzrelevante Faktoren nach LUCKE 67
   3.3 Messung von Einstellungen – das Drei-Komponenten-Modell 74
   3.4 Untersuchungsansatz und -methoden 77
      3.4.1 Untersuchungsansatz 77
      3.4.2 Methoden der empirischen Untersuchung 82
      3.4.3 Beschreibung der Untersuchungsregionen 85
      3.4.4 Pretest 87
      3.4.5 Aufbereitung und Auswertung der Daten 88

4 Empirische Ergebnisse der Untersuchung **94**

4.1 Landwirte **94**

4.1.1 Beschreibung der Stichprobe 94

4.1.2 Akzeptanz von Biogasanlagen 97

    4.1.2.1 Erscheinungsformen von Akzeptanz nach HOFINGER – die konative Komponente 98

    4.1.2.2 Erscheinungsformen von Akzeptanz nach LUCKE 107

4.1.3 Akzeptanzrelevante und -bestimmende Faktoren: uni-/bivariate Analysen 110

    4.1.3.1 Akzeptanzbestimmende Faktoren – die affektive Komponente 110

        4.1.3.1.1 Allgemeine Einstellungen zu Biogas 110

        4.1.3.1.2 Assoziationen im Hinblick auf eine Biogasanlage in unmittelbarer Nähe 112

        4.1.3.1.3 Bereitschaft zum Bau einer Biogasanlage 119

        4.1.3.1.4 Bereitschaft zum Anbau von Energiepflanzen 123

    4.1.3.2 Akzeptanzbestimmende Faktoren – die kognitive Komponente 126

    4.1.3.3 Akzeptanzrelevante Faktoren 127

        4.1.3.3.1 Biografieebene 128

        4.1.3.3.2 Situations- und Problemebene 133

        4.1.3.3.3 Akteursebene 137

        4.1.3.3.4 Legitimationsebene 139

        4.1.3.3.5 Verhaltens-, Norm- und Werteebene 140

        4.1.3.3.6 Bezugsgruppenebene 147

        4.1.3.3.7 Wahrnehmungs- und Einstellungsebene 152

4.1.4 Akzeptanzrelevante und -bestimmende Faktoren: Regressionsanalyse 154

4.2 Anwohner **158**
    4.2.1 Beschreibung der Stichprobe 158
    4.2.2 Akzeptanz 161
        4.2.2.1 Erscheinungsformen von Akzeptanz nach HOFINGER – die konative
              Komponente 161
        4.2.2.2 Erscheinungsformen von Akzeptanz nach LUCKE 166
    4.2.3 Akzeptanzbestimmende und -relevante Faktoren: uni-/bivariate Analysen 169
        4.2.3.1 Akzeptanzbestimmende Faktoren – die affektive Komponente 169
            4.2.3.1.1 Allgemeine Einstellungen zu Biogas 169
            4.2.3.1.2 Assoziationen im Hinblick auf eine Biogasanlage in unmittelbarer
                     Nähe 171
            4.2.3.1.3 Bewertung von Biogasanlagen im Vergleich zu anderen
                     landwirtschaftlichen Betriebszweigen 174
        4.2.3.2 Akzeptanzbestimmende Faktoren – die kognitive Komponente 175
        4.2.3.3 Akzeptanzrelevante Faktoren 177
            4.2.3.3.1 Biografieebene 177
            4.2.3.3.2 Situations- und Problemebene 180
            4.2.3.3.3 Akteursebene 184
            4.2.3.3.4 Legitimationsebene 185
            4.2.3.3.5 Verhaltens-, Norm- und Werteebene 187
            4.2.3.3.6 Bezugsgruppenebene 193
            4.2.3.3.7 Wahrnehmungs- und Einstellungsebene 199
    4.2.4 Akzeptanzbestimmende und -relevante Faktoren: Regressionsanalyse 202

5 Zusammenfassung und Handlungsempfehlungen **205**

Literaturverzeichnis .... **X**

ABBILDUNGSVERZEICHNIS

Abbildung 1: Substrate für landwirtschaftliche Vergärungsanlagen 7

Abbildung 2: Typische Biogasanlage in Behälterkonstruktion mit gasdichter Folie als Gasspeicher und Wetterfolie 11

Abbildung 3: Stromerzeugung aus Erneuerbaren Energien 2007 21

Abbildung 4: EEG-Differenzkosten 2000-2006 in Mio. Euro 22

Abbildung 5: Genehmigungskriterien für die Errichtung einer Biogasanlage 29

Abbildung 6: Ablaufschema der Genehmigungsverfahren nach dem BImSchG 32

Abbildung 7: Anlagenbestand und installierte elektrische Leistung von Biogasanlagen in der BRD 42

Abbildung 8: Biogasnutzung in den Bundesländern 43

Abbildung 9: Regionale Verteilung der installierten elektrischen Leistung von Biogasanlagen 44

Abbildung 10: Nutzbares Energiepotenzial für Biogas 47

Abbildung 11: Integration des RREEMM-Modells in das Grundmodell soziologischer Erklärung 55

Abbildung 12: Akzeptanztypen nach LUCKE 62

Abbildung 13: Inakzeptanz-Akzeptanz-Skala nach HOFINGER 66

Abbildung 14: Drei-Komponenten-Modell 75

Abbildung 15: Theoretischer Rahmen der empirischen Untersuchung 78

Abbildung 16: Ermittlung von Akzeptanz in der empirischen Untersuchung 81

Abbildung 17: Akzeptanzskala 103

Abbildung 18: Verteilung der selbst geäußerten Akzeptanzwerte (in %) 104

Abbildung 19: Verteilung der Akzeptanz in den Untersuchungsgebieten 106

Abbildung 20: Mittelwerte der Attribute in den Untersuchungsregionen 112

Abbildung 21: Befürchtungen beim Bau einer Biogasanlage in der Umgebung 113

Abbildung 22: Erwartungen beim Bau einer Biogasanlage in der Umgebung 114

Abbildung 23: Mittelwerte der Assoziationen in den Untersuchungsregionen 115

Abbildung 24: Verteilung der Rangwerte von Assoziationen im Emsland und Düren ... 118

ABBILDUNGSVERZEICHNIS

Abbildung 25: Determinanten für den Anbau von Energiepflanzen 124

Abbildung 26: Meinung über energetische Nutzung potenzieller Nahrungspflanzen 145

Abbildung 27: Verteilung der Akzeptanz in den vier Ortschaften 163

Abbildung 28: Verteilung der Akzeptanz in den Ortschaften 166

Abbildung 29: Bedenken der Anwohner im Hinblick auf geplanten Anlagenbau in der Nähe 171

Abbildung 30: Erwartungen der Anwohner im Hinblick auf Anlagenbau in der Nähe ... 172

Abbildung 31: Bewertung einer energetischen Nutzung von Getreide und Mais 191

Abbildung 32: Höhe der Akzeptanz in Abhängigkeit der Parteipräferenz 196

Abbildung 33: Einfluss akzeptanzbestimmender und -relevanter Faktoren auf die Akzeptanz 208

Abbildung 34: Zusammenfassung der Ergebnisse anhand des RREEMM-Modells 211

TABELLENVERZEICHNIS

Tabelle 1: Schematische Übersicht der Verfahren zur Biogaserzeugung nach verschiedenen Kriterien 9

Tabelle 2: Stromentgelte nach der Novellierung des EEG 2009 in ct/kWh 20

Tabelle 3: Soziodemografische Merkmale der befragten Landwirte 95

Tabelle 4: Überblick über die Struktur der landwirtschaftlichen Betriebe 96

Tabelle 5: Reaktionen im Hinblick auf den Bau einer Biogasanlage (in %) 99

Tabelle 6: Akzeptanzverteilung nach LUCKE (in %) 107

Tabelle 7: Allgemeine Einstellungen zum Thema Biogas (in %) 111

Tabelle 8: Korrelationen der Befürchtungen und Erwartungen mit der Akzeptanz 117

Tabelle 9: Verteilung der Motive für bzw. gegen den Bau einer Biogasanlage 120

Tabelle 10: Akzeptanz in den verschiedenen Betriebszweigen 129

Tabelle 11: Bezug zu Biogasanlagen in den Untersuchungsregionen 134

Tabelle 12: Verteilung des Protestverhaltens 141

Tabelle 13: Verteilung der Mitgliedschaften und die entsprechenden Akzeptanzwerte .. 148

Tabelle 14: Verteilung der Mittelwerte hinsichtlich der Faktoren räumlicher Nähe in beiden Untersuchungsregionen 150

Tabelle 15: Regressionsmodell zur Akzeptanz (Emsland) 156

Tabelle 16: Regressionsmodell zur Akzeptanz (Düren) 157

Tabelle 17: Soziodemografische Merkmale der befragten Anwohner 160

Tabelle 18: Verteilung der Reaktionen im Hinblick auf den Bau einer Biogasanlage 161

Tabelle 19: Akzeptanz in den Untersuchungsgruppen 164

Tabelle 20: Akzeptanzverteilung nach LUCKE (Antwort „ja" in %) 167

Tabelle 21: Allgemeine Einstellungen über Biogas (in %) 170

Tabelle 22: Verteilung des Wissens über Biogasanlagen 176

Tabelle 23: Bezug der Anwohner zu Biogasanlagen in den Untersuchungsregionen 181

Tabelle 24: Ressourcen und Restriktionen eines Engagements 183

Tabelle 25: Legitimation Erneuerbarer Energien 186

Tabelle 26: Protestverhalten der befragten Anwohner 187

Tabelle 27: Mittelwerte und Korrelationen im Hinblick auf die räumliche Nähe und Akzeptanz von Biogasanlagen 198

Tabelle 28: Verteilung der Einstellungen über Landwirtschaft (in %) 200

Tabelle 29: Regressionsmodell der Anwohnerbefragung 203

ABKÜRZUNGSVERZEICHNIS

BauGB	Baugesetzbuch
BGBl	Bundesgesetzblatt
BHKW	Blockheizkraftwerk
BImSchG	Bundesimmissionsschutzgesetz
BImSChV	Bundesimmissionsschutzverordnung
BMELV	Bundesministerium für Ernährung, Landwirtschaft und Verbraucherschutz
BMU	Bundesministerium für Umwelt, Naturschutz und Reaktorsicherheit
BMVEL	Bundesministerium für Verbraucherschutz, Ernährung und Landwirtschaft (vor der Umbenennung in BMELV)
DN	Düren
EEG	Erneuerbare-Energien-Gesetz
EE-Wärme-G	Erneuerbare-Energien-Wärme-Gesetz
EL	Emsland
FM	Frischmasse
FNR	Fachagentur Nachwachsende Rohstoffe
GbR	Gesellschaft bürgerlichen Rechts
GmbH	Gesellschaft mit beschränkter Haftung
GV	Großvieheinheit
IZA	Institut zur Zukunft der Arbeit
KfW	Kreditanstalt für Wiederaufbau
kW	Kilowatt
kWh	Kilowattstunde
KWK	Kraft-Wärme-Kopplung
MW	Megawatt
Nawaro	Nachwachsende Rohstoffe
Nimby	Not in my backyard
RREEMM	Resourcefull, Restrictioned, Evaluating, Expecting, Maximising Man
SchHaltHygV	Schweinhaltungshygieneverordnung
SOEP	Sozioökonomisches Panel
TA Luft	Technische Anleitung zur Reinhaltung der Luft
TA Lärm	Technische Anleitung zum Schutz gegen Lärm
TWh	Tetrawattstunde
UGB	Umweltgesetzbuch

UVP	Umweltverträglichkeitsprüfung
UVPG	Gesetz zur Umweltverträglichkeitsprüfung
UVS	Umweltverträglichkeitsstudie
WHG	Wasserhaushaltsgesetz

1 Einleitung

*„Effizienz ohne Akzeptanz ist nur
noch in Ausnahmefällen zu haben.
Sie wird zum Glücksfall für die Betreiber."*
Doris Lucke

Vor dem Hintergrund des Klimawandels, steigender Energiekosten und der Energieabhängigkeit Deutschlands von anderen Ländern werden mit Erneuerbaren Energien große Hoffnungen verbunden. Daher verpflichtete sich die Bundesrepublik Deutschland durch das Kyoto-Protokoll (2002) und den Zielen der EU vom 9. März 2007, den Anteil Erneuerbarer Energien am gesamten Energieverbrauch der EU von 6,5 % auf 20 % im Jahr 2020 zu erhöhen.[1]

Mit der Expansion Erneuerbarer Energien entwickelten sich in Deutschland zunächst die Windkrafttechnologie und seit einiger Zeit auch Photovoltaikanlagen sowie die Nutzung von Biomasse. In diesem Zusammenhang ist zurzeit ein großes Wachstum der Anzahl von Biogasanlagen zu beobachten. Durch die Vergärung von Gülle in Biogasanlagen wird das Klima in doppelter Hinsicht geschützt: Das ohnehin bei der Güllelagerung entstehende Methan[2] wird nicht an die Atmosphäre abgegeben. Darüber hinaus wird klimafreundlicher Strom produziert. Biogas ist in dieser Hinsicht die mit Abstand klimafreundlichste aller Erneuerbaren Energien.[3]

Potenzialstudien sagen voraus, dass Biogas ungefähr 17 % des Verbrauchs von Erdgas in der BRD decken könnte.[4] Dies entspricht einem Anteil von 3 % des gesamten Primärenergieverbrauches.[5]

---

[1] Bis 2050 sollen etwa 80 % des Energiebedarfs aus Erneuerbaren Energien stammen. Dabei ist zu berücksichtigen, dass der Energiebedarf sich in diesem Zeitraum – je nach Studie – u. U. verdoppeln wird.
[2] Die bei der Tierhaltung, Güllelagerung und -ausbringung entstehenden Klimagase Methan bzw. Lachgas sind um das 21fache bzw. 300fache klimaschädlicher als CO_2 (siehe hierzu: Dräger de Teran, M.: Methan und Lachgas – Die vergessenen Klimagase. Hintergrundinformationen WWF, Berlin 2007, S. 1).
[3] Laut Öko-Institut Freiburg werden mit jeder produzierten kWh Strom aus Biogas bei Ausnutzung der Abwärme 400 Gramm CO_2 eingespart (zum Vergleich: Windkraft: 20 Gramm CO_2 je kWh produzierten Stromes (Gesamtberechnung unter Berücksichtigung der Materialherstellung etc.)). Siehe hierzu: Fritsche, U.: Treibhausgasemissionen und Vermeidungskosten der nuklearen, fossilen und erneuerbaren Strombereitstellung. Arbeitspapier Öko-Institut Freiburg. März 2007, S. 7.
[4] Vgl. Kaltschmitt, A. et al.: Stellung und Bedeutung von Biogas als regenerativer Energieträger in Deutschland. Gülzow 2005, S. 226.
[5] Vgl. Fachagentur für Nachwachsende Rohstoffe (FNR): Biogas – Eine Einführung. Gülzow 2008, S. 15.

Der Fachverband Biogas rechnet mit einer Verzehnfachung der Anlagenzahl von zurzeit rund 4000 Anlagen bis 2020,[6] was bedeutet, dass 30 % des Stromverbrauches der BRD von Biogasanlagen gedeckt werden könnte.

Problemstellung

Insbesondere in ländlichen Räumen ist unter diesem Gesichtspunkt die Energieerzeugung aus Biogas die Erneuerbare Energie, die aufgrund des Anlagen-„Booms" sehr kontrovers diskutiert wird. Der rasante Anstieg von Biogasanlagen führt dazu, dass sich betroffene Anwohner und Landwirte mit Biogasanlagen auseinandersetzen müssen. In den letzten Jahren werden aus den verschiedenen Regionen Deutschlands zunehmend lokale Konflikte um den Bau von Biogasanlagen dokumentiert. Zahlreiche Bürgerinitiativen gegen geplante Biogasanlagen wurden gegründet und spalten die Dorfgemeinschaften, wie z. B. in Behlendorf und Haaren. In der schleswig-holsteinischen Gemeinde Behlendorf (400 Einwohner) ist der Konflikt derart eskaliert, dass sich der ortsansässige Pastor und Ministeriumsvertreter vereint haben, um die entstandenen Streitigkeiten zu schlichten.[7] Im niedersächsischen Haaren ist fast die gesamte Dorfgemeinschaft Mitglied in einer Bürgerinitiative gegen eine geplante und genehmigte Biogasanlage, die eigentlich schon 2007 in Betrieb gehen sollte.[8] Konflikte um Biogasanlagen basieren nahezu einstimmig auf folgenden Ängsten:

Anwohner von (geplanten) Biogasanlagen befürchten Geruchs- und Lärmbelästigungen sowie Explosions- und Vergiftungsgefahr. Die mit dem Maisanbau verbundenen Auswirkungen auf das Landschaftsbild und dem damit verbundenen möglichen Verlust der regionalen Biodiversität können ebenso wie die fehlende Einbindung der Biogasanlagen in die vorhandene Bebauung zu Konflikten führen. Insbesondere in der Erntezeit entstehen Akzeptanzprobleme aufgrund von Schwerlastverkehr bei der Maisernte und wegen der Beschaffenheit der Silageplätze im Hinblick auf die Sickerwasserdurchlässigkeit (Grundwasserverschmutzung).

Schon am Beispiel der Windenergieanlagen (Verspargelung der Landschaft) ist zu sehen, dass die soziale Akzeptanz seitens der Öffentlichkeit und betroffener Personenkreise von

---

[6] Vgl. Wissenschaftlicher Beirat Agrarpolitik beim Bundesministerium für Ernährung, Landwirtschaft und Verbraucherschutz (BMELV): Nutzung von Biomasse zur Energiegewinnung – Empfehlungen an die Politik. Berlin 2007, S. 174.

[7] Vgl. Lubowski, K.: Pastor will Behlendorf versöhnen. In: Hamburger Abendblatt, Ausgabe vom 26. November 2006.

[8] Vgl. Romberg, T.: Dort hui, hier pfui. In: Die Zeit, Nr. 3 vom 14. Januar 2010, S. 25.

zentraler Bedeutung für die Umsetzung des technischen Entwicklungspotenzials ist und – wenn gegeben – über die ökonomischen, politischen und technischen Aspekte hinaus einen bedeutenden Beitrag zur Etablierung Erneuerbarer Energien leisten kann. Akzeptanzprobleme führen dazu, dass Genehmigungsverfahren in die Länge gezogen bzw. einige Anlagen verhindert werden. Des Weiteren wird die ohnehin problematische Verwendung der Abwärme von Biogasanlagen erschwert: Da die Wirtschaftlichkeit von Biogasanlagen stark von der Nutzung der anfallenden Abwärme abhängt, ist insbesondere bei Biogas im Gegensatz zu anderen alternativen Energiequellen die Akzeptanz von großer Bedeutung: Um die Wirtschaftlichkeit einer Biogasanlage zu gewährleisten, müsste das Vertrauen der Bevölkerung so hoch sein, diese Energieform auch als Wärmelieferant in privaten Haushalten bzw. öffentlichen Einrichtungen zu nutzen.

Ferner bestehen *innerlandwirtschaftliche Konflikte* aufgrund der Konkurrenz um Flächen (Nahrungsmittelproduktion vs. Energiepflanzen) und der damit begrenzten einzelbetrieblichen Entwicklungsmöglichkeiten der Landwirte. Steigende Pachtpreise und Verknappung der Flächen für die Ausbringung von Gärresten aus Biogasanlagen und Gülle stellen in Regionen mit hoher Biogasanlagendichte ein zunehmendes Problem dar, wie z. B. im Landkreis Emsland.[9]

Laufende Forschungsprojekte im Hinblick auf Biogas befassen sich nahezu ausschließlich mit Fragen der Energetik, Potenzialabschätzungen, den Betreiberformen oder der Pflanzenzüchtung. Aktuelle Vorhaben im Bereich der Sozialwissenschaften sind in der Techniksoziologie oder in der Umweltpsychologie angesiedelt und behandeln allenfalls die Akzeptanz Erneuerbarer Energien. Des Weiteren fokussiert sich die Forschung zum Großteil auf die Entwicklung partizipativer Lösungsansätze, ohne die Ursachen der Konflikte ausreichend zu erforschen.

Insbesondere bestehe nach KÜHN UND DANIELZYK Forschungsbedarf im Hinblick auf die Veränderungen der Kulturlandschaft durch den Anbau von Energiepflanzen.[10]

---

[9] Vgl. Stückemann, K.: Ungesunder Biogas-Boom. In: Landwirtschaftliches Wochenblatt Westfalen-Lippe, Heft 6/2010, S. 33 ff.
[10] Vgl. Kühn, M.; Danielzyk, R.: Der Stellenwert der Kulturlandschaft in der Regional- und Raumplanung – Fazit, Ausblick und Handlungsempfehlungen. In: Matthiesen, U.; Danielzyk, R.; Heiland, S.: Kulturlandschaften als Herausforderung für die Raumplanung. Verständnisse – Erfahrungen – Perspektiven. Hannover 2006, S. 295.

Zielsetzung

Ziel dieser Studie ist daher, die *Akzeptanz von Biogasanlagen* und *akzeptanzbestimmende Faktoren* zu ermitteln. Es soll geklärt werden, inwieweit und unter welchen Umständen Konflikte von Biogasanlagen ausgehen, die dazu führen, dass Potenziale hinsichtlich einer nachhaltigen Energieversorgung nicht ausgeschöpft werden können. In diesem Zusammenhang soll überprüft werden, inwiefern Konflikte um das Thema Biogas lokale Ausnahmeerscheinungen sind oder Tendenzen aufweisen, die einen weiteren Ausbau der Biogaserzeugung verhindern könnten.

Vorgehensweise

Da sich Biogasanlagen bisher v. a. in Veredelungsregionen, d. h. in Regionen mit vergleichsweise hohem Viehbesatz je Hektar, angesiedelt haben, werden für die Zukunft große Potenziale für Standorte in Ackerbauregionen angenommen. In Veredelungsgebieten bestehen bereits Erfahrungen von Landwirten und Anwohnern mit Biogasanlagen, während in einigen Ackerbauregionen die Biogaserzeugung nicht sehr verbreitet ist. SPILLER UND GERLACH beschreiben diese Problematik analog am Beispiel der Akzeptanz von Schweinemastanlagen: Aufgrund der knappen Flächenverfügbarkeit in Veredelungsregionen sehen sie große Potenziale für künftige Tierhaltungsanlagen in Ackerbauregionen. Wegen der Skepsis der Bevölkerung in Ackerbauregionen wären diese Potenziale jedoch eingeschränkt.[11] Da zwischen Biogasanlagen und Schweinemastanlagen z. T. Überschneidungen bestehen, was mögliche Belästigungen angeht (Geruchs-, Lärmbelästigung etc.), sollen die genannten Erkenntnisse als Anhaltspunkt dienen, in dieser Arbeit eine *vergleichende Analyse* zur Akzeptanz von Biogasanlagen vorzunehmen, die die Akzeptanz und akzeptanzbestimmende Faktoren von Landwirten und anwohnender Bevölkerung in *beiden* Regionstypen ermittelt. Dieser Vergleich kann dazu dienen, Vorurteile und Ängste zu identifizieren und objektivieren, um Lösungsmöglichkeiten zur Konfliktvermeidung aufzeigen zu können.

---

[11] Vgl. Spiller, A.; Gerlach, S.: Stallbaukonflikte in Nicht-Verdelungsregionen: Empirische Analyse und Folgerungen für effiziente Governancestrukturen. Beitrag im Rahmen der 46. Jahrestagung der Gesellschaft für Wirtschafts- und Sozialwissenschaften des Landbaus (GeWiSoLa) in Gießen vom 4.-6. Oktober 2006.

Auf *Ebene der anwohnenden Bevölkerung* sollen v. a. Ängste und Befürchtungen ermittelt werden, aber auch Einstellungen und Wissen über Landwirtschaft, Erneuerbare Energien und Biogasanlagen. Unterschiedliche Werthaltungen und Lebensstile können in ländlichen Regionen zu differierenden Einstellungen zur Landwirtschaft und zu Biogasanlagen führen und sollen daher in der vorliegenden Studie ebenfalls berücksichtigt werden.

Auf der *Ebene der Landwirte* steht die Flächenkonkurrenz im Mittelpunkt der Betrachtung. Auch hier werden Einstellungen zu Biogasanlagen und Erneuerbaren Energien ermittelt. Hierzu sollen Betriebe mit unterschiedlichen Betriebszweigen befragt werden. Da nicht nur die innerlandwirtschaftliche Konkurrenz negative Auswirkungen auf die Akzeptanz hat, sondern auch die Einstellung zu Biogasanlagen als mögliches zusätzliches betriebliches Standbein von Landwirten, wird geprüft, welche Betriebsleiter Biogasanlagen eher kritisch betrachten und welche sich vorstellen könnten, in diesen Betriebszweig zu investieren.

Zur angemessenen Bearbeitung der beschriebenen Forschungsfragen wird als übergeordneter Rahmen der Untersuchung das RREEMM-Modell Anwendung finden. Dieses übergeordnete Modell hilft dabei, Restriktionen und Ressourcen einzelner Akteure zu ermitteln und von diesen ausgehend deren Handlungsmöglichkeiten abzuleiten. Diese handlungstheoretischen Aspekte werden durch soziologische Akzeptanztheorien erweitert. Die einstellungsbezogenen Aspekte werden durch das Drei-Komponenten-Modell berücksichtigt.

Auf der methodologischen Ebene soll in dieser Arbeit erprobt werden, inwieweit die akzeptanzsoziologischen Überlegungen von LUCKE, die v. a. für gesellschaftspolitische Schwerpunkte konzipiert wurden, sich darüber hinaus für techniksoziologische Themenstellungen eignen.

2 GRUNDLAGEN DER BIOGASERZEUGUNG IN DEUTSCHLAND

Im folgenden Kapitel werden die Grundlagen der Biogaserzeugung beschrieben. Zunächst werden verfahrenstechnische und rechtliche Grundlagen dargelegt, anschließend erfolgt ein Überblick über die Verbreitung von Biogasanlagen in der Bundesrepublik Deutschland. Dieses Kapitel gibt einen Einstieg – die wesentlichen Fachbegriffe und Rahmenbedingungen der Biogaserzeugung werden erläutert. Anhand dieser Informationen ist es möglich, die Akzeptanzprobleme im Hinblick auf Biogasanlagen verstehen und einordnen zu können.

2.1 Verfahrenstechnische Grundlagen

In diesem Kapitel werden wesentliche verfahrenstechnische Grundlagen der Biogaserzeugung skizziert. Neben dem Entstehungsprozess von Biogas und der Eignung von Substraten für die Biogasanlagen sollen verschiedene Verfahren vorgestellt werden. Anschließend folgt ein Überblick über die Verwertungsmöglichkeiten von Biogas.

2.1.1 Grundlagen der Biogaserzeugung

Die Entstehung von Biogas vollzieht sich in einem biologischen Prozess bei der Zersetzung organischer Masse unter Luftabschluss.[12] Ohne Eingriff des Menschen ist diese anaerobe Gasbildung u. a. in Mooren, Güllegruben oder im Pansen von Wiederkäuern vorzufinden. Die Prozesse, die bei der Biogasentstehung ablaufen, ähneln denen des Verdauungstraktes von Wiederkäuern: Verschiedene Bakterienarten bauen in mehreren Schritten das Ausgangsmaterial (Eiweiße, Kohlenhydrate, Fette) zunächst zu einfachen organischen Bausteinen (Amino-, Fettsäuren und Zucker) ab. Nach dieser sogenannten Hydrolyse folgt die Versäuerungsphase durch säurebildende Bakterien. Dabei entstehen Essigsäure, Wasserstoff und Kohlenstoffdioxid, bevor die Methanbildung durch Methanbakterien stattfindet.

---

[12] Vgl. Gruber, W.; Bräutigam, V.: Biogasanlagen in der Landwirtschaft, aid infodienst Verbraucherschutz, Ernährung, Landwirtschaft e. V. Heft 1453/2005. Bonn 2005, S. 8.

Biogas besteht bis zu zwei Dritteln aus Methan und ungefähr einem Drittel aus Kohlendioxid. Ferner beinhaltet Biogas geringe Anteile von Wasserstoff, Schwefelwasserstoff, Ammoniak und weiteren Spurengasen.[13]

In einer Biogasanlage können diese Prozesse gezielt gesteuert und optimiert werden. Unter einer Biogasanlage ist eine Anlage zu verstehen, „*in der organische Stoffe vergoren werden und Biogas erzeugt, aufgefangen, gelagert und verwertet wird. Zur Biogasanlage gehören alle dem Betrieb dienenden Einrichtungen und Bauten.*"[14]

Die Vergärung der organischen Stoffe findet in einem Fermenter statt. Hierunter ist ein gasdichter Behälter zu verstehen, in dem die mikrobiologischen Abbauprozesse des Substrates stattfinden.[15]

Als Substrat werden organische Stoffe eingesetzt, die durch einen Gärrest oder durch vergorene Rindergülle mit den notwendigen Bakterienstämmen geimpft werden.[16] Als Substrate für landwirtschaftlich betriebene Anlagen (neben Anlagen für Klär- und Deponiegasen) kommen folgende Stoffe in Frage:

Abbildung 1: Substrate für landwirtschaftliche Vergärungsanlagen

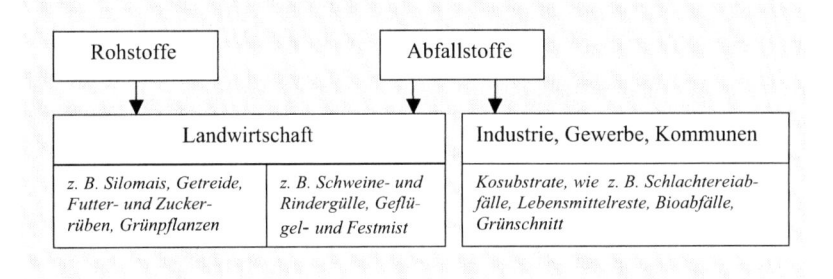

Rohstoffe		Abfallstoffe
Landwirtschaft		Industrie, Gewerbe, Kommunen
z. B. Silomais, Getreide, Futter- und Zuckerrüben, Grünpflanzen	z. B. Schweine- und Rindergülle, Geflügel- und Festmist	Kosubstrate, wie z. B. Schlachtereiabfälle, Lebensmittelreste, Bioabfälle, Grünschnitt

Quelle: Eigene Darstellung.

Der Gasertrag ist stark abhängig vom eingesetzten Substrat. Der Biogasertrag der Gülle von 200 Kühen entspricht der von ca. 1500 Mastschweinen oder dem Mist von 70.000 Masthähnchen und liegt zwischen 250 und 400 m³/Tag. Auf das Substrat bezogen können

---

[13] Vgl. Bundesministerium für Verbraucherschutz, Ernährung und Landwirtschaft (BMVEL) (Hrsg.): [heute Bundesministerium für Ernährung, Landwirtschaft und Verbraucherschutz]: Handreichung Biogasgewinnung und -nutzung. Gülzow 2005, S. 25 f.
[14] Vgl. Ministerium für Umwelt und Forsten Rheinland-Pfalz (Hrsg.): Handbuch für die Planung, die Errichtung und den Betrieb von Biogasanlagen. Mainz o. J., S. 8.
[15] Ebenda, S. 8.
[16] Ebenda, S. 33 f.

ungefähr 25 m³ Biogas je Tonne Rinder- und Schweinegülle bzw. 80 m³/t Hühnermist gewonnen werden.[17] Je Großvieheinheit (GV) kann von einem Gasertrag von etwa einem bis zwei m³/Tag ausgegangen werden.[18]

Bei den Nachwachsenden Rohstoffen (Nawaros) ist der Biogasertrag von Mais-, Roggenganzpflanzen- und Grassilagen sehr hoch (ca. 170-200 m³/t Frischmasse (FM)), gefolgt von Zuckerrüben (ca. 170 m³/t FM). Bei den Kosubstraten aus Industrie und Gewerbe, die in einigen Anlagen über die landwirtschaftlichen Rohstoffe hinaus eingesetzt werden, entsteht je nach Substrat eine beachtliche Menge an Biogas, insbesondere bei fettigen Abfällen, wie z. B. Speisereste oder Fettabscheiderrückstände (ca. 50-480 m³/t FM).[19]

Der Stromertrag liegt zwischen fünf und sechs kWh je m³ Biogas. Die genaue Zusammensetzung der Substrate beeinflusst den Methangehalt des Biogases, der wiederum entscheidend für die Qualität und den Stromertrag ist. Es ergeben sich Stromerträge von ca. 140 kWh/t Rinder- und Schweinegülle, um die 350-400 kWh/t Mais- und Grassilage bis hin zu Frittierfett mit ca. 2000 kWh/t.[20]

Bei der Anlieferung von Kosubstraten sind ggf. Hygienisierungsverfahren anzuwenden (siehe Kapitel 2.2.2). Besonderes Augenmerk ist hierbei auf die Art und Größe der Lagerstätten zu richten: Geruchsbelästigungen stammen oftmals von unzureichenden Lagerstätten und Transporten. Maissilage wird z. B. nur einmal jährlich eingelagert, sodass genügend Raum zur Verfügung stehen muss. Nach dem Prozess der Anlieferung, Lagerung und Aufbereitung werden die Substrate sortiert, ggf. zerkleinert, angemaischt und homogenisiert, bevor sie dosiert in den Fermenter eingebracht werden.[21]

Folgende Übersicht zeigt Kriterien, nach denen Fermenter und Verfahren zur Biogasgewinnung unterschieden werden können:

---

[17] Vgl. FNR: Biogas – Eine Einführung, a. a. O., S. 7.
[18] Vgl. Gruber, W.; Bräutigam, V.: Biogasanlagen in der Landwirtschaft, a. a. O., S. 14.
[19] Vgl. BMVEL (Hrsg.): Handreichung Biogasgewinnung und -nutzung. a. a. O., S. 87 ff. In diesem Forschungsbereich liegen zahlreiche Studien mit sehr unterschiedlichen Ergebnissen vor.
[20] Vgl. Gruber, W.; Bräutigam, V.: Biogasanlagen in der Landwirtschaft, a. a. O., S. 34.
[21] Vgl. BMELV (Hrsg.): Studie – Einspeisung von Biogas in das Erdgasnetz. Leipzig 2007, S. 18 f.

Tabelle 1: Schematische Übersicht der Verfahren zur Biogaserzeugung nach verschiedenen Kriterien

Kriterium	Unterscheidungsmerkmale
Prozesstemperatur	- psychrophil (unter 25° C) - mesophil (32-38° C) - thermophil (42-55° C)
Anzahl der Prozessstufen	- einstufig - zweistufig - mehrstufig
Trockensubstanzgehalt der Substrate	- Nassvergärung (Wassergehalt > 90 %) - Trockenvergärung (Wassergehalt von ca. 65-85 %)
Art der Beschickung	- diskontinuierlich (Speicherverfahren) - kontinuierlich (Durchlaufverfahren)

Quelle: Eigene Darstellung in Anlehnung an: Scholwin, F. et al.: Anlagentechnik zur Biogasbereitstellung. In: BMVEL (Hrsg.): Handreichung Biogasgewinnung und -nutzung, a. a. O., S. 36.

Im Fermenter verbleiben die Substrate je nach Art der Verfahren und der Substrate zwischen 15 und 150 Tagen. Je nach Gärtemperatur des Fermenters sind unterschiedliche Bakterienstämme vorzufinden. Bei Temperaturen unter 25° C handelt es sich um *psychrophile* Bakterienstämme. Die Verweilzeit der Substrate im Fermenter sollte 60 Tage betragen. Bei den *mesophilen* Stämmen (32-38° C) beträgt die empfohlene Verweildauer 30 Tage. Neben diesen beiden Bakteriengruppen bestehen *thermophile* Stämme, die bei Temperaturen zwischen 42-55° C in 15 Tagen das Gärsubstrat abgebaut haben. Mit steigender Temperatur beschleunigt sich der Abbau der Substrate, auf der anderen Seite steigen die Kosten durch die Beheizung des Fermenters.

Das mesophile Verfahren ist daher das am meisten verwendete Verfahren in landwirtschaftlichen Biogasanlagen (etwa 85 % aller Anlagen).[22, 23] Das thermophile Verfahren ist aufgrund der höheren Temperatur beim Einsatz seuchenhygienisch bedenklichen Materials vorzuziehen.[24]

Die Mehrzahl der landwirtschaftlichen Biogasanlagen wird in einem einstufigen Prozess betrieben, wobei auch zweistufige Verfahren Anwendung finden. Bei einstufigen Verfah-

---

[22] Vgl. BMVEL (Hrsg.): Handreichung Biogasgewinnung und -nutzung, a. a. O., S. 37.
[23] Vgl. Gruber, W.; Bräutigam, V.: Biogasanlagen in der Landwirtschaft, a. a. O., S. 12 f.
[24] Ebenda, S. 12 f.

ren findet keine Trennung zwischen den Phasen der Biogassynthese statt. Alle Prozesse (Hydrolyse, Versäuerungsphase etc.) finden in einem Behälter statt. Bei zwei- und mehrstufigen Verfahren hingegen ist eine räumliche Trennung der Verfahrensschritte vorzufinden, wie bspw. die Trennung von Hydrolyse und Versäuerungsphase in unterschiedlichen Fermentern. Der Vorteil liegt darin, dass optimale temperatur- und milieuspezifische Voraussetzungen für die jeweiligen Bakterienstämme geschaffen werden können.[25]

Neben den verschiedenen Verfahren im Hinblick auf die Temperaturen und Prozessstufen der Fermentation bestehen unterschiedliche Ausgestaltungen bei der Befüllung und dem Wassergehalt beim Fermentationsprozess:

Unter *Trockenvergärung* wird die Vergärung von Substanzen mit einem Wassergehalt von ca. 65-85 % verstanden (z. B. Festmist, Gras, Silage etc.). Bei der *Nassvergärung* beträgt der Wassergehalt des Fermenterinhaltes mehr als 90 % (Gülleeinsatz). Das Perkolationsverfahren bei der Trockenvergärung ist geeignet für faserreiches Ausgangsmaterial. Die feststoffartige Biomasse wird in Container oder in herkömmliche Fermenter gefüllt. Anschließend wird das Substrat für zwei bis vier Wochen (in Fermentern durchaus länger) luftdicht verschlossen und regelmäßig mit der austretenden Flüssigkeit (Perkolat) von oben benetzt. In Deutschland wird überwiegend die Nassvergärung betrieben.[26]

Kontinuierliche Verfahren bezeichnen die Art der Befüllung des Fermenters: Bei kontinuierlichen Verfahren wird der Fermenter ein- bis zweimal täglich beschickt. Damit der Fermenter nicht überquillt, wird eine ebenso große Menge an einen Lagerbehälter abgegeben, in dem sie bis zur Ausbringung verbleibt. Daher werden die kontinuierlichen Verfahren auch als Durchlaufverfahren bezeichnet. In dem Lagerbehälter wird weiterhin Gas aufgefangen, allerdings in niedrigerer Menge als im Fermenter. Vorteile liegen in der gleichmäßigen Gasproduktion und in der kompakten, effizienten Nutzung der Bauten. Nachteil ist, dass ein Bruchteil der frisch in den Fermenter eingebrachten Substrate sofort in den Lagerbehälter weitergeleitet werden kann.

Bei diskontinuierlichen Verfahren verbleibt das gesamte Gärsubstrat über die Abbauzeit im Fermenter, ohne dass weitere Stoffe im Zeitverlauf hinzugefügt oder ausgebracht werden. Aus diesem Grund werden die diskontinuierlichen Verfahren auch Speicherverfahren genannt. Fermenter und Lagerbehälter sind bei dieser Produktionsart zusammengefasst.

---

[25] Vgl. BMVEL (Hrsg.): Handreichung Biogasgewinnung und -nutzung, a. a. O., S. 36.
[26] Vgl. Wetter, C.; Brügging, E.: Leitfaden zum Bau einer Biogasanlage – Band II. Gesetzliche Grundlagen und Planung. Steinfurt o. J., S. 52.

Häufig findet dieses Verfahren bei Umbau von Güllebehältern zu Biogasanlagen Anwendung.[27]

Es gibt eine Vielzahl von Fermenterkonstruktionen. Während bei der Trockenfermentation Container bzw. containerähnliche Konstruktionen zum Einsatz kommen, bestehen bei der Nassvergärung zwei Ausführungen: *stehende Behälterkonstruktionen* und *liegende Tankfermenter*.

Behälterkonstruktionen sind die vorherrschenden Fermenter und bestehen aus Stahlbeton mit einer Behälterdecke aus Beton oder gasdichten Folien. Konstruktionen mit Betondecken können unterirdisch gebaut werden, sodass das Landschaftsbild und das Platzangebot nicht strapaziert werden. Allerdings sprechen gegen diese Bauweise die höheren Kosten. Weit verbreitet sind Behälter aus Stahl mit einer gasdichten Folie für die Gasspeicherung und einer darüberliegenden Wetterfolie als Abdichtung. Behälterkonstruktionen werden vor Ort gebaut und können Volumina von 30.000 m³ erreichen. Aufgrund der schwierigen Durchmischung werden jedoch kaum Fermenter mit Volumen über 6000 m³ errichtet. *Liegende Tankfermenter* bestehen aus Edelstahl und überschreiten selten ein Volumen von 800 m³, da sie nicht vor Ort errichtet, sondern transportiert werden.[28]

Abbildung 2: Typische Biogasanlage in Behälterkonstruktion mit gasdichter Folie als Gasspeicher und Wetterfolie

Quelle: Bayerische Landesanstalt für Landwirtschaft: Biogasanlagen – angewandte Forschung für eine zukunftssichere, regenerative Energieversorgung. Freising 2008, S. 1.

Während des Fermentationsprozesses ist Energie notwendig, um das Substrat durch Rührwerke zu homogenisieren. Andernfalls würden sich die Feststoffe am Boden sam-

---

[27] Vgl. Wetter, C.; Brügging, E.: Leitfaden zum Bau einer Biogasanlage – Band II. Gesetzliche Grundlagen und Planung, a. a. O., S. 52 ff.
[28] Vgl. BMELV; FNR (Hrsg.): Studie – Einspeisung von Biogas in das Erdgasnetz. Leipzig 2007, S. 21 f.

meln, und das sich am Boden abgelagerte, feste Substrat wäre nicht mehr pumpfähig und müsste aufwendig aus der Anlage entfernt werden. Des Weiteren ist Energie notwendig, um die Betriebstemperatur des Fermenters aufrecht zu erhalten. Nach der Fermentation werden die Gärreste gemäß der gesetzlichen Voraussetzungen (siehe Kapitel 2.2.2) auf landwirtschaftliche Nutzflächen verbracht. Die Gärreste können in flüssige und feste Bestandteile getrennt werden oder ohne Trennung als Wirtschaftsdünger ausgebracht werden.[29] Das Biogas wird unter Sicherheitsvorkehrungen gespeichert[30] und für die nächsten Verfahrensschritte aufbereitet.

Im Wesentlichen wird Mais als Energiepflanze für Biogasanlagen angebaut, der in der Regel den höchste Methanertrag je Hektar und Jahr liefert.[31] Andere Ergebnisse bescheinigen Gras- und Roggenganzpflanzensilagen und bisher selten genutzten Energiepflanzen (wie z. B. Hirsen und Sonnenblumen) eine vergleichbar hohe Methanausbeute bei ähnlicher Kostenstruktur bei Anbau und Ernte, sodass nicht zwangsläufig Biogasanlagen zu Maismonokulturen führen müssten, sondern darüber hinaus sogar positive Entwicklungen bezüglich Fruchtfolgenvielfalt und Erosionsschutz möglich wären.[32] Weitere positive Begleiterscheinungen der Vergärung von Gülle, die insbesondere in den Anfängen der Biogaserzeugung von großer Bedeutung waren, sind die Verbesserung von Nährstoffverfügbarkeit und Pflanzenverträglichkeit der Gülle und v. a. die Reduktion klimarelevanter Gase.

Weiterhin zeichnet sich das in einer Biogasanlage behandelte Substrat durch eine erheblich verringerte Geruchsintensität der Gärsubstrate in den ersten Tagen nach der Ausbringung aus.[33] Das Vergären von Gülle bewirkt, dass organische Substanz abgebaut wird und somit auch geruchsaktive Stoffe vermindert werden. Bei Schweinegülle werden diese Substanzen bis zu 80 % abgebaut, sodass die Geruchsbelästigung bei der anschließenden Ausbringung des Gärsubstrates deutlich geringer ist als bei der Ausbringung unbehandel-

---

[29] Vgl. BMVEL (Hrsg.): Handreichung Biogasgewinnung und -nutzung, a. a. O., S. 44.
[30] Biogas kann lebens- und gesundheitsgefährlich sein. Es sind Vorkehrungen sowohl zum Schutz gegen Ersticken und Vergiften als auch Vorkehrungen im Bereich der Explosionsgefahr zu treffen. Hierzu zählt die Errichtung einer Notfackel, die im Fall des Ausfalls des Blockheizkraftwerkes (BHKW, siehe Kapitel 2.1.2) die überschüssige Gasmenge abfackelt. Im Regelfall sind die Gasspeicher so konstruiert, dass die Gasmenge eines Tages aufgefangen werden kann (Vgl. Wetter, C.; Brügging, E.: Leitfaden zum Bau einer Biogasanlage – Band II. Gesetzliche Grundlagen und Planung, a. a. O., S. 68 f. sowie Band III, S. 100 f).
[31] Vgl. Wobser, T.: Biogas – zu optimistisch geplant, a. a. O., S. 17.
[32] Vgl. Buchner, W.: Neue Erkenntnisse im Energiepflanzenanbau. In: Landwirtschaftliches Wochenblatt Westfalen-Lippe, Heft 32/2007, S. 31.
[33] Vgl. Jäger, P.; Schwab, M.; Stephany, R.: Betriebsform, Arbeitszeit, Steuern. In: BMVEL (Hrsg.): Handreichung Biogasgewinnung und -nutzung, a. a. O., S. 166.

ter Gülle.[34] Diese Gegebenheiten können sich u. U. positiv bei Anwohnern auswirken, insbesondere, wenn in Verbindung mit großen Tierhaltungsanlagen zur Akzeptanzverbesserung eine Biogasanlage eingeplant wird.

2.1.2 Verwertungsmöglichkeiten von Biogas

Aufgrund der relativ hohen Kosten der Aufbereitung von Biogas auf Erdgasqualität findet in der Regel die Verstromung von Biogas in Blockheizkraftwerken (BHKW) statt. Bei diesem Prozess fällt Abwärme an, die zu einem Teil zur Beheizung des Fermenters benutzt wird (Prozessenergie, ca. 30 % der anfallenden Wärme). Ein Großteil der Wärmeenergie bleibt aufgrund unzureichender Wärmenutzungskonzepte häufig ungenutzt.[35] Neben dem Eigenbedarf der Wärme im Wohnhaus, Stallanlagen (Ferkelaufzucht) oder Getreidetrocknung, der Wärmeversorgung von Schwimmbädern, Altenheimen und anderen größeren Wärmeabnehmern bestehen Modellprojekte, in denen wie in Jühnde ganze Dörfer (ca. 400 Haushalte) mit bei der Verstromung von Biogas anfallender Wärme beheizt werden. Für die Rührwerke etc. werden um die 5 % des erzeugten Stromes für den Prozess der Biogasgewinnung benötigt.[36] Bei den BHKW werden Zündstrahl- oder Gasmotoren eingesetzt. Zündstrahlmotoren sind günstiger, allerdings muss während der Verstromung ein Restzündölanteil von 10 % zugemischt werden, was in Anbetracht steigender Ölpreise und der Klimaschutzziele kritisch hinterfragt werden muss.[37]

Die Aufbereitung zu Biomethan (Bioerdgas) und die anschließende Einspeisung ins Erdgasnetz ist eine weitere Möglichkeit neben der Verwendung in BHKW und wird sich in den kommenden Jahren in der BRD etablieren.[38] Bisher besteht diese Form der Biogasnutzung überwiegend nur in Schweden, der Schweiz und den Niederlanden. Für Biomethan bestehen grundsätzlich dieselben Nutzungsmöglichkeiten wie für Erdgas. Theoretisch kann es in aufbereiteter Form als Kraftstoff für Fahrzeuge (Schweden) oder als Energiequelle für Heizungsanlagen dienen.[39]

---

[34] Vgl. Jäger, P.; Schwab, M.; Stephany, R.: Betriebsform, Arbeitszeit, Steuern. In: BMVEL (Hrsg.): Handreichung Biogasgewinnung und -nutzung, a. a. O., S. 34.
[35] Vgl. Wetter, C.; Brügging, E.: Leitfaden zum Bau einer Biogasanlage – Band III. Gesetzliche Grundlagen und Planung, a. a. O., S. 89.
[36] Vgl. Bundesforschungsanstalt für Landwirtschaft: Biogasanlagen – 12 Datenblätter. Braunschweig 2004, S. 6 ff.
[37] Vgl. Gruber, W.; Bräutigam, V.: Biogasanlagen in der Landwirtschaft, a. a. O., S. 24 f.
[38] Vgl. BMVEL (Hrsg.): Handreichung Biogasgewinnung und -nutzung, a. a. O., S. 115.
[39] Ebenda, S. 115.

Um Biogas ins Erdgasnetz einspeisen zu können, muss eine kostenintensive Aufbereitung zu Biomethan (Bioerdgas) erfolgen. Das Gas muss entschwefelt, getrocknet und konzentriert werden (Methangehalt wird von ca. 60 % auf 95 % erhöht). Anschließend erfolgt eine Komprimierung des Gases, die eine Vermischung mit dem Erdgas ermöglicht.[40] Aufgrund des Vergütungssystems in der BRD gilt nach dem EEG für eingespeistes Gas, dass es an einer anderen Stelle wieder entnommen werden muss und dort in einem BHKW zur Strom- und Wärmenutzung Verwendung findet. Dies hat den Vorteil, dass das BHKW direkt in der Nähe möglicher Wärmeabnehmer gebaut werden kann, was bei kompletten Biogasanlagen meist nicht der Fall ist. Falls sich ein Wärmeabnehmer in unmittelbarer Umgebung befindet, ist eine kostengünstige Alternative zur Aufbereitung für das Erdgasnetz und zur Verlegung von Nahwärmeleitungen die Installation einer Biogasleitung. Das BHKW wird ebenso wie bei der Einspeisung ins Gasnetz nicht in der Nähe des Fermenters errichtet, sondern in der Nähe der Wärmeabnahme (Länge der Biogasleitungen: 2-5 km).[41]

2.2 Rechtliche Grundlagen der Biogaserzeugung in Deutschland

Da sich die Biogastechnologie ohne politische Einflussnahme nicht in dem Tempo fortentwickelt hätte, wie es zurzeit der Fall ist, werden im Folgenden die Förderbedingungen und die bau- und umweltrechtlichen Rahmenbedingungen bei Errichtung und Betrieb von Biogasanlagen in Deutschland geschildert. Sowohl die rechtlichen Grundlagen als auch die zunehmende Anzahl an Biogasanlagen stellen wesentliche Determinanten für die Akzeptanz von Biogasanlagen dar. Aus diesem Grund werden im folgenden Kapitel die wichtigsten Grundlagen beschrieben und Konfliktpunkte aufgezeigt.

2.2.1 Förderbedingungen für Biogasanlagen (EEG)

Das Gesetz für den Vorrang Erneuerbarer Energien, kurz Erneuerbare-Energien-Gesetz (EEG), trat am 1. April 2000 in Kraft. Wesentliches Instrument des Gesetzes ist die Mindestpreisregelung, die den Betreibern von Anlagen, in denen Strom aus Erneuerbaren Energien produziert wird, in Anlehnung an die Erzeugungskosten gewährt wird. Die Vergütungssätze beziehen sich auf die Stromerzeugung aus folgenden Erneuerbaren Energien:

---

[40] Vgl. FNR: Biogas – Eine Einführung, a. a. O., S. 14 f.
[41] Vgl. Geschäftsstelle der Landesinitiative Zukunftsenergien NRW beim Ministerium für Wirtschaft, Mittelstand und Energie: Dezentrale Biogasnutzung für das Kreishaus in Steinfurt. Düsseldorf 2006, S. 3.

- *Wasserkraft*
- *Deponie-, Klär- und Grubengas*
- *Biomasse*
- *Geothermie (Erdwärme)*
- *Windenergie*
- *Solare Strahlungsenergie (z. B. Photovoltaik).*[42]

Die Differenz zwischen dem im EEG festgelegten Vergütungssatz und dem Marktpreis des Stromes wird über die Energieversorgungsunternehmen von den Endkonsumenten in Form der EEG-Umlage erhoben und beträgt in Abhängigkeit vom Strompreis und Stromversorger etwa 1 Cent/kWh,[43] was für einen durchschnittlichen 3-Personenhaushalt Mehrkosten von ca. 23 Euro/Jahr bedeutet. Insgesamt beliefen sich im Jahr 2006 die sogenannten EEG-Differenzkosten auf ca. 3,5 Mrd. Euro und werden vermutlich bis zum Jahr 2015 auf 6,2 Mrd. Euro pro Jahr ansteigen.[44, 45]

Vorläufer des EEG war das seit 1991 geltende Gesetz über die Einspeisung von Strom aus Erneuerbaren Energien in das öffentliche Netz (Stromeinspeisungsgesetz).[46] Dieses Gesetz ermöglichte die Einspeisung von Strom ins Verbundnetz der großen Stromerzeuger. Bis Inkrafttreten des Gesetzes wurde der Zugang der meist kleinen Stromerzeuger, die Strom aus Erneuerbaren Energien produzieren, von den nächstgelegenen Netzbetreibern verweigert bzw. erschwert. Durch die Ablösung des Stromeinspeisungsgesetzes durch das EEG wurde das Einspeise- und Vergütungssystem an die Bedingungen am liberalisierten Strommarkt angepasst und somit deutlich verbessert.[47]

Ziel des EEG liegt in der Realisierung einer nachhaltigen Energieversorgung, durch die Klima und Umwelt geschützt werden sollen. Mittel- bis langfristig sollen Erneuerbare

---

[42] Vgl. Bundesministerium für Umwelt, Naturschutz und Reaktorsicherheit (BMU) (Hrsg.): Gesetz für den Vorrang Erneuerbarer Energien (EEG) vom 29. März 2000, (BGBl I 2000, S. 305).

[43] Stand Juni 2007. Die Berechnungsformel der EEG-Umlage lautet: (EEG-Preis – Ø Marktpreis) × EEG-Quote. Die EEG-Quote und der EEG-Preis werden vom Verband der Netzbetreiber festgelegt. Vgl. hierzu: Weck, M.: Die garantierte Einspeisevergütung für Strom nach dem Gesetz über den Vorrang Erneuerbarer Energien – Anwendungsprobleme, europa- und verfassungsrechtliche Fragen. Frankfurt/Main 2004.

[44] Vgl. BMU (Hrsg.): Erfahrungsbericht 2007 zum Erneuerbare-Energien-Gesetz (EEG-Erfahrungsbericht). 2007, S. 40 f.

[45] Vgl. BMU (Hrsg.): Begründung für den Entwurf eines Gesetzes zur Neuregelung des Rechts der Erneuerbaren Energien im Strombereich und zur Änderung damit zusammenhängender Vorschriften. Berlin 2004, S. 11.

[46] Vgl. BMU (Hrsg.): Gesetz über die Einspeisung von Strom ins Verbundnetz (Stromeinspeisungsgesetz) vom 7. Dezember 1991 (BGBl I 1991, S. 2633).

[47] Vgl. BMU (Hrsg.): Begründung für den Entwurf eines Gesetzes zur Neuregelung des Rechts der Erneuerbaren Energien im Strombereich und zur Änderung damit zusammenhängender Vorschriften, a. a. O., 2004, S. 1.

Energien durch die Förderung auf dem Energiebinnenmarkt wettbewerbsfähig werden. Einige Studien sehen die Wettbewerbsfähigkeit um das Jahr 2020, andere Studien können diese Aussagen nicht bestätigen.[48] Die Zielvereinbarungen der BRD durch das Kyoto-Protokoll (2002) und der EU vom 9. März 2007, den Anteil Erneuerbarer Energien am gesamten Energieverbrauch der EU von 6,5 % auf 20 % im Jahr 2020 zu erhöhen,[49] bestätigen die Wichtigkeit des EEG und wurden durch die Novelle des Gesetzes 2004 bekräftigt. Durch die Novellierung wurden neben detaillierteren Begriffsbestimmungen auch inhaltliche Änderungen vorgenommen, um die politischen Ziele schneller erreichen zu können. Im Wesentlichen beinhalteten die Änderungen eine Erhöhung der Fördersätze und eine bessere juristische Stellung der Anlagenbetreiber gegenüber den örtlichen Netzbetreibern. Des Weiteren wurde die Förderung von Windkraftanlagen an Land reduziert, um eine finanzielle Überförderung der inzwischen deutlich effizienter ausgestalteten Anlagen zu vermeiden. Im Bezug auf die Biogaserzeugung ergaben sich aufgrund zahlreicher Studien weitreichende Veränderungen der Vergütung. Neben einer Vergütungserhebung und einer Verbesserung der Vergütung für kleinere Anlagen wurde ein Bonus für Nachwachsende Rohstoffe eingeführt, der die ökonomische Nutzung spezieller Energiepflanzen ermöglichen sollte.[50] Mit der Neufassung des EEG 2004 ist zudem eine Förderung der Einspeisung von aufbereitetem Biogas ins Erdgasnetz möglich. Diese Förderung wird allerdings nur gewährt, wenn aus dem Gasnetz an anderer Stelle das Gasäquivalent der eingespeisten Gasmenge im Sinne der Kraft-Wärme-Kopplung (KWK) entnommen wird.[51] Aufgrund von Problemen mit den Gasnetzbetreibern ist 2008 eine Verordnung in Kraft getreten, die den Vorrang der Einspeisung von Biomethan (Bioerdgas) ins Erdgasnetz regelt.[52] Durch die hohen Gas-Aufbereitungskosten ist dieses Verfahren jedoch wenigen großen Unternehmen aufgrund starker Kostendegressionen größerer Anlagen vorbehalten. Der Fachverband Biogas geht davon aus, dass bis Ende 2010 etwa 50 Anlagen ins Gasnetz einspeisen könnten.[53]

---

[48] Vgl. BMU (Hrsg.) Begründung für den Entwurf eines Gesetzes zur Neuregelung des Rechts der Erneuerbaren Energien im Strombereich und zur Änderung damit zusammenhängender Vorschriften, a. a. O., 2004, S. 1.
[49] Bis 2050 sollen etwa 80 % des Energiebedarfs aus Erneuerbaren Energien stammen. Dabei ist zu berücksichtigen, dass der Energiebedarf sich in diesem Zeitraum – je nach Studie – u. U. verdoppeln wird.
[50] Vgl. BMU (Hrsg.): Novelle des Erneuerbaren-Energien-Gesetzes (EEG) – Überblick über die Regelungen des neuen EEG vom 21. Juli 2004. Bonn 2004, S. 1.
[51] Vgl. Bundesministerium für Ernährung, Landwirtschaft und Verbraucherschutz; Fachagentur für Nachwachsende Rohstoffe (Hrsg.): Studie – Einspeisung von Biogas in das Erdgasnetz, a. a. O., S. 176.
[52] Siehe hierzu: Bundesministerium für Wirtschaft und Technologie: Verordnung zur Änderung der Gasnetzzugangsverordnung, der Gasnetzentgeltverordnung, der Anreizregulierungsverordnung und der Stromnetzentgeltverordnung vom 8. April 2008 (BGBl I 2008, S. 693-698).
[53] Vgl. N. N.: Biomethan ins Erdgasnetz. In: Landwirtschaftliches Wochenblatt, Heft 21/2008, S. 22.

Neben den umweltpolitischen Zielen des EEG bestehen insbesondere seit der Novellierung weitere Ziele, die sich in zwei Aspekte zusammenfassen lassen:

- *Versorgungssicherheit im Energiebereich schaffen*
- *arbeits-, einkommens- und technologiepolitische Ziele*[54]

Der Aspekt der *Versorgungssicherheit* spielt seit der Ölkrise eine Rolle und macht sich immer wieder bemerkbar, zuletzt v. a. bei den Konflikten um die Erdgaslieferungen aus Russland.[55]

Durch *arbeits- und einkommenspolitische Maßnahmen* soll der ländliche Raum gestärkt werden und gezielt in diesen Regionen Arbeitsplätze durch Erneuerbare Energien entstehen. Ferner sollen durch die Förderung Technologien weiterentwickelt werden, die zwar noch nicht wettbewerbsfähig sind, aber dies in der Zukunft erwarten lassen und eine Antriebsfinanzierung benötigen.[56]

Da bei hohem Investitionsrisiko Banken hohe Zinsen verlangen, ist das EEG investitionssicher ausgestaltet. Dies soll die Kosten für die Anlagenbetreiber so gering wie möglich halten.[57] So wurden Marktanreizprogramme vom Bund implementiert, wie z. B. das KfW-Programm Erneuerbare Energien, in dessen Rahmen der Bund für Investitionen in diesem Bereich günstige Zinssätze und Tilgungszuschüsse gewährt.[58] Ferner hängt die Höhe der Vergütung für die meisten Sparten vom Zeitpunkt der Installation der Anlage ab: je später der Zeitpunkt der Inbetriebnahme, desto niedriger die Vergütung. Diese Degression soll eine Überförderung durch produktivitätssteigernde, technische Neuerungen im Verlauf der Zeit verhindern und einen Anreiz zur effektiveren Ausgestaltung der Anlagen liefern, um Kostensenkungspotenziale auszuschöpfen.[59] Die jährliche Degression liegt – je nach Energiequelle – zwischen 1 und 6,5 %.

Die Anfangsvergütung ist allerdings für die nächsten 20 Jahre konstant.[60, 61]

---

[54] Vgl. Wissenschaftlicher Beirat Agrarpolitik beim Bundesministerium für Ernährung, Landwirtschaft und Verbraucherschutz: Nutzung von Biomasse zur Energiegewinnung – Empfehlungen an die Politik, a. a. O., S. 172.
[55] Siehe z. B.: N. N.: Russland und Ukraine verhandeln wieder. In: Stern, Ausgabe vom 3. Januar 2006.
[56] Vgl. Wissenschaftlicher Beirat Agrarpolitik beim BMELV: Nutzung von Biomasse zur Energiegewinnung, a. a. O., S. 172.
[57] Vgl. BMU (Hrsg.): Die wichtigsten Merkmale des Gesetzes für den Vorrang Erneuerbarer Energien (EEG) vom 21. Juli 2004. 2004, S. 3.
[58] Vgl. Kreditanstalt für Wiederaufbau (KfW): KfW-Programm Erneuerbare Energien. Programmnummer 128, gültig bis zum 31.12.2007.
[59] In der Vergangenheit wurde in diesem Zusammenhang die Überförderung der Windkraft aufgrund von produktivitätssteigernden Neuerungen diskutiert.
[60] Vgl. BMU (Hrsg.): Die wichtigsten Merkmale des Gesetzes für den Vorrang Erneuerbarer Energien (EEG) vom 21. Juli 2004. 2004, S. 5.

Die Vergütungssätze einer Anlage sind demnach von vielen Faktoren abhängig und betragen als Basisvergütung nach der Novelle des EEG 2004 zwischen 5,39 ct/kWh, (bei Windkraft), 6,65 ct/kWh (bei Wasserkraft) und 59,53 ct/kWh für Solarstrom.[62] Insbesondere bei Biogasanlagen sind die Vergütungssätze nach Größenordnungen gestaffelt, um auf der einen Seite Skaleneffekte zu berücksichtigen und auf der anderen Seite kleinere Hofanlagen, die nur Reststoffe des eigenen Betriebes verwenden, besser zu stellen. Gefördert werden Anlagen von 0-20 MW, größenabhängig zwischen 7,79-11,67 ct/kWh.[63]

Das EEG ist gekennzeichnet durch verschiedene Boni, die die Grundvergütung einer Biogasanlage aufstocken können:

Nawaro-Bonus:

Der Nawaro-Bonus wird für Alt- und Neuanlagen[64] gewährt (bei Anlagen bis 500 kW$_{el}$ 7 ct/kWh), „wenn der Strom aus Pflanzen oder Pflanzenbestandteilen, die in gartenbaulichen, land- und forstwirtschaftlichen Betrieben oder im Rahmen der Landschaftspflege anfallen und keiner weiteren als der zur Ernte, Konservierung oder Nutzung in der Biomasseanlage erfolgten Aufbereitung oder Veränderung unterzogen wurden, aus Gülle oder aus Schlempe aus landwirtschaftlichen Brennereien oder aus beiden Stoffgruppen gewonnen wird."[65] Die präzisen Angaben, welche Input-Stoffe unter welchen Umständen in den Anlagen eingesetzt werden, sind durch die Positivliste und die Biomasseverordnung geregelt.[66]

---

[61] Ausnahmen: Wasserkraft: Hier gelten 15 (bei Anlagen über 5 MW) bzw. 30 (bei Anlagen unter 5 MW) anstelle von 20 Jahren; bei Windkraftanlagen gilt für die ersten fünf Jahre eine andere Vergütung, siehe: BMU: Die wichtigsten Merkmale des Gesetzes für den Vorrang Erneuerbarer Energien (EEG) vom 21. Juli 2004. Bonn 2004, S. 5.
[62] Vgl. BMU: Die wichtigsten Merkmale des Gesetzes für den Vorrang Erneuerbarer Energien (EEG) vom 21. Juli 2004, a .a . O., S. 5.
[63] Vgl. BMU: Novelle des EEG – Überblick über die Regelungen des neuen EEG vom 21. Juli 2004, S. 16 f.
[64] Als Altanlagen gelten nach dem EEG 2004 Anlagen, die bis zum 31.12.2003 in Betrieb genommen wurden. Als Neuanlagen werden Anlagen bezeichnet, die ab dem 1.1.2004 den Betrieb aufgenommen haben.
[65] Vgl. BMU (Hrsg.): Gesetz zur Neuregelung des Rechts der Erneuerbaren Energien im Strombereich vom 21. Juli 2004 (BGBl I 2004, S. 1921).
[66] Vgl. BMU (Hrsg.): Verordnung über die Erzeugung von Strom aus Biomasse (Biomasseverordnung – BiomasseV) vom 21. Juni 2001, zuletzt geändert durch die 1. Verordnung zur Änderung der Biomasseverordnung vom 9. August 2005 (BGBl. I Nr. 49 vom 17. August 2005, S. 2419).

KWK-Bonus:

Aufgrund der unzureichenden Nutzung der bei der Verstromung anfallenden Abwärme – insbesondere bei Biogasanlagen – wurde der Kraft-Wärme-Kopplungs-Bonus (KWK-Bonus) in Höhe von 2 ct/kWh (EEG 2009: 3 ct/kWh) implementiert, um einen Anreiz zur besseren Ausnutzung der Wärme zu bieten.[67]

Innovations- und Technologie-Bonus:

Der Innovations-Bonus in Höhe von 2 ct/kWh wird bei Anlagen gewährt, die teure, innovative Techniken im Sinne des EEG nutzen. Insbesondere sind dies Techniken, die mit Hilfe des KWK-Bonus gefördert werden, wie z. B. solche zur besonderen Behandlung der Biomasse (u. a. hohe Qualität des erzeugten Gases (Erdgasqualität) oder spezielle Maschinen zur Stromerzeugung (Brennstoffzelle, Dampfturbine etc.).[68]

2009 trat eine weitere Novelle des EEG in Kraft:[69]

Im Wesentlichen bleiben die Förderprinzipien gleich. Für die Biogastechnologie wurden folgende Änderungen vorgenommen: Die Degression wird nicht nur auf die Grundvergütung, sondern darüber hinaus auf die verschiedenen Boni bezogen, im Gegenzug wird die prozentuale jährliche Senkung der Einstiegsvergütungen zugunsten der Anlagenbetreiber um 0,5 % vermindert. Des Weiteren wurden die Fördersätze bei kleinen Anlagen (bis 150 kW) deutlich angehoben, was auch den Altanlagen zugute kommt. Der Nawaro-Bonus wird bei Anlagen bis 500 kW um 1 ct/kWh erhöht. Der KWK-Bonus wird bei Anlagen, die nach dem 1.1.2009 in Betrieb genommen wurden, von 2 auf 3 ct/kWh erhöht soweit die Effizienzkriterien eingehalten werden. Es folgt eine Übersicht, die die Vergütungen für aus Biogas erzeugten Strom nach der Novellierung des EEG 2009 darstellt:[70, 71]

---

[67] Vgl. BMU (Hrsg.): Verordnung über die Erzeugung von Strom aus Biomasse (Biomasseverordnung – BiomasseV) vom 21. Juni 2001, a. a. O., S. 1922.
[68] Vgl. BMU (Hrsg.): Gesetz zur Neuregelung des Rechts der Erneuerbaren Energien im Strombereich vom 21. Juli 2004 (BGBl I 2004, S. 1922).
[69] Ferner trat das Erneuerbare-Energien-Wärmegesetz (BMU) 2009 in Kraft, das analog zum EEG den Anteil der Gewinnung von Wärme aus Erneuerbaren Energien erhöhen soll (von derzeit 6,6 % auf 20 %) und in einigen Punkten die Biogaserzeugung tangiert: Jeder Eigentümer eines neuen Gebäudes muss seinen Wärmebedarf anteilig aus Erneuerbaren Energien decken. Im Bezug auf den KWK-Bonus könnten hier Anreize für Hauseigentümer geschaffen werden, die eine bessere Wärmenutzung der Biogasanlagen ermöglichen und die Rentabilität somit stark erhöhen könnten (Vgl. hierzu BMU: Das Erneuerbare-Energien-Wärmegesetz im Überblick. 2008, S. 4).
[70] Vgl. N. N.: Klimapaket stabilisiert Absatz von Bioenergie aus der Landwirtschaft. In: AGRA-Europe 50/07 vom 10. Dezember 2007.
[71] Vgl. Gruber, W.; Dahlhoff, A.: Neue Impulse für Biogas. In: Landwirtschaftliches Wochenblatt Westfalen-Lippe, Heft 29/2008, S. 19 f.

Tabelle 2: Stromentgelte nach der Novellierung des EEG 2009 in ct/kWh

	bis 150 kW	bis 500 kW	bis 5 MW	ab 5 MW
Grundvergütung	11,67	9,18	8,25	7,79
Degression	1 %	1 %	1 %	1 %
Nawaro-Bonus	7	7	4	0
Gülle-Bonus	4	1	0*	0
Bonus Landschaftspflegematerial	2	2	0	0
KWK-Bonus	3	3	3	3
Technologie-Bonus	2	2	2	2
TA Luft-Bonus	1	1	1	1

Die kW Angaben stehen für elektrische Leistung pro Stunde. * anteilige Vergütung.

Quelle: Eigene Darstellung in Anlehnung an: BMU (Hrsg.): Gesetz zur Neuregelung des Rechts der Erneuerbaren Energien im Strombereich und zur Änderung damit zusammenhängender Vorschriften vom 25. Oktober 2008 (BGBl. I, S. 2074).

Durch die Novellierung werden v. a. kleine Hofanlagen bis 150 kW besser gestellt. Hierdurch soll insbesondere die Vergärung von hofeigener Gülle honoriert werden. Um den sogenannten Gülle-Bonus zu erhalten, müssen 30 % der eingesetzten Masse aus Wirtschaftsdünger bestehen (bis 150 kW 4 ct/kWh). Ferner sind Boni vorgesehen, die für den überwiegenden Einsatz von Landschaftspflegematerial gewährt werden (2 ct/kWh) und solche, die bestimmte Auflagen der TA Luft genügen (Einhaltung des Formaldehydgrenzwertes: 1 ct/kWh). Der Technologie-Bonus wurde den veränderten Rahmenbedingungen angepasst: Trockenfermentationsanlagen, die im Wesentlichen als Substrat Mais verarbeiten, fallen nicht weiter unter diesen Bonus. Im Sinne des EEG 2009 soll durch den Technologie-Bonus verstärkt die Einspeisung von Gas in die Erdgasnetze vorangebracht werden.[72]

Von 2000 bis 2004 hat sich die Stromgewinnung aus Erneuerbaren Energien aufgrund des EEG verdoppelt, daher kann das EEG als effektiv bezeichnet werden.[73] Einspeisevergütungsregeln wurden in Anlehnung an das EEG weltweit in mehr als 40 Ländern etabliert, davon in 18 Mitgliedsstaaten der EU.[74] Der Anteil Erneuerbarer Energien am *gesamten*

---

[72] Vgl. Gruber, W.; Dahlhoff, A.: Neue Impulse für Biogas, a. a. O., S. 19.
[73] Vgl. BMU (Hrsg.): Die wichtigsten Merkmale des Gesetzes für den Vorrang Erneuerbarer Energien (EEG) vom 21. Juli 2004. 2004, S. 3.
[74] Vgl. BMU (Hrsg.): Erfahrungsbericht 2007 zum Erneuerbare-Energien-Gesetz (EEG-Erfahrungsbericht). 2007, S. 46.

Primärenergieverbrauch beläuft sich 2007 auf 6,7 %. Der Anteil Erneuerbarer Energien an der *Bruttostromerzeugung* 2007 betrug 14,2 %.[75] Abbildung 3 zeigt, inwieweit die jeweiligen Erneuerbaren Energien zu diesen 14,2 % beitragen:

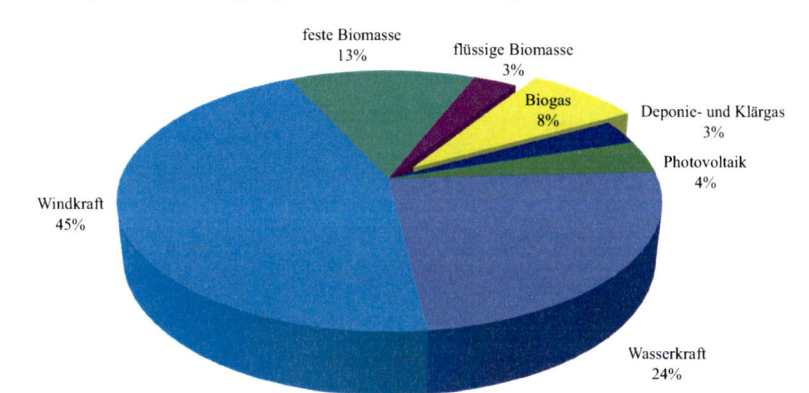

Abbildung 3: Stromerzeugung aus Erneuerbaren Energien 2007

feste Biomasse 13%
flüssige Biomasse 3%
Biogas 8%
Deponie- und Klärgas 3%
Photovoltaik 4%
Wasserkraft 24%
Windkraft 45%

Quelle: Eigene Darstellung in Anlehnung an: BMU (Hrsg.): Entwicklung der Erneuerbaren Energien in Deutschland im Jahr 2007 – Grafiken und Tabellen unter Verwendung aktueller Daten der Arbeitsgruppe Erneuerbare Energien-Statistik. Stand: März 2008, Folie 4.

Durch die EEG bedingte Förderung wurden 2007 7,4 TWh Strom von Biogasanlagen erzeugt. Durch Windkraft werden ca. 40 TWh pro Jahr produziert.[76] Im Vergleich zur gesamten Stromerzeugung aus Erneuerbaren Energien von 87,5 TWh entspricht dies etwas über 8 % der Stromerzeugung aus Erneuerbaren Energien, d. h. einem Anteil von in Biogasanlagen erzeugter Elektrizität von 1,14 % der gesamten Bruttostromerzeugung.

---

[75] Vgl. Integriertes Klima- und Energieprogramm der Bundesregierung, Kabinettsbeschluss vom 05.12.2007.
[76] Vgl. BMU (Hrsg.): Entwicklung der Erneuerbaren Energien in Deutschland im Jahr 2007 – Grafiken und Tabellen unter Verwendung aktueller Daten der Arbeitsgruppe Erneuerbare Energien-Statistik. Stand: März 2008, Folie 4.

Neben diesen energiepolitischen Zielen wurden darüber hinaus beschäftigungspolitische Ziele erreicht: Bis zum Jahr 2004 sind 157.000 Arbeitsplätze in Verbindung mit Erneuerbaren Energien, davon 57.000 in der Bioenergiebranche, geschaffen worden.[77] Der Umsatz mit Erneuerbaren Energien betrug 2006 rund 22,9 Mrd. Euro.[78] Die arbeits- und einkommenspolitischen Maßnahmen werden allerdings unterschiedlich bewertet: Während das BMU von einem deutlichen Beschäftigungszuwachs ausgeht,[79] begutachten Kritiker die Entwicklung der Arbeitsplätze vor dem Hintergrund der Exportmöglichkeiten Erneuerbarer Energien als positiv, allerdings wären insbesondere im landwirtschaftlichen Sektor eher negative Entwicklungen zu erwarten. Je nachdem, welche Wertschöpfung im ländlichen Raum verbleibt, könnten durch die Produktion von Biomasse arbeitsintensivere landwirtschaftliche Sparten verdrängt werden.[80]

Die Versorgungssicherheit als weiteres politisches Ziel ist ebenso umstritten: Die zukünftige Erfüllung dieses Zieles sei aufgrund der knappen Flächenausstattung und dem geringen Anteil Erneuerbarer Energien am Primärenergieverbrauch fraglich. Ferner sollte über Lösungen nachgedacht werden, die sich enger am Wettbewerb orientieren und zudem andere, günstigere CO_2-Vermeidungsstrategien (z. B. Sanierung alter Kraftwerke etc.) verfolgt werden.[81]

Um diese Kritik zu illustrieren sollen an dieser Stelle die EEG-Differenzkosten[82] des Zeitraumes 2000-2006 dargestellt werden, die in Bezug zur installierten elektrischen Leistung gesetzt werden:

Abbildung 4: EEG-Differenzkosten 2000-2006 in Mio. Euro

	Wasserkraft	Deponie-, Klär-, Grubengas	Biomasse	Windenergie	Solare Strahlungsenergie	Summe
2000-2006	1688	281	2295	7804	2254	14.321

Quelle: Eigene Darstellung in Anlehnung an: BMU (Hrsg.): Erfahrungsbericht 2007 zum Erneuerbare-Energien-Gesetz (EEG-Erfahrungsbericht), S. 40.

---

[77] Vgl. Staiss, F. et al.: Erneuerbare Energien: Arbeitsplatzeffekte – Wirkungen des Ausbaus Erneuerbarer Energien auf den deutschen Arbeitsmarkt. Berlin 2006.
[78] Vgl. BMU: Erfahrungsbericht 2007, S. 43.
[79] Ebenda, S. 43.
[80] Vgl. Wissenschaftlicher Beirat Agrarpolitik beim BMELV 2007, a. a. O., S. 187.
[81] Ebenda, S. 183.
[82] EEG-Differenzkosten: Zahlungen der Energieunternehmen aus der EEG-Umlage an die entsprechenden Erzeuger Erneuerbarer Energien.

Auch wenn einige der Erneuerbaren Energien bereits vor dem Jahr 2000 gefördert wurden, zeigt dieser Vergleich deutlich, dass Photovoltaik-Anlagen eine nahezu gleiche Förderung wie Biomasse zugewiesen bekamen, obwohl der Anteil an der elektrischen Leistung deutlich geringer als die von Biomasse und Biogas ist.

Durch die Vergärung von Gülle in Biogasanlagen wird das Klima in doppelter Hinsicht geschützt: Das ohnehin bei der Güllelagerung entstehende Methan[83] wird nicht an die Atmosphäre abgegeben. Außerdem wird klimafreundlicher Strom produziert. Biogas ist in dieser Hinsicht mit Abstand die klimafreundlichste aller Erneuerbaren Energien.[84] Des Weiteren hat Biogas im Vergleich zu anderen Erneuerbaren Energien den Vorteil, dass Energie gespeichert werden kann. Zu Zeiten geringen Stromverbrauchs (z. B. nachts) wird das produzierte Gas gespeichert und in Zeiten hohen Verbrauchs verstromt. In diesem Zusammenhang werden sich in Zukunft vermutlich verschiedene Preisgestaltungen im EEG oder in Zusammenarbeit mit den Energieversorgungsunternehmen herausstellen.

2.2.2 Rechtliche Grundlagen: Errichtung und Betrieb von Biogasanlagen

Neben dem EEG, das für die rechtlichen und wirtschaftlichen Grundlagen der Einspeisung von aus Biogas erzeugtem Strom maßgeblich ist, bestehen Rechtsvorschriften, die bei der Errichtung und bei dem Betrieb von Biogasanlagen eingehalten werden müssen. Dazu zählen im Wesentlichen Regelungen, die den Standort der Anlage betreffen (Baunutzungsverordnungen der Länder, Baugesetzbuch, Bundesimmissionsschutzgesetz) und Verordnungen, die den Einsatz verschiedener Substrate in Biogasanlagen regeln (z. B. Biomasseverordnung) sowie solche, die die Ausbringung des Gärsubstrates auf landwirtschaftliche Nutzflächen einschränken (z. B. Düngeverordnung). Die wichtigsten Aspekte der Rechtsvorschriften werden in diesem Kapitel vorgestellt, da sie einen Einfluss auf die Akzeptanz von Biogasanlagen haben könnten: In Studien zur Akzeptanz von Stallbauten wurde z. B. nachgewiesen, dass die Entfernung der Anlage zu benachbarten Wohngebie-

---

[83] Die bei der Tierhaltung, Güllelagerung und -ausbringung entstehenden Klimagase Methan bzw. Lachgas sind um das 21fache bzw. das 300fache klimaschädlicher als CO_2 (siehe hierzu Kapitel 1 dieser Arbeit, S. 1).
[84] Laut Öko-Institut Freiburg werden mit jeder produzierten kWh Strom aus Biogas bei Ausnutzung der Abwärme 400 Gramm CO_2 eingespart (zum Vergleich: Windkraft: 20 Gramm CO_2 je kWh produzierten Stromes (Gesamtberechnung unter Berücksichtigung der Materialherstellung etc.). Siehe hierzu Kapitel 1 dieser Arbeit, S. 1).

ten, die Lage des Betriebes und mögliche Umwelteinwirkungen die Akzeptanz landwirtschaftlicher Bauvorhaben entscheidend beeinflussen.[85]

Baurecht

Für die Zulässigkeit eines Vorhabens sind zunächst bauleitplanerische Gegebenheiten zu berücksichtigen. Unter Bauleitplanung wird die Erstellung von Flächennutzungsplänen (vorbereitende Bauleitpläne) und Bebauungsplänen (verbindliche Bauleitpläne) durch die Kommunen verstanden.[86] In Flächennutzungsplänen wird die beabsichtigte städtebauliche Entwicklung einer Gemeinde festgehalten, die von den Regionalplanungsbehörden genehmigt werden muss.[87] Bebauungspläne regeln Art und Ausmaß der nach den Flächennutzungsplänen zulässigen Nutzung (konkrete, verbindliche Angaben über Nutzungen, die auf einer Fläche zulässig sind).

Die Grundstücke, auf denen Biogasanlagen geplant und gebaut werden, sind in den meisten Fällen landwirtschaftlichen Betrieben zugehörig, die wiederum in der Regel dem Außenbereich (nicht überplant), Dorfgebieten (= Mischgebiet Dorf, beplanter Innenbereich) oder dem unbeplanten Innenbereich zuzuordnen sind. Bei Genehmigungsverfahren ist es von entscheidender Bedeutung, ob das Grundstück, auf dem ein Vorhaben verwirklicht werden soll, bereits beplant ist oder nicht, und wenn ja, welchem Bereich das Grundstück zugeordnet ist.

Im Außenbereich ist grundsätzlich kein Bauvorhaben zulässig. Der Begriff Außenbereich stammt aus dem Bauplanungsrecht und bezeichnet die Flächen, die sich nicht im Geltungsbereich eines qualifizierten Bebauungsplanes befinden. Unbeplante Innenbereiche bezeichnen in diesem Kontext „im Zusammenhang bebaute Ortsteile",[88] die trotz der Zuordnung zum Innenbereich dem Außenbereich zugeordnet werden können soweit sie einen dörflichen Charakter aufweisen. Grundsätzlich ist in Dorfgebieten auf die Entwicklungsmöglichkeiten land- und forstwirtschaftlicher Betriebe „vorrangig Rücksicht zu neh-

---

[85] Vgl. hierzu: Mann, S.; Kögl, H.: On the acceptance of animal production in rural communities. In: Land Use Policy, 20,3. 2003 sowie Albersmeier, F.; Schlecht, S.; Spiller, A.: Zur Bedeutung gesellschaftlicher Anspruchsgruppen bei landwirtschaftlichen Bauprojekten: Einflussfaktoren auf einen erfolgreichen Stallbau. In: Jahrbuch der Österreichischen Gesellschaft für Agrarökonomie, Band 18 (1). O. O. 2009, S. 1-10.
[86] Die in diesem Kapitel genannten Begrifflichkeiten stammen aus dem Bauplanungsrecht (BauGB), das die Erstellung von Flächennutzungs- und Bebauungsplänen organisiert und insbesondere den Außenbereich vor Zersiedlung bewahren soll.
[87] In Niedersachsen übernehmen diese Aufgaben bspw. die Landkreise, in Nordrhein-Westfalen die Bezirksregierungen.
[88] Vgl. Bundesministerium für Verkehr, Bau und Stadtentwicklung (Hrsg.): Baugesetzbuch vom 23. Juni 1960, zuletzt geändert am 21.12.2006 (BGBl. I, S. 3316), §§ 34, 35.

men"[89], allerdings bedarf es sorgfältiger Einzelfallprüfungen, die klären, ob die Emissionsbelästigung einer Biogasanlage mit einem Dorfgebiet vereinbar ist. Das Rücksichtnahmegebot in Dorfgebieten zugunsten von Biogasanlagen gilt nur für Anlagen, die im Kontext von landwirtschaftlichen Betrieben errichtet werden sollen und nicht für gewerblich betriebene Anlagen.[90]

Die Einstufung der Lage eines landwirtschaftlichen Betriebes in ein Dorfgebiet gegenüber dem Außenbereich hat zur Folge, dass z. B. Mindestabstände im Hinblick auf Immissionen größer sein müssen. Die Standorte landwirtschaftlicher Betriebe (Einzellage, Dorfgebiet, direkt anliegend an ein reines Wohngebiet) sowie deren Einstufung bei der Erstellung eines Flächennutzungsplans sind daher von entscheidender Bedeutung für die weiteren Entwicklungspotenziale der Betriebe.[91]

Ausnahmen von Bauvorhaben im Außenbereich stellen privilegierte Vorhaben dar, die von der Baugenehmigungsbehörde genehmigt werden müssen.[92] Hierzu zählen z. B. Bauvorhaben öffentlichen Interesses (Infrastruktur: Strom, Wasser; Energieerzeugung aus Erneuerbaren Energien) und Bauten, die im Zusammenhang mit land- und forstwirtschaftlichen sowie gartenbaulichen Betrieben stehen:[93]

Auf landwirtschaftliche Biogasanlagen bezogen wird zunächst geprüft, ob die geplante Anlage den Anforderungen an Bebauungen im Außenbereich (landwirtschaftlicher Betrieb, Ausweisung einer Sonderfläche[94]) standhält.

Seit Novellierung des EEG ist eine Privilegierung von Biogasanlagen für den Außenbereich zulässig, sodass einer Errichtung auf landwirtschaftlichen Betrieben aus *baurechtlicher Sicht* nichts entgegensteht soweit folgende Kriterien erfüllt sind:

---

[89] Vgl. Bundesministerium für Verkehr, Bau und Stadtentwicklung (Hrsg.): Verordnung über die bauliche Nutzung der Grundstücke (Baunutzungsverordnung (BauNVO)) vom 26. Juni 1962, zuletzt geändert am 22. April 1993 (BGBl I, S. 466), § 5 BauNVO.
[90] Vgl. Ministerium für Umwelt und Forsten Rheinland-Pfalz (Hrsg.): Handbuch für die Planung, die Errichtung und den Betrieb von Biogasanlagen, a. a. O., S. 19.
[91] Vgl. KTBL (Hrsg.): Bau- und umweltpolitische Rahmenbedingungen der Veredelungsproduktion; KTBL-Arbeitspapier Nr. 265, Münster 1998, S. 16-17.
[92] Bei der Unteren Bauaufsichtsbehörde sind vom Antragssteller einzureichen: Auszug aus der Liegenschaftskarte, Lageplan, Bauzeichnungen, Bau- und Betriebsbeschreibungen (technische Angaben, Beschreibung der Gärsubstrate, Angabe zu wassergefährdenden Stoffen), Berechnung und Angabe zur Kostenermittlung, Nachweise der Standsicherheit und des Schallschutzes, Brandschutzkonzept, Angaben zu den Immissionen der Anlage (Vgl. Wetter, C.; Brügging, E.: Leitfaden zum Bau einer Biogasanlage – Band II. Gesetzliche Grundlagen und Planung, a. a. O., S. 40 f).
[93] Ebenda, S. 40.
[94] 2006 waren erst in 16 % der Planungsregionen Gebiete für Biomassenutzung festgelegt oder geplant (Vgl.: Schmitt, M.; Beckmann, G.: Flächeninanspruchnahme privilegiert zulässiger Vorhaben im Außenbereich. Bonn 2006, S. 30).

1. Die Biomassenutzung findet im Rahmen eines landwirtschaftlichen Betriebes[95] statt (Betriebskooperationen sind möglich).[96]
2. Es besteht ein räumlich-funktionaler Zusammenhang zwischen Biomasseanlage[97] und dem Betrieb. Der räumliche Zusammenhang ist nicht spezifisch definiert und daher gibt es keine vorgeschriebenen Entfernungen. Er richtet sich nach einer erkennbaren Zuordnung der Anlage zur Hofstelle und berücksichtigt weiterhin die Entfernung im Verhältnis zur gesamten Betriebsfläche sowie verstreute Betriebsflächen. Bei Gemeinschaftsanlagen muss kein räumlicher Zusammenhang bestehen, wohl aber müssen die Betriebe „nahe gelegen" sein. Der funktionale Zusammenhang zeichnet sich durch die Nutzung von Substraten aus, die aus dem eigenen Betrieb (bzw. aus den Betrieben der Gemeinschaftsanlage) hervorgehen. Des Weiteren gilt, dass nur bis zu 49 % des eingesetzten Substrates von Fremdbetrieben (hierunter fallen nicht die Betriebe einer Gemeinschaftsanlage) stammen dürfen.[98]
3. Verpflichtung zum Rückbau der Anlage nach dauerhafter Aufgabe der zulässigen Nutzung.
4. Je Hofstelle kann nur eine Anlage installiert werden, die eine elektrische Leistung von 500 kW nicht überschreiten darf. Diese beiden Beschränkungen führen in der Praxis zu Unstimmigkeiten, da nicht eindeutig geklärt ist, wie bei einem Betrieb mit mehreren Teilstandorten vorgegangen werden soll. Auch die Beschränkung auf 500 kW ist nicht eindeutig geregelt. Laut HENTSCHKE ist eine Überschreitung von 500 kW im unbeplanten Außenbereich zulässig.[99] In bereits beplanten Gebieten könnte für diesen Fall ein vorhabensbezogener Bebauungsplan nach § 12 BauGB mit der Ausweisung eines Sondergebietes „Energiegewinnung durch Biomasse" erstellt werden.[100] Die Initiative eines solchen Verfahrens geht vom Investor aus, der in diesem Fall auch die planerischen Kosten zu tragen hat. Durch eine solche Ausweisung ist es nicht nur Landwirten, sondern auch Kommunen und anderen Investoren möglich, eine Biogasanlage im Außenbereich zu errichten.

---

[95] Hierunter fallen in diesem Zusammenhang auch forstwirtschaftliche Betriebe sowie Gartenbaubetriebe.
[96] Vgl. § 35 BauGB vom 30.07.2004.
[97] Im Gesetzestext wird der Begriff „Biomasseanlage" verwendet; darunter fallen neben Biogasanlagen bspw. auch Blockheizkraftwerke, die mit Palmöl betrieben werden.
[98] Vgl. BMVEL (Hrsg.): Handreichung Biogasgewinnung und -nutzung, a. a. O., S. 142.
[99] Vgl. Hentschke, H.: Landwirtschaftliche Biomasseanlagen – genehmigungsrechtliche Perspektiven. In: KTBL-Schrift 438 „Landwirtschaft – Visionen 2015", Tagungsband zur KTBL-Tagung 04.-06.04.2005 in Berlin. Darmstadt 2005.
[100] Vgl. BMVEL (Hrsg.): Handreichung Biogasgewinnung und -nutzung, a. a. O., S. 142.

Theoretisch können Biogasanlagen auch im Innenbereich betrieben werden.[101] In Gewerbegebieten ist dies zulässig soweit keine „erheblichen Belästigungen" von der Anlage ausgehen.[102] In Industriegebieten hingegen steht einer Genehmigung nichts entgegen.[103]

Umweltrecht

Immissionsschutz

Neben der Feststellung der Privilegierung für den Außenbereich wird geprüft, ob die Anlage nach dem Baugesetzbuch (BauGB) oder darüber hinaus nach dem Bundesimmissionsschutzgesetz (BImSchG) genehmigt werden muss. Während das BauGB sich mit dem Eingriff der Bebauung an sich befasst, prüft das BImSchG insbesondere die Wirkungen, die vom Betrieb eines Objektes ausgehen, wie z. B. Belästigungen durch Lärm oder Geruch. In einem Genehmigungsverfahren nach BImSchG werden Belange des Immissionsschutzrechts, des Bauplanungsrechts, des Abfallrechts, des Wasserrechts, des Düngemittelrechts sowie der Sicherheitstechnik[104] von den entsprechenden Fachbehörden geprüft. Federführende Behörden waren z. B. in NRW die staatlichen Umweltämter.[105] Im Zuge der Kommunalisierung wurden die Kompetenzen hier inzwischen auf die Kreise übertragen, in Niedersachsen bspw. werden die Aufgaben von den Gewerbeaufsichtsämtern wahrgenommen.

Sobald ein Objekt eine Größenordnung erreicht, von dem Belästigungen in größerem Ausmaß zu erwarten sind, greift das BImSchG. Das Genehmigungsverfahren nach BImSchG ist aufwendiger und nimmt mehr Zeit in Anspruch als eine Genehmigung nach dem BauGB. Im Hinblick auf Biogasanlagen werden hier vor allem Größenordnungen festgelegt, die die Lärm- und Geruchsbelästigungen sowie Explosionsgefahren betreffen.

---

[101] Es handelt sich hierbei nahezu ausschließlich um Betriebe, die Lebensmittelreste bzw. Abfälle aus der Lebensmittelindustrie verarbeiten. Häufig bestehen seitens von nicht-landwirtschaftlichen Unternehmern Befürchtungen, Biogasanlagen aufgrund fehlenden Know-hows und fehlender Synergieeffekte (z. B. für die Gewerbebetriebe Anschaffung eines Schleppers nur für die Biogasanlage) zu betreiben.

[102] Vgl. Ministerium für Umwelt und Forsten Rheinland-Pfalz (Hrsg.): Handbuch für die Planung, die Errichtung und den Betrieb von Biogasanlagen in der Landwirtschaft in Rheinland-Pfalz, a. a. O., S. 19.

[103] Vgl. Bundesministerium für Verkehr, Bau und Stadtentwicklung (Hrsg.): Verordnung über die bauliche Nutzung der Grundstücke (Baunutzungsverordnung (BauNVO)) vom 26. Juni 1962, zuletzt geändert am 22. April 1993 (BGBl I, S. 466), § 8 Abs. 1 BauNVO, § 34 Abs. 2 BauNVO.

[104] Die Antragsunterlagen des Antragstellers umfassen: Allgemeine Unterlagen, Spezielle Unterlagen (Bauvorlagen, Darstellung der Anlage, Maschinenaufstellplan, Anlagen- und Betriebsbeschreibung mit Darstellung der wasserrechtlichen Anforderungen, Immissionsprognose, Plan zur Behandlung der Abfälle und zur Nutzung der Energie, Flächennachweis und Nährstoffvergleich), Anforderungen zum Immissionsschutz nach TA Luft und TA Lärm, Anforderungen zum Arbeitsschutz. Vgl. Wetter, C.; Brügging, E.: Leitfaden zum Bau einer Biogasanlage – Band III. Gesetzliche Grundlagen und Planung. Steinfurt, o. J., S. 82.

[105] Vgl. Wetter, C.; Brügging, E.: Leitfaden zum Bau einer Biogasanlage – Band II. Gesetzliche Grundlagen und Planung., a. a. O., S. 41 f.

Werden besonders überwachungsbedürftige Abfälle in einer Biogasanlage ab einer bestimmten Größenordnung verarbeitet, hat die Genehmigung nach BImSchG zu erfolgen (Explosionsgefahr), ebenso, wenn bestimmte Mengen an geruchsintensiven Substraten gelagert werden (z. B. Gülle).[106] Um die Geruchsbelästigung und andere Emissionen, die vom BHKW der Biogasanlage ausgehen, ausreichend zu prüfen, sind Größenordnungen festgelegt, wie Abbildung 5 zusammenfassend darstellt:

---

[106] Vgl. Wetter, C.; Brügging, E.: Leitfaden zum Bau einer Biogasanlage – Band II. Gesetzliche Grundlagen und Planung., a. a. O., S. 41 f.

Abbildung 5: Genehmigungskriterien für die Errichtung einer Biogasanlage

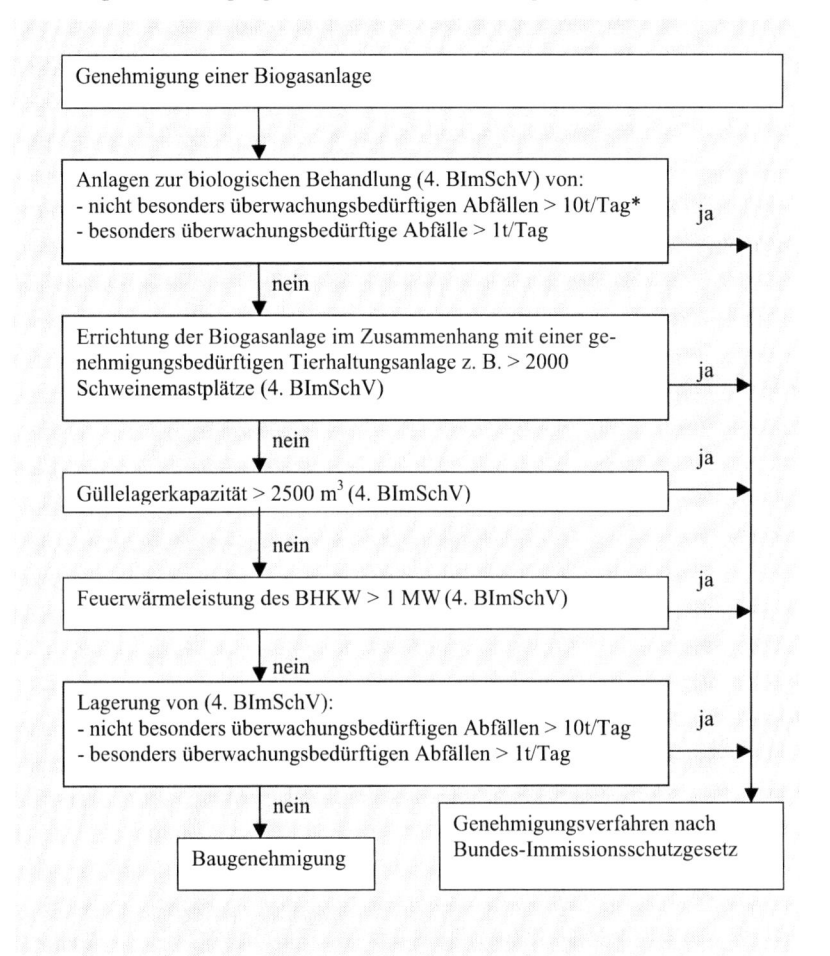

```
┌─────────────────────────────────────────────────┐
│ Genehmigung einer Biogasanlage                  │
└─────────────────────────────────────────────────┘
                    │
                    ▼
┌─────────────────────────────────────────────────┐
│ Anlagen zur biologischen Behandlung (4. BImSchV)│──ja──┐
│ von:                                            │      │
│ - nicht besonders überwachungsbedürftigen       │      │
│   Abfällen > 10t/Tag*                           │      │
│ - besonders überwachungsbedürftige Abfälle      │      │
│   > 1t/Tag                                      │      │
└─────────────────────────────────────────────────┘      │
                    │ nein                               │
                    ▼                                    │
┌─────────────────────────────────────────────────┐      │
│ Errichtung der Biogasanlage im Zusammenhang     │──ja──┤
│ mit einer genehmigungsbedürftigen Tierhaltungs- │      │
│ anlage z. B. > 2000 Schweinemastplätze          │      │
│ (4. BImSchV)                                    │      │
└─────────────────────────────────────────────────┘      │
                    │ nein                               │
                    ▼                                    │
┌─────────────────────────────────────────────────┐      │
│ Güllelagerkapazität > 2500 m³ (4. BImSchV)      │──ja──┤
└─────────────────────────────────────────────────┘      │
                    │ nein                               │
                    ▼                                    │
┌─────────────────────────────────────────────────┐      │
│ Feuerwärmeleistung des BHKW > 1 MW (4. BImSchV) │──ja──┤
└─────────────────────────────────────────────────┘      │
                    │ nein                               │
                    ▼                                    │
┌─────────────────────────────────────────────────┐      │
│ Lagerung von (4. BImSchV):                      │──ja──┤
│ - nicht besonders überwachungsbedürftigen       │      │
│   Abfällen > 10t/Tag                            │      │
│ - besonders überwachungsbedürftigen Abfällen    │      │
│   > 1t/Tag                                      │      │
└─────────────────────────────────────────────────┘      │
                    │ nein                               ▼
                    ▼                          ┌──────────────────────────┐
          ┌──────────────────┐                 │ Genehmigungsverfahren    │
          │ Baugenehmigung   │                 │ nach Bundes-             │
          └──────────────────┘                 │ Immissionsschutzgesetz   │
                                               └──────────────────────────┘
```

* An dieser Stelle sei darauf hingewiesen, dass Wirtschaftsdünger tierischer Herkunft und Nawaros nicht dem Abfallrecht unterworfen sind und in einigen Bundesländern nicht unter diese Regelung fallen. Ferner betrachten einige Genehmigungsbehörden bei Vermischungen mit Abfällen die ganze Substratmenge als Abfall, andere nicht. Eine Standardisierung für diese Verfahren ist in Vorbereitung (vgl. BMVEL: Handreichung Biogasgewinnung und -nutzung, S. 143 f.).

Quelle: Eigene Darstellung in Anlehnung an: Bundesministerium für Ernährung, Landwirtschaft und Verbraucherschutz: Biogas – Eine Einführung. 2008, S. 18 und Ministerium für Umwelt und Naturschutz, Landwirtschaft und Verbraucherschutz des Landes Nordrhein-Westfalen: Ratgeber für Genehmigungsverfahren bei landwirtschaftlichen Biogasanlagen, 2002.

Wenn die Anlage nach dem BImSchG genehmigt wird, sind Abstandsregelungen zur nächsten vorhandenen Bebauung oder zur in einem Bebauungsplan bestimmten Wohnbebauung nach der Technischen Anleitung zur Reinhaltung der Luft (TA Luft) zu berücksichtigen. Bei geschlossenen Anlagen sollte der Abstand 300 m, bei offenen Anlagen[107] 500 m nicht unterschreiten. Jedoch können Vorkehrungen im Hinblick auf die Geruchsbelästigung getroffen werden (Abgasreinigungseinrichtung), sodass die Mindestabstände unterschritten werden dürfen. Die zuständige Fachbehörde überprüft die Effektivität der Vorkehrungen und entscheidet abschließend.[108] Ferner bestehen länderspezifische Richtlinien (z. B. in Nordrhein-Westfalen), die verlangen, dass in einem Radius von 600 m neben den zu erwartenden Beeinträchtigungen des antragstellenden Betriebes zusätzlich die Immissionen benachbarter betrieblicher Anlagen berücksichtigt werden. Vor allem in Regionen mit einer hohen Vieh- und Biogasdichte kann so das Genehmigungsverfahren ererschwert werden.[109]

Überwiegend keinen Einfluss auf die Genehmigung landwirtschaftlicher Biogasanlagen haben die Prüfungen hinsichtlich des Lärm- und Explosionsschutzes (= besonders überwachungsbedürftige Abfälle). Die in Abbildung 5 beschriebenen Grenzwerte dürften hier lediglich von industriebetriebenen Biogasanlagen tangiert werden.

Sollte eine Anlage so konzipiert sein, dass eine Genehmigung nach BImSchG zu erfolgen hat (bei den heutigen Neubauten meist der Fall),[110] ist zu prüfen, ob ein sogenanntes vereinfachtes Verfahren oder ein förmliches Verfahren nach dem BImSchG durchgeführt werden kann.[111] Ein vereinfachtes Verfahren kann ohne Beteiligung der Öffentlichkeit stattfinden, während bei einem förmlichen Verfahren eine Beteiligung der Öffentlichkeit sowie die Beteiligung aller Behörden erfolgt, deren Aufgabengebiete mit dem geplanten

---

[107] Geschlossene Anlagen bezeichnen Anlagen, deren Emissionen begrenzt sind, da z. B. Vorkehrungen getroffen wurden, die die Einsatzsubstrate nicht in Verbindung mit der Außenluft gelangen.
[108] Vgl. BMU (Hrsg.): Technische Anleitung zur Reinhaltung der Luft (TA Luft vom 24. Juli 2002), Nr. 5.4.8.6 Anlagen der Nummer 8.6: Anlagen zur biologischen Behandlung von Abfällen: Nr. 5.4.8.6.1: Anlagen zur Vergärung von Bioabfällen und Anlagen, die Bioabfälle in Kofermentationsanlagen mitverarbeiten.
[109] Vgl. Nischwitz, G.: Sozioökonomische, ökologische und rechtliche Rahmenbedingungen für die Veredelungswirtschaft in der zweiten Hälfte der neunziger Jahre. Vechta 1996, S. 89.
[110] U. U. auch im Sinne des Anlagenbetreibers, da mit dem Genehmigungsverfahren nach dem BImSchG ein Bestandsschutz einhergeht (Vgl. BMVEL: Handreichung Biogasgewinnung und -nutzung, a. a. O., S. 144).
[111] Es ist darauf zu achten, inwieweit im Zusammenhang mit der Biogasanlage auch Tierhaltungsanlagen genehmigt werden. Besteht bereits eine Tierhaltungsanlage, die nach BImSchG genehmigt wurde, kann die Biogasanlage als Nebenanlage ein vereinfachtes Verfahren durchlaufen. Wird mit der Biogasanlage eine neue Tierhaltungsanlage beantragt, kann diese – je nach Größenordnung – bereits ein BImSchG-Verfahren mit sich bringen (z. B. ab 2000 Schweinemastplätzen), auch wenn für die Größe der Biogasanlage ein einfaches Verfahren genügen würde.

Vorhaben in Verbindung stehen. Die Beteiligung der Öffentlichkeit (sogenannte Bürgerbeteiligung) erfolgt als gesetzlich vorgeschriebene Beteiligung, d. h. Beteiligte (wie z. B. Bürger, andere Behörden etc.) werden über eine öffentliche Bekanntmachung (Amtsblatt oder Lokalzeitung) über das Vorhaben informiert und aufgerufen, Stellungnahmen, Bedenken und Einwände zu übermitteln. Diese werden von der Kommune zur Abwägung des Verfahrens geprüft und in die Entscheidung miteinbezogen. Eine fehlerhafte Durchführung der Öffentlichkeitsbeteiligung kann zur Nichtigkeit des Verfahrens führen.[112] Welches Verfahren im Einzelfall durchzuführen ist (mit oder ohne Beteiligung), ist dem Anhang der 4. BImSchV zu entnehmen.[113] Auch hier sind Größenordnungen von Bedeutung: So können Biogasanlagen – würden nur die Belästigungen der Motoren berücksichtigt – ohne Öffentlichkeitsbeteiligung genehmigt werden (Beteiligung erst ab 50 MW). Besonders überwachungsfähige Abfälle können ein vereinfachtes Verfahren durchlaufen, wenn weniger als 10 t/Tag verarbeitet werden bzw. das Lager 150 t nicht überschreitet. Sollen mit der Biogasanlage zusammen Tierhaltungsanlagen genehmigt werden, sind folgende Größenordnungen entscheidend: Ab 40.000 Mastgeflügelplätzen, 350 Rinderplätzen und ab 2000 Mastschweineplätzen sind die Anlagen nach dem förmlichen Genehmigungsverfahren zu prüfen.[114] Beide Verfahren beinhalten als einen unselbstständigen Bestandteil des Genehmigungsverfahrens eine Umweltverträglichkeitsprüfung (UVP) nach den Vorgaben des Gesetzes über die Umweltverträglichkeitsprüfung.

Sowohl vereinfachte als auch förmliche Verfahren können nach einer UVP-Vorprüfung mit oder ohne UVP einhergehen. Die UVP-Vorprüfung *("Screening")* erfolgt auf Grundlage der eingereichten Unterlagen des Antragstellers (Lagepläne, Technikbeschreibung etc.) sowie relevanten Materials der Bundesländer (u. a. Landesraumordnungspläne), der Kreise (u. a. Regionalpläne, Biotopkartierungen) und der Kommunen (u. a. Flächennutzungs- und Bebauungspläne). Sind nach dieser Sichtung keine erheblich nachteiligen Auswirkungen durch die Anlage zu erwarten, ist keine UVP anzuordnen. Sind hingegen erheblich nachteilige Auswirkungen möglich, ist eine UVP im weiteren Verlauf durchzuführen *("Scoping")*. Dazu werden sowohl Umfang als auch Art und Weise der UVP durch Genehmigungs- und Fachbehörden sowie Sachverständige festgelegt. Der Antragsteller hat die hier festgelegten erforderlichen Unterlagen (z. B. Berechnungen über Geruchs- und Lärmbelästigungen) nachzureichen, die zu einer Umweltverträglichkeitsstudie (UVS) zu-

---

[112] Vgl. § 3 BauGB.
[113] Vgl. Wetter, C.; Brügging, E.: Leitfaden zum Bau einer Biogasanlage – Band II. Gesetzliche Grundlagen und Planung, a. a. O., S. 75.
[114] Vgl. Bundesministerium des Innern (Hrsg.): Verordnung über genehmigungsbedürftige Anlagen (4. BImSchV) vom 14. März 1997, zuletzt geändert am 23.02.2007 (BGBl I, S. 2470).

sammengefasst dargestellt werden. Mit der UVS, den Anmerkungen der Öffentlichkeit und den Stellungnahmen der Fachbehörden wird abschließend über die Zulässigkeit des Vorhabens entschieden.[115]

Abbildung 6: Ablaufschema der Genehmigungsverfahren nach dem BImSchG

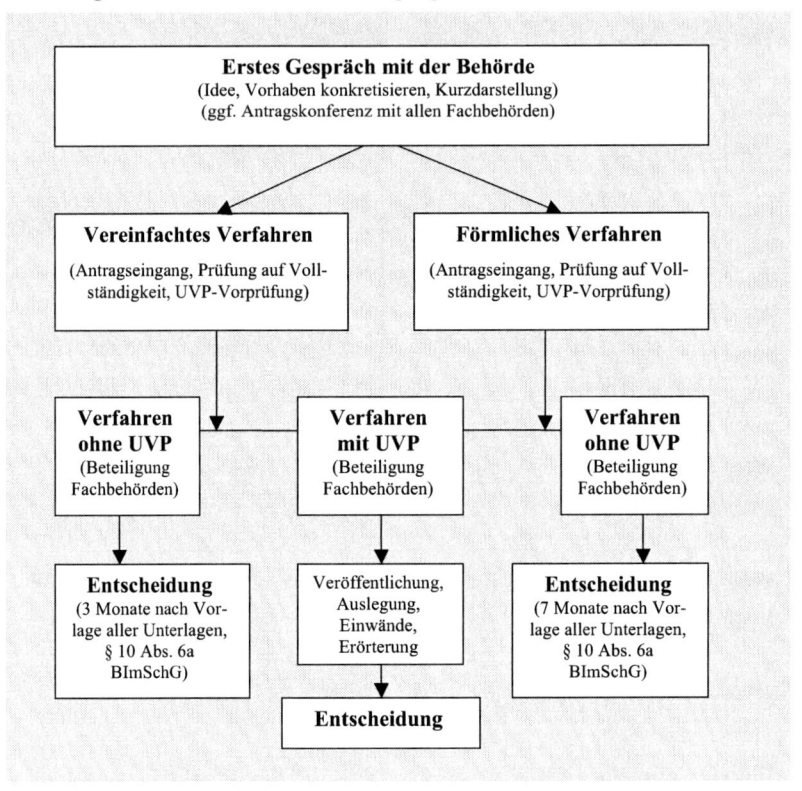

```
                    Erstes Gespräch mit der Behörde
                  (Idee, Vorhaben konkretisieren, Kurzdarstellung)
                   (ggf. Antragskonferenz mit allen Fachbehörden)
                              /              \
          Vereinfachtes Verfahren          Förmliches Verfahren
         (Antragseingang, Prüfung auf Voll-  (Antragseingang, Prüfung auf Voll-
          ständigkeit, UVP-Vorprüfung)       ständigkeit, UVP-Vorprüfung)
                /            \                       |
         Verfahren         Verfahren              Verfahren
         ohne UVP          mit UVP                ohne UVP
         (Beteiligung      (Beteiligung           (Beteiligung
         Fachbehörden)     Fachbehörden)          Fachbehörden)
             |                 |                      |
         Entscheidung     Veröffentlichung,       Entscheidung
         (3 Monate nach Vor-  Auslegung,         (7 Monate nach Vor-
         lage aller Unterlagen, Einwände,         lage aller Unterlagen,
         § 10 Abs. 6a       Erörterung           § 10 Abs. 6a
         BImSchG)                                 BImSchG)
                               |
                          Entscheidung
```

Quelle: Eigene Darstellung in Anlehnung an: Wetter, C.; Brügging, E.: Leitfaden zum Bau einer Biogasanlage – Band II. Gesetzliche Grundlagen und Planung. Steinfurt, o. J., S. 81.

---

[115] Vgl. BMVEL (Hrsg.): Handreichung Biogasgewinnung und -nutzung, a. a. O., S. 144; BMU (Hrsg.): Gesetz über die Umweltverträglichkeitsprüfung (UVPG) vom 12. Februar 1990, zuletzt geändert am 23.10.2007 (BGBl. 1 1990, S. 205).

Schutz von Gewässern

Der Schutz von Gewässern ist im Umweltrecht durch das Wasserhaushaltsgesetz (WHG) geregelt. Für die meisten Biogasanlagen, die als Substrat Gülle, Jauche und Pflanzenmaterial vergären, gelten im wasserrechtlichen Zusammenhang dieselben Vorgaben wie für Anlagen zur Lagerung derselben Stoffe. Für die Landwirtschaft sind in diesem Zusammenhang die Regelungen zur Festsetzung von Wasserschutzgebieten und zur Beschaffenheit von Anlagen zum „Lagern und Abfüllen von Jauche, Gülle und Silagesickersäften" (§ 19) bedeutsam.[116] Die Ausgestaltung des Gesetzes findet durch die Landeswassergesetze der Bundesländer statt. Je nach Art und ökologischer Bedeutsamkeit der anliegenden Gewässer ist ein Abstand der Biogasanlagen von mindestens 50 m zum nächsten oberirdischen Gewässer und zu privaten Trinkwasserbrunnen einzuhalten. Außerdem ist darauf zu achten, dass die Anlage möglichst im Abstrom errichtet wird. Bei niedrigerem Abstand kann unter bestimmten Voraussetzungen eine wasserrechtliche Genehmigung beantragt und erteilt werden. In Wasserschutz- und Überschwemmungsgebieten gelten weitere spezifische Anforderungen.[117]

Schad- und nährstoffbezogene Regelungen

Neben den Regelungen, die sich auf die Errichtung und den Betrieb der Anlage beziehen, bestehen weitere Rechtsvorschriften, die sich mit den eingesetzten Substraten und den anschließend auszubringenden Gärresten befassen.

Soweit in der Anlage ausschließlich hofeigene Gülle[118] und für die Vergärung angebaute landwirtschaftliche Produkte aus Nawaros eingesetzt werden, gelten keine besonderen Anforderungen. Handelt es sich um eine Gemeinschaftsanlage, in der ebenfalls ausschließlich Gülle und Nawaros – aber von verschiedenen Betrieben – eingesetzt werden, ist nach Schweinhaltungshygieneverordnung[119] (SchHaltHygV) der Bau eines Reinigungs- und

---

[116] Vgl. Gesetz zur Ordnung des Wasserhaushalts (Wasserhaushaltsgesetz (WHG)) vom 27. Juli 1957 (BGBl. I S. 1110-1386), zuletzt geändert am 10.5.2007.
[117] Vgl. Ministerium für Umwelt und Forsten Rheinland-Pfalz (Hrsg.): Handbuch für die Planung, die Errichtung und den Betrieb von Biogasanlagen, a. a. O., S. 27 f.
[118] EU-Terminologie: Exkremente und/oder Urin von Nutztieren, mit oder ohne Einstreu.
[119] In der Regel können die seuchenhygienischen Anforderungen für Biogasanlagen, die ausschließlich mit Gülle und Nawaros betrieben werden, aufgrund der ähnlichen Sachverhalte überwiegend aus der SchHaltHygV abgeleitet werden (Vgl. Wetter, C.; Brügging, E.: Leitfaden zum Bau einer Biogasanlage – Band II. Gesetzliche Grundlagen und Planung. Steinfurt, o. J., S. 46).

Desinfektionsplatzes notwendig, um Seuchenübertragungen zwischen den Betrieben zu verhindern.[120]

Umfangreichere Auflagen sind zu erfüllen, sobald Substrate verarbeitet werden, die unter die EU-Hygieneverordnung (Substrate tierischer Herkunft) oder die Bioabfallverordnung (Substrate pflanzlicher Herkunft) fallen. Von Interesse für den Betrieb von Biogasanlagen sind v. a. Küchen- und Speiseabfälle, Abfälle aus der Lebensmittelindustrie und Schlachtkörperteile. In den Verordnungen ist geregelt, welche Abfälle verwendet werden dürfen und welche Vor- und Nachbehandlung bestimmte Substrate zu durchlaufen haben. Die Behandlungen sollen die seuchen- und phytohygienische Unbedenklichkeit der eingesetzten Stoffe gewährleisten:

Hierfür muss das Substrat thermisch bei 70° C für 60 Minuten vor- oder nachbehandelt werden oder eine thermophile Betriebsweise des Fermenters[121] gefahren werden. Zur Kontrolle sind regelmäßig Proben zu entnehmen, die auf Salmonellen, Tabak-Mosaik-Viren, Kolhernie-Erreger etc. untersucht werden. In diesem Zusammenhang bestehen ferner Auflagen an die bauliche Errichtung der Anlagen (z. B. Pasteurisierungs- und Entseuchungsabteilung) sowie an die räumliche Entfernung von Biogasanlagen zur nächsten Tierhaltung.[122, 123]

Nach der Vergärung wird das Gärsubstrat – behandelt entsprechend der genannten Anforderungen – nach Richtlinien des Düngemittelgesetzes bzw. der Dünge- und der Düngemittelverordnung ausgebracht. Zunächst sind die Gärreste gemäß der „guten fachlichen Praxis" auszubringen. Es ist u. a. darauf zu achten, dass zwischen dem 1. (bzw. 15.) November und dem 31. Januar des Folgejahres Düngemittel grundsätzlich nicht auf Ackerland (bzw. Grünland) ausgebracht werden dürfen und dass im Betriebsdurchschnitt nicht mehr als 210 kg Gesamtstickstoff auf Grünland bzw. 170 kg auf Acker-

---

[120] Vgl. BMVEL (Hrsg.): Schweinehaltungshygieneverordnung (SchHaltHygV), Verordnung über hygienische Anforderungen beim Halten von Schweinen vom 7. Juni 1999 (BGBl 1 S. 1252), zuletzt geändert am 18.4.2000.
[121] Genaue Anforderungen: Mindesttemperatur: 55° C über mindestens zusammenhängend 24 Stunden, Verweilzeit im Reaktor: 20 Tage.
[122] Vgl. BMVEL (Hrsg.): Handreichung Biogasgewinnung und -nutzung, a. a. O., S. 145.
[123] Vgl. Verordnung (EG) Nr. 1774/2002 des Europäischen Parlaments und des Rates vom 3. Oktober 2002 mit Hygienevorschriften für nicht für den menschlichen Verzehr bestimmte tierische Nebenprodukte (EG-Hygiene-VO-Abl L 273 vom 10.10.2002, S. 1-95; Umsetzung in der BRD durch das Tierische Nebenprodukte-Beseitigungsgesetz (TierNebG) vom 25.01.2004 (BGBl I, S. 507). Ferner siehe: BMU: Verordnung über die Verwertung von Bioabfällen auf landwirtschaftlich, forstwirtschaftlich und gärtnerisch genutzten Böden (Bioabfallverordnung (BioAbfV)) vom 21. September 1998 (BGBl I S. 2955), zuletzt geändert am 20.10.2006.

land je Hektar ausgebracht werden dürfen.[124] Wie bei der Tierhaltung wirken diese Obergrenzen häufig als limitierender Faktor bei der Anlagengröße. Eine weitere Schwierigkeit stellt der Einsatz besonderer Substrate dar:

Die Bioabfallverordnung beinhaltet Grenzwerte zulässiger Schwermetallgehalte, die insbesondere bei den Spurenelementen Kupfer und Zink niedriger liegen als bei Wirtschaftsdüngern.[125] Werden in einer Anlage Wirtschaftsdünger und Bioabfälle verarbeitet, fällt automatisch das Gärsubstrat unter die Bioabfallverordnung. Dies hat zur Folge, dass das Substrat aufgrund der zu hohen Schwermetallwerte eigentlich nicht ausgebracht werden dürfte. In Abstimmung mit den zuständigen Fachbehörden ist jedoch häufig eine Ausbringung möglich, wenn der Stoffstrom anstelle der Konzentration der Schwermetalle als Maßstab genommen wird.

Ebenso wird beim Einsatz von Geflügelexkrementen aufgrund der Fütterung eine überproportional hohe Menge Phosphor in den Betrieb gebracht, der dann – statt des Stickstoffs – limitierend auf die Verwertung des Gärrestes auf den Flächen wirkt.[126]

Ein weiteres Problem stellt bei Gemeinschaftsanlagen die bisher düngemittelrechtlich umstrittene Begrifflichkeit des „Inverkehrbringens" der EU-Hygieneverordnung dar: Gewerbsmäßiges Inverkehrbringen des Wirtschaftsdüngers wird – je nach Auslegung der Genehmigungsbehörde – gleichgesetzt mit der Verwertung innerhalb von Personenvereinigungen, was eine kostenverursachende Hygienisierung zur Folge hat.[127]

2.3 Ökonomische Kenngrößen für den Betrieb einer Biogasanlage

Der wirtschaftliche Betrieb einer Biogasanlage ist von verschiedenen ökonomischen Faktoren abhängig. Zunächst sind die Kosten und Erträge einer Anlage von zentraler Bedeutung: Neben den kapital- und betriebsgebundenen Kosten (Abschreibungen, Betriebs- und Lohnkosten) sowie Aufwendungen für Versicherungen, sind insbesondere die verbrauchsgebundenen Kosten von großer Bedeutung für den wirtschaftlichen Erfolg einer Biogasanlage. Um die Akzeptanz potenzieller, landwirtschaftlicher Anlagenbetreiber ermitteln zu können, folgen einige ausgesuchte Kenngrößen, die nach Kosten, Erträgen, Rechtsform und sonstigen Gesichtspunkten strukturiert sind:

---

[124] Vgl. BMELV (Hrsg.): Verordnung über die Anwendung von Düngemitteln, Bodenhilfsstoffen, Kultursubstraten und Pflanzenhilfsmitteln nach den Grundsätzen der guten fachlichen Praxis beim Düngen (Düngeverordnung (DüngeV)); Neufassung vom 27.02.2007 (BGBl I 2007, S. 221).
[125] Gerade bei der Ferkelaufzucht fallen in den Wirtschaftsdüngern große Mengen an Kupfer und Zink aufgrund der speziellen Fütterung an.
[126] Vgl. BMVEL (Hrsg.): Handreichung Biogasgewinnung und -nutzung, a. a. O., S. 146 f.
[127] Ebenda, S. 148.

Kosten

Pro kW werden ungefähr 3000 € Baukosten (Schwankungen je nach Art und Größe der Anlage zwischen 2000-4000 €) einkalkuliert, was bei einer durchschnittlichen Anlage mit 500 kW Leistung zu Kosten von 1,5 Mio. Euro führen kann.[128] Je nach Art und Höhe der Baukosten liegen die jährlichen Abschreibungen für durchschnittliche Anlagen zwischen 100-250.000 €. Kosten für Lohnaufwand, Betriebskosten und Versicherungen sind ein untergeordneter Faktor. Neben den Abschreibungen für die Anlagenerrichtung stellen die Substratkosten einen bedeutenden Kostenfaktor dar, der im Verhältnis einen gleich hohen Stellenwert einnimmt:

Neben Abfällen, für die unter bestimmten Umständen geringe Entgelte für die Entsorgung erzielt werden können,[129] wird eingesetzte Gülle kostenlos bezogen bzw. gegen Ausbringungskosten übernommen.[130] Relevante Kosten sind für Anbau und Ernte von Energiepflanzen sowie für den Zukauf derselben zu berücksichtigen. Ein Hektar Energiemais stellt ca. 40-50 t Frischmasse (FM). Die Kosten hierfür sind v. a. abhängig vom regionalen Pachtpreis, vom Getreidepreis und der Entfernung der Felder zur Biogasanlage und schwanken abhängig von diesen Kriterien zwischen 20 und 80 €/t FM.[131] Bei Fütterung von 20 t FM/Tag belaufen sich die Substratkosten bei einem angenommenen hohen Preis von 65 €/t FM bspw. auf über 475.000 €/Jahr. Des Weiteren ist zu berücksichtigen, dass die Flächenstilllegungsverpflichtung für 10 % der Flächen ab 2007/2008 nicht mehr besteht. Somit entfallen die Prämien in Höhe von 45 €/ha für Nachwachsende Rohstoffe (Energiepflanzenprämie), die auf diesen Flächen angebaut werden konnten.

Die Energiepflanzen-Substrate werden entweder auf den eigenen Flächen angebaut oder von anderen Landwirten hinzugekauft. Hier bestehen verschiedene Arten der Vertragsgestaltung mit den substratliefernden Landwirten: spontaner Kauf nach aktueller Marktpreislage oder Verträge (über ein Jahr oder mehrere Jahre), in denen der Preis pro Tonne entweder fix oder an die aktuellen Getreide- bzw. Körnermaispreise gekoppelt ist.

Der Fachverband Biogas und Vertreter der Landwirtschaftskammer gehen davon aus, dass die Pachtpreise langfristig durch Biogasanlagen nicht steigen. Der finanzielle Spielraum

---

[128] Vgl. Keymar, U.; Reinhold, G.: Grundsätze bei der Projektplanung. In: BMVEL (Hrsg.): Handreichung Biogasgewinnung und -nutzung, a. a. O., S. 209.
[129] Vgl. Brockmann-Könemann, K.: Biogas zu 90 % aus Gülle. In: Landwirtschaftliches Wochenblatt Westfalen-Lippe, Heft 19/2008, S. 22 f.
[130] Vgl. Braun, J.; Lorleberg, W.: Regionale Struktur- und Einkommenswirkungen der Biogasproduktion in NRW. Soest 2007, S. 12.
[131] Vgl. Matthias, J.: Gasausbeute konsequent verbessern. In: Landwirtschaftliches Wochenblatt Westfalen-Lippe, Heft 14/2007, S. 20.

reiche auf längere Sicht nicht aus, mit dem Erlös von Biogasanlagen über dem Durchschnitt liegende Pachtpreise zahlen zu können.[132] Auch in Veredelungsregionen mit hoher Biogasanlagendichte (z. B. die Landkreise Steinfurt und Borken) sind zurzeit die Biogasanlagenbetreiber nicht hauptverantwortlich für den Anstieg der Pachtpreise.[133] Es bestehen jedoch starke regionale Unterschiede im Hinblick auf das Pachtpreisniveau: Auch wenn in diesen Gebieten Pachtpreise zwischen 600 und 800 € die Regel sind, werden insbesondere in Veredelungsregionen von Geflügel- und Schweinemästern Pachtpreise bis zu 1000 €/ha bezahlt.[134] Biogasanlagenbetreiber hätten nach BRAUN UND LORLEBERG ebenfalls Zahlungsbereitschaften bis 1000 €/ha. Betriebe mit bestehenden Anlagen verfügen aufgrund der versunkenen Kosten sogar über Zahlungsbereitschaften um 1500 €.[135] Aus steuerlichen Gründen rentieren sich diese hohen Preise für Mastbetriebe nur, wenn sie ohne ausreichendes Flächen-/Tierverhältnis von der Finanzbehörde nicht als Gewerbebetrieb eingestuft werden möchten, um höhere steuerliche Belastungen zu vermeiden.[136] Ferner werden die Pachtpreise durch den Getreidepreis bestimmt, der den Maisanbau in einigen Jahren wirtschaftlich unattraktiver werden lässt,[137] und die notwendige Biomasse bei einer Getreidepreissteigerung von 2 €/dt um ca. 1 ct/kWh verteuern kann.[138]

Als Faustregel gilt, dass Substrate vom Feld (Silomais etc.) maximal 15-20 km von der Anlage entfernt bezogen werden können, da sonst aufgrund der Transportkosten die Wirtschaftlichkeit einer Biogasanlage nicht sichergestellt werden kann. Bei Entfernungen von vier Kilometern betragen die Transportkosten ca. 2,5 €/t FM, bei 20 km ca. 7 €/t FM. Bei ungünstigen Transportentfernungen und Bedingungen wird so u. U. die Hälfte des Nawaro-Bonus für den Transport benötigt.[139]

Im Bezug auf Gülle ist die Biogasanlage grundsätzlich möglichst dicht an die Güllelager zu installieren, bei Gemeinschaftsanlagen ist meist ein Transport von Gülle nötig. Allerdings bestehen auch hier Ausnahmen: So liefern bspw. einige niederländische Mäster Gül-

---

[132] Vgl. Fachverband Biogas e. V.: Biogas – Das Multitalent für die Energiewende. Fakten im Kontext der Energiepolitik-Debatte. Freising 2006, S. 23.
[133] Vgl. Braun, J.; Lorleberg, W.: Regionale Struktur- und Einkommenswirkungen der Biogasproduktion in NRW, a. a. O., S. 24.
[134] Vgl. Stückemann, K.: Ungesunder Biogas-Boom, a. a. O., S. 33 ff.
[135] Ebenda, S. 12.
[136] Vgl. Asbrand, A.: Emsland steuert Stallbauten. In: Landwirtschaftliches Wochenblatt Westfalen-Lippe, Heft 15/2009, S. 20.
[137] Vgl. Große Enking, J.: Biogas – Wohin geht die Reise. In: Landwirtschaftliches Wochenblatt Westfalen-Lippe, Heft 30/2007, S. 11.
[138] Vgl. Wobser, T.: Biogas – zu optimistisch geplant? In: Landwirtschaftliches Wochenblatt Westfalen-Lippe, Heft 31/2007, S. 16.
[139] Vgl. Bayerische Landesanstalt für Landwirtschaft: Nawaro-Transport, Konzepte zur Reduzierung der Kosten beim Transport von nachwachsenden Rohstoffen für Biogasanlagen. Freising 2007, S. 6-11.

le transportgünstig per Binnenschiff zu einer 250 km entfernten Biogasanlage. Diese Entfernungen stellen jedoch eine absolute Ausnahmesituation dar, um die erforderlichen Flächennachweise zu erbringen.[140]

Erträge

Den Kosten der Biogasanlage stehen die Einnahmen gegenüber, die sich aus dem Entgelt für Strom- und Wärmeverkauf zusammensetzen. Während das Stromentgelt den größten Teil der Erträge darstellt (Details siehe Kapitel 2.2.1), ist eine wesentliche Determinante für einen wirtschaftlichen Anlagen-Betrieb die Nutzung der Wärme, die oftmals darüber entscheidet, ob die Anlage wirtschaftlich betrieben werden kann.[141, 142] Aufgrund der Entfernung zu Abnehmern findet häufig keine optimale Nutzung der Wärme statt. Neben dem KWK-Bonus in Höhe von 2 ct/kWh werden Einnahmen für die Wärme erzielt bzw. können eigene Heizkosten eingespart werden. Durchschnittliche Anlagen erzeugen 2-3 Mio. kWh Wärme/Jahr, deren Wärmeäquivalent 200-300.000 l Heizöl entsprächen. Unter der Annahme eines niedrigen Erlöses von 2 ct/kWh Wärme fallen hier Gewinne bzw. eingesparte Kosten zwischen 40.000 und 60.000 € an, der gleiche Betrag wird darüber hinaus durch den KWK-Bonus gewährt.[143, 144] Ackerbaubetriebe können die anfallende Wärme kaum im eigenen Betrieb nutzen (außer in Getreide-, Holzhackschnitzeltrocknung und als Heizung des Wohnhauses). Ein Wärmekonzept ist daher oftmals schwieriger zu verwirklichen als bei Veredelungsbetrieben. Für Ferkelerzeuger und Hähnchenmäster bspw. bestehen Möglichkeiten, durch die Abwärme hohe Heizkosten einzusparen. Milchviehbetriebe könnten die anfallende Wärme in Kälte umwandeln und zur Kühlung der Milch verwenden.[145]

---

[140] Vgl. Brockmann-Könemann, K.: Biogas zu 90 % aus Gülle, a. a. O., S. 22 f.
[141] Ebenda, S. 16.
[142] Vgl. Gruber, W.: Biogasanlagen in der Landwirtschaft, a. a. O., S. 43.
[143] Vgl. Matthias, J.: Die Wärme nicht ungenutzt lassen. In: Landwirtschaftliches Wochenblatt Westfalen-Lippe, Heft 19/2007, S. 26.
[144] Nahwärmeleitungen kosten ca. 180 €/m. Biogasleitungen, die die Errichtung eines BHKW in direkter Nähe von Wärmeabnehmern ermöglichen, kosten ca. 40-50 €/m.
[145] Vgl. Gruber, W.: Wärme aus Biogas sinnvoll nutzen. In: Landwirtschaftliches Wochenblatt Westfalen-Lippe, Heft 37/2007, S. 24 f.

Gegenüberstellung: Kosten/Erträge

Unter Berücksichtigung des Nawaro-Bonus und des KWK-Bonus kann eine beispielhafte Biogasanlage einen Erlös von ca. 18 ct/kWh verzeichnen. Demgegenüber stehen Kosten von 8 ct/kWh für die Substrate sowie weiteren 8,5 ct/kWh für Arbeit und Abschreibung der Anlagen, sodass schließlich 1,5 ct/kWh als Unternehmergewinn generiert werden können.[146] Vor diesem Hintergrund werden die Bedeutung der Wärmenutzung (neben KWK-Bonus 2 ct/kWh) und der Getreidepreisschwankungen (Verteuerung Biomasse um 1 ct/kWh bei Steigerung Getreidepreis um 2 €/dt) ersichtlich: Für den wirtschaftlichen Betrieb einer Biogasanlage ist unternehmerisches Handeln in großem Maße notwendig. Viele Determinanten beeinflussen die Wirtschaftlichkeit: So ist bei steigenden Getreidepreisen davon auszugehen, dass etwa die Hälfte der Biogasanlagen keine oder kaum Gewinne erzielen kann.[147]

Für eine durchschnittliche landwirtschaftliche Biogasanlage (500 kW) können aus Strom- und Wärmeverkauf bis zu 900.000 €/Jahr eingenommen werden. Je nach Art und Betrieb der Biogasanlage können Gewinne um 80.000 € generiert werden. Durchschnittliche Renditen liegen zwischen 10-20 %, wobei nach dem EEG 2009 mit kleineren Anlagen (150 kW) die höchsten Renditen erwirtschaftet werden können.[148] Die Schwankungen bei der Gewinn- und Verlustrechnung betragen ungefähr zwischen 20.000 € Verlust bis 100.000 € Gewinn bei einer 500 kW-Anlage, die unter verschiedenen Gegebenheiten betrieben wird.[149]

Wahl der Rechtsform

Die Attraktivität der Investition in Biogasanlagen hängt u. a. von der gewählten Betriebsform ab. Während Biogasanlagen zum landwirtschaftlichen Betrieb gezählt werden, wenn mehr als die Hälfte des Substrates vom eigenen Betrieb stammt, können sie darüber hinaus im Rahmen einer GbR, GmbH, einer GmbH und Co. KG oder einer Genossenschaft betrieben werden. Die persönliche Risikobereitschaft spielt hierbei eine Rolle (beschränkte Haftung bei der GmbH mit einer Einlage von 25.000 €), allerdings werden sich als Einzelunternehmer (oder der formlosen GbR) unter vollständiger Haftung mit privaten und be-

---

[146] Vgl. Matthias, J.: Nur der Erlös steht fest. In: Landwirtschaftliches Wochenblatt Westfalen-Lippe, Heft 50/2007, S. 24 f.
[147] Vgl. Wobser, T.: Biogas – zu optimistisch geplant? In: Landwirtschaftliches Wochenblatt Westfalen-Lippe, Heft 31/2007, S. 16.
[148] Vgl. Gruber, W., Dahlhoff, A.: Neue Impulse für Biogas. In: Landwirtschaftliches Wochenblatt Westfalen-Lippe, Heft 29/2008, S. 19 f.
[149] Vgl. Keymar, U.; Reinhold, G.: Grundsätze bei der Projektplanung. In: BMVEL (Hrsg.): Handreichung Biogasgewinnung und -nutzung, a. a. O., S. 208.

trieblichen Vermögen günstigere Verhandlungsbedingungen mit den Kreditinstituten ergeben. Ebenso wäre es denkbar, neben Finanzierungen durch Banken, Kommanditisten zu finden, die sich an der Anlage beteiligen. Beim Einzelunternehmer (oder der GbR) fallen die Gewinne in die Buchführung des landwirtschaftlichen Betriebes. Bei den übrigen fallen die Gewinne und Verluste in der jeweiligen Rechtsform an und werden nach der Besteuerung an die Gesellschafter und Kommanditisten weitergegeben. Das hat den Nachteil einer „doppelten" Besteuerung, hingegen werden Risiken minimiert. Des Weiteren besteht die Möglichkeit, in schlechten Ertragsjahren für die Landwirtschaft hohe Gewinne der Anlage auszuzahlen und in guten die Gewinne in die Anlage zu reinvestieren. So können extreme Steuerbelastungen vermieden werden.[150]

Insbesondere für Gemeinschaftsanlagen sind die genannten Formen von Bedeutung, um den gemeinsamen Betrieb und die gemeinsame Finanzierung zu realisieren.[151] Es wären Genossenschaften denkbar, an denen sich nicht nur Landwirte, sondern auch Anwohner beteiligen. Dadurch könnte die Abnahme der Wärme organisiert und gleichzeitig Konflikte mit der anwohnenden Bevölkerung verringert werden, da eine bessere Identifikation mit der Biogasanlage bestünde.

Sonstige Gesichtspunkte für den Betrieb einer Biogasanlage

Neben den ökonomischen Aspekten bestehen weitere Determinanten, die für die Investitionsentscheidung relevant sind. Fruchtfolgeänderung, Arbeitskraftverfügbarkeit und Risikobereitschaft sind hier ebenso zu nennen wie Aufgeschlossenheit gegenüber innovativer Technik, Lernbereitschaft, Kooperationen mit anderen Landwirten und die Langfristigkeit der Investition über 20 Jahre.

Im Hinblick auf den Faktor Arbeitskraft sind verschiedene Aspekte zu nennen: Auf der einen Seite muss eine Arbeitskraft 24 Stunden am Tag abrufbereit sein, um mögliche Störungen der Anlage zu beheben, damit die Wirtschaftlichkeit der Anlage nicht durch Stillstand (z. B. nachts) gefährdet wird. Es entstehen Arbeitsspitzen bei der Einlagerung der Rohstoffe (Silage) im Spätsommer bzw. Herbst. In diesen Arbeitsspitzen muss Arbeitskraft in ausreichendem Maße zur Verfügung stehen bzw. der Einsatz von Fremdarbeitskräften akzeptiert und organisiert werden. Je nach Anlagentyp und -größe sowie der Zu-

---

[150] Vgl. Genossenschaftsverband Norddeutschland e. V.: Biogasanlagen in genossenschaftlicher Rechtsform – Wesentliche Aspekte sprechen für die eG. In: Dialog, Februar 2007, S. 33.
[151] Vgl. Jäger, P.; Schwab, M.; Stephany, R.: Betriebsform, Arbeitszeit, Steuern. In: BMVEL (Hrsg.): Handreichung Biogasgewinnung und -nutzung, a. a. O., S. 178 f.

sammenstellung der Substrate werden ca. ein bis drei Stunden Arbeitskraft für die Biogasanlage pro Tag für Beschickung, Kontrolle und Wartung benötigt.[152]

2.4 Verbreitung von Biogasanlagen in Deutschland

2007 waren 3711 Biogasanlagen in Deutschland mit einer installierten elektrischen Leistung von 1270 MW in Betrieb. Ende 2010 werden vermutlich – nach Informationen des Fachverbandes Biogas – 4800 Anlagen (ca. 2000 MW) bestehen.[153] Das EEG 2000 und die Novellierungen des EEG 2004 und 2009 hatten zur Folge, dass die Anzahl an Biogasanlagen in Deutschland stark anstieg. Von anfänglich 850 Anlagen im Jahr 1999 verdoppelte sich deren Anzahl bis 2003 auf mehr als 1700 Anlagen. Betrug 1999 die durchschnittliche installierte elektrische Leistung pro Anlage 53 kW, waren es bereits 2003 um die 110 kW. Bei heutigen Anlagen liegt die elektrische Leistung nicht selten bei 500 kW.[154] Die Größenordnungen sind dabei abhängig von der Ausgestaltung des EEG, da die Vergütungssätze mit steigender elektrischer Leistung abnehmen (siehe Kapitel 2.2.1). Die Folge sind oftmals – abgesehen von kleineren Hofanlagen, die sich primär nicht nach den Vergütungssätzen, sondern nach den vorhandenen Inputmöglichkeiten richten – gleichgroße Anlagen, deren elektrische Leistung gering unterhalb der Vergütungsgrenzen liegt (d. h. Anlagen knapp unter 150 kW, 500 kW und 5 MW Leistung).

Neben der Entwicklung des Anlagenbestandes zwischen 1992 und 2007 zeigt Abbildung 7 den Anstieg der installierten elektrischen Leistung (in MW). Anhand des im Vergleich zur Anlagenzahl stärkeren Anstieges der elektrischen Leistung ist zu erkennen, dass die installierte elektrische Leistung je Anlage zunimmt:

---

[152] Vgl. Jäger, P.; Schwab, M.; Stephany, R.: Betriebsform, Arbeitszeit, Steuern. In: BMVEL (Hrsg.): Handreichung Biogasgewinnung und -nutzung, a. a. O., S. 171.
[153] Vgl. N. N.: Biogas boomt. In: Landwirtschaftliches Wochenblatt Westfalen-Lippe, Heft 6/2010, S. 13.
[154] Vgl. Kaltschmitt, A. et al.: Stellung und Bedeutung von Biogas als regenerativer Energieträger in Deutschland. In: BMVEL: Handreichung Biogasgewinnung und -nutzung, a. a. O., S. 222.

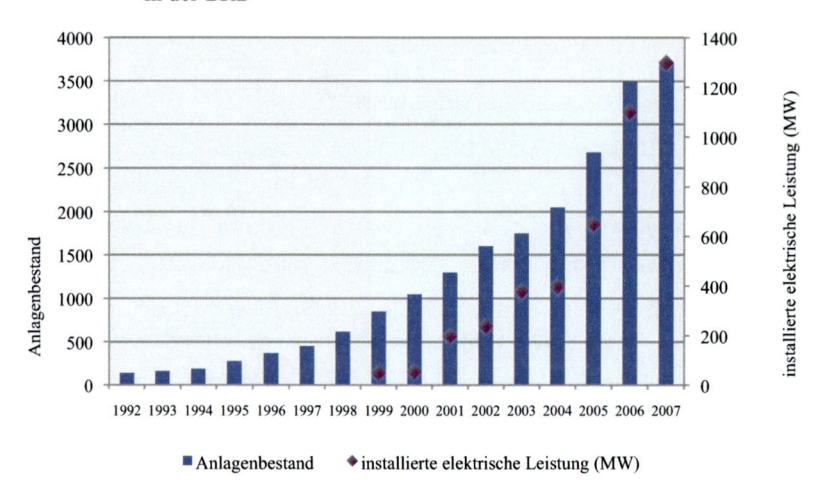

Abbildung 7: Anlagenbestand und installierte elektrische Leistung von Biogasanlagen in der BRD

Quelle: BMU: Monitoring zur Wirkung des EEG auf die Entwicklung zur Stromerzeugung aus Biomasse 2007. In: BMELV, FNR: Biogas. Basisdaten Deutschland, Stand 09/07. Gülzow 2008, S. 3.

Neben diesen zeitlich bedingten Unterschieden in der durchschnittlichen Leistung von Biogasanlagen bestehen regionale Differenzen aufgrund der unterschiedlichen Agrarstruktur: In den östlichen Bundesländern sind wenige große Anlagen vorzufinden, im Süden der Bundesrepublik viele kleine. Während die durchschnittliche Leistung einer einzigen Anlage im Osten zwischen 330 und 440 kW liegt, beträgt sie in Bayern und Baden-Württemberg 60 kW, in Niedersachsen 145 kW.

Abbildung 8 zeigt, dass in Bayern zwar die meisten Anlagen stehen, aber in Niedersachen die installierte elektrische Leistung am höchsten ist. Hinsichtlich der Anlagenanzahl besteht ein Gefälle zwischen alten und neuen Bundesländern bzw. zwischen Nord- und Süddeutschland:[155]

---

[155] Vgl. Kaltschmitt, A. et al.: Stellung und Bedeutung von Biogas als regenerativer Energieträger in Deutschland, a. a. O., S. 223.

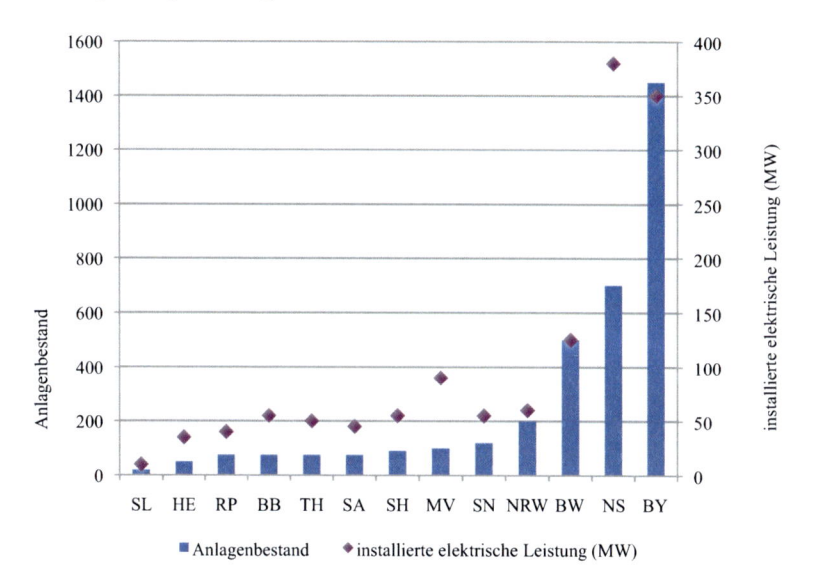

Abbildung 8: Biogasnutzung in den Bundesländern

[Balkendiagramm mit Anlagenbestand (Balken) und installierter elektrischer Leistung in MW (Punkte) für die Bundesländer SL, HE, RP, BB, TH, SA, SH, MV, SN, NRW, BW, NS, BY]

Quelle: Fachverband Biogas e. V.: Erhebung bei Ministerien und angegliederten Behörden, Stand 09/07.

In Niedersachsen stehen 15 % der bundesweit betriebenen Anlagen, die 20 % der installierten elektrischen Leistung produzieren, 46 % der Anlagen befinden sich in Bayern, produzieren jedoch nur einen Anteil von ca. 27 % der in Deutschland installierten elektrischen Leistung. Deutlich wird diese Verteilung, wenn deutschlandweit die installierte elektrische Leistung regional betrachtet wird. Hierbei fällt ein Gefälle vom Süden und Norden zur Mitte Deutschlands auf. Insbesondere in den Veredelungsgebieten in Nordwestdeutschland ist die installierte elektrische Leistung besonders hoch. In Ackerbaugebieten, wie bspw. der Köln-Aachener Bucht, oder bewaldeten Regionen ist dementsprechend die installierte Leistung gering:

Abbildung 9: Regionale Verteilung der installierten elektrischen Leistung von Biogasanlagen

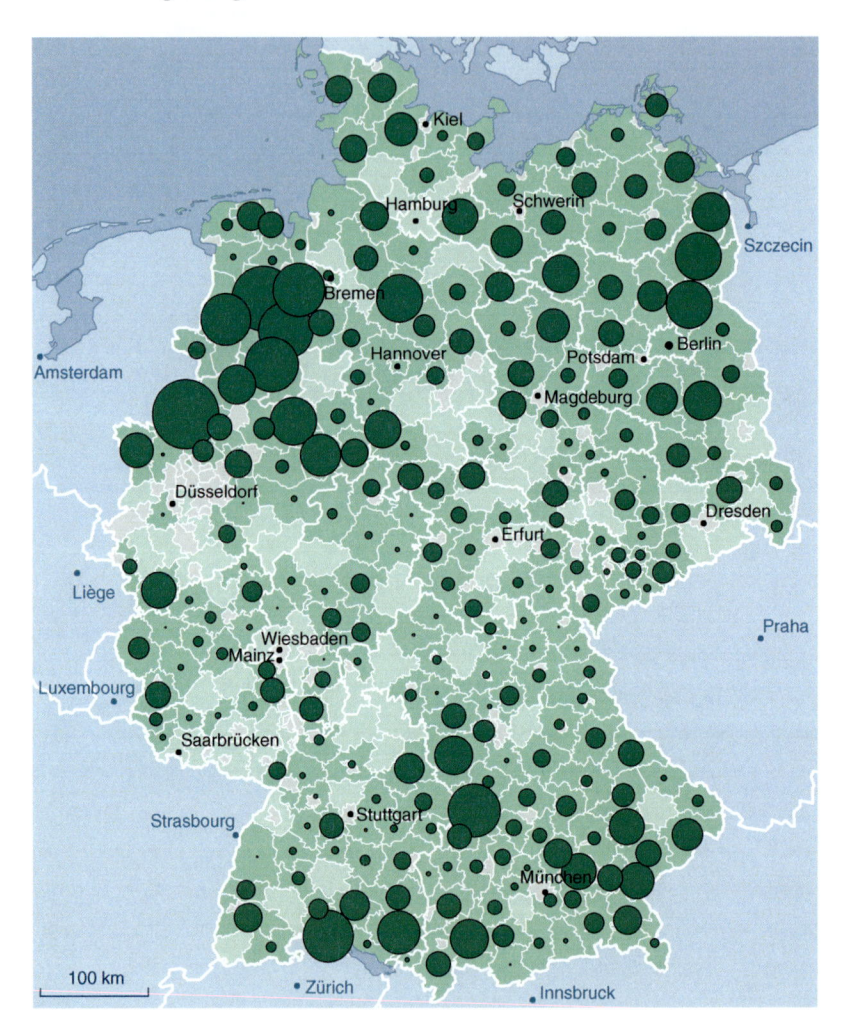

*) kleinster Kreis = 100 kWel, größter Kreis = 10.000 kWel

Quelle: Beckmann, G.: Regionale Potenziale ausgewählter biogener Reststoffe. In: Bundesamt für Bauwesen und Raumordnung: Bioenergie: Zukunft für ländliche Räume. Heft 1/2. 2006, S. 32.

2.5 Potenzial der Biogaserzeugung in Deutschland

Potenzialstudien sagen voraus, dass Biogas ungefähr 17 % des Verbrauchs von Erdgas in der BRD decken könnte.[156] Dies entspricht einem Anteil von 3 % des gesamten Primärenergieverbrauchs.[157] Der Fachverband Biogas rechnet mit einer Verzehnfachung der Anlagenzahl bis 2020,[158] was bedeutet, dass 30 % des Stromverbrauches der BRD von Biogasanlagen stammen könnte. GÖMANN UND BREUER gehen in ihrer Studie davon aus, dass ca. 7 % der derzeitigen Stromerzeugung allein durch die Vergärung von Energiemais in Biogasanlagen zu produzieren wäre, was einer Anlagenzahl von 10.000 gleich käme. Sie sehen insbesondere für Energiemais ein großes Potenzial in typischen Ackerbaugebieten.[159]

Im Hinblick auf die Ziele des Erneuerbare-Energien-Wärme-Gesetzes (14 % des Wärmebedarfs aus Erneuerbaren Energien bis 2020) könnte die stringente Nutzung der Abwärme aus Biogasanlagen dazu führen, 10 % dieser Zielgröße zu erreichen.[160]

Allerdings gibt es eine Vielzahl an Potenzialstudien, die zu stark divergierenden Ergebnissen kommen: Der Wissenschaftliche Beirat des BMELV geht davon aus, dass bei Verwendung der gesamten deutschen Agrarfläche zur Nutzung von Bioenergie[161] nur knapp 7 % des Primärenergieverbrauches hierdurch gedeckt werden könnte.[162]

Der Grund für die unterschiedlichen Ergebnisse liegt vermutlich bei den getroffenen Annahmen: Politische Förderungen und Flächenverfügbarkeit werden auf verschiedene Arten festgelegt. Die Berücksichtigung des technisch-machbaren, des ökonomischen und des effizienten Potenzials sind bei diesem Gesichtspunkt von entscheidender Bedeutung.[163]

Im Jahr 2006 wurden auf rund 302.015 ha Energiepflanzen für Biogasanlagen angebaut, davon 243.349 ha Silomais. Somit waren 2007 knapp 2,5 % der deutschen Ackerfläche

---

[156] Vgl. Kaltschmitt, A. et al.: Stellung und Bedeutung von Biogas als regenerativer Energieträger in Deutschland, a. a. O., S. 226.
[157] Vgl. FNR: Biogas – Eine Einführung, a. a. O., S. 15.
[158] Vgl. Wissenschaftlicher Beirat Agrarpolitik beim BMELV: Nutzung von Biomasse zur Energiegewinnung, a. a. O., S. 174.
[159] Vgl. Gömann, H.; Breuer, T.: Deutschland – Energie-Corn-Belt Europas. In: Agrarwirtschaft – Zeitschrift für Betriebswirtschaft, Marktforschung und Agrarpolitik, Heft 5/6 2007, S. 268 f.
[160] Vgl. Leibniz-Zentrum für Agrarlandschaftsforschung (ZALF) (Hrsg.): Grünes Gold im Osten?! Flächenansprüche von Biomassepfaden durch klimabedingte Ausbauziele und Handlungsoptionen für die Raumordnung. Endbericht Kulturlandschaftliche Wirkungen eines erweiterten Biomasseanbaus für energetische Zwecke. Müncheberg 2007, S. 35.
[161] Unter Bioenergie wird ganz allgemein die energetische Nutzung jeglicher Biomasse (z. B.: Holz, Stroh, Biogas, Pflanzenöle etc.) verstanden.
[162] Vgl. Wissenschaftlicher Beirat Agrarpolitik beim BMELV: Nutzung von Biomasse zur Energiegewinnung, a. a. O., S. 174.
[163] Vgl. Holm-Müller, K.; Breuer, T.: Potenzialkonzepte für Energiepflanzen. In: Bundesamt für Bauwesen und Raumordnung (Hrsg.): Bioenergie: Zukunft für ländliche Räume (S. 15-21). Bonn 2005, S. 22.

mit Energiepflanzen für Biogasanlagen bestellt.[164, 165] Im Jahr 2009 waren 530.000 ha in der BRD mit Energiepflanzen für die Biogaserzeugung bestellt.[166] Unter den derzeitigen Gegebenheiten ist zu erwarten, dass der Energiepflanzenanbau einen Umfang von 1,8 Mio. ha in der BRD erreichen kann.[167] Der Anbauumfang für Energiemais nimmt zwar exponentiell zu, die Maisanbaufläche insgesamt bleibt aber zurzeit stabil: Futtermais wird durch Energiemais verdrängt.[168] An dieser Verdrängung lassen sich bereits Konflikte zwischen Futterbaubetrieben und Biogasanlagenbetreibern vermuten, die im weiteren Verlauf dieser Arbeit berücksichtigt werden.

Zurzeit werden in deutschen Biogasanlagen knapp zur Hälfte tierische Exkremente verwendet (48 %), und zu je einem Viertel Abfälle und Nawaros.[169] Folgende Darstellung der FNR in Anlehnung an Studien von HARTMANN UND KALTSCHMITT zeigt die zukünftig möglichen Anteile der Inputstoffe für die Biogaserzeugung – bei diesem Ergebnis wird angenommen, dass langfristig auf 2 Mio. ha Agrarfläche in der BRD (von ca. 12 Mio. ha) Energiepflanzen (zumeist Mais) angebaut werden können.[170] Bei Betrachtung des zukünftig angenommenen Potenzials fällt auf, dass selbst bei dem hohen Anteil von Energiepflanzen dennoch Abfallstoffe wie Gülle, Landschaftspflegematerial und Abfälle nahezu die Hälfe der Energieausbeute darstellen:

---

[164] Vgl. N. N.: Biogas-Silomais auf gut 243.000 Hektar. In: AGRA-EUROPE, Heft 47/07. Kurzmeldungen vom 19. November 2007.
[165] Vgl. Deutscher Bauernverband: Situationsbericht 2008. Trends und Fakten zur Landwirtschaft. Berlin 2007, S. 86.
[166] Vgl. N. N.: Anbau nachwachsender Rohstoffe. In: Landwirtschaftliches Wochenblatt Westfalen-Lippe, Heft 6/2010, S. 12.
[167] Vgl. Gömann, H.; Breuer, T.: Deutschland – Energie-Corn-Belt Europas, a. a. O., S. 269.
[168] Vgl. Forstreuter, T.: Nawaro-Bonus muss stabil bleiben. In: Landwirtschaftliches Wochenblatt Westfalen-Lippe, Heft 22/2007, S. 20.
[169] Vgl. FNR: Biogas – Eine Einführung, a. a. O., S. 7.
[170] Vgl. Kaltschmitt, M.; Hartmann, H.: Energie aus Biomasse – Grundlagen, Techniken und Verfahren. Berlin 2002.

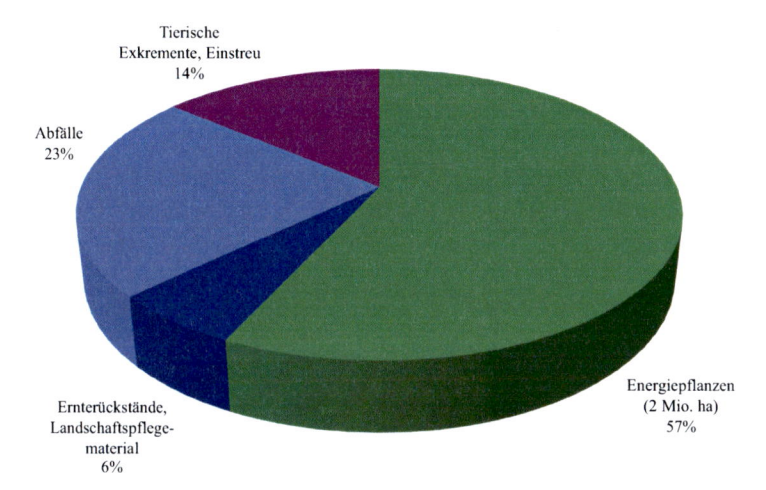

Abbildung 10: Nutzbares Energiepotenzial für Biogas

- Tierische Exkremente, Einstreu 14%
- Abfälle 23%
- Ernterückstände, Landschaftspflegematerial 6%
- Energiepflanzen (2 Mio. ha) 57%

Quelle: Eigene Darstellung in Anlehnung an: FNR: Biogas – Eine Einführung. Gülzow 2008, S. 15.

Mit der Novellierung des EEG hat eine Stärkung der Anlagen stattgefunden, die keine Energiepflanzen verarbeiten. Damit soll die Konkurrenz um Ackerflächen entschärft werden. Rund 85 % des Potenzials sind direkt oder indirekt an den landwirtschaftlichen Bereich gebunden.[171] Dies verdeutlicht Chancen, aber zugleich Risiken für die deutsche Landwirtschaft.

---

[171] Vgl. FNR: Biogas – Eine Einführung, a. a. O., S. 15.

3 Theoretischer Rahmen der Untersuchung

In den vorangegangenen Kapiteln wurden Grundlagen und Rahmenbedingungen der Biogaserzeugung dargelegt. Vor diesem Hintergrund sollen in diesem Kapitel zunächst die relevanten Konflikte benannt werden, die Einfluss auf die Akzeptanz von Biogasanlagen haben, um darauf aufbauend den theoretischen Rahmen zu beschreiben, mit dem die Akzeptanz und akzeptanzbestimmende Faktoren ermittelt werden sollen.

Biogasanlagen stehen in den meisten Fällen im engen Bezug zur Landwirtschaft. Landwirtschaftliche Betriebe sind in der Regel in Dorfgebieten oder Außenbereichen angesiedelt, die den Charakter eines ländlichen Raumes haben. Waren ursprünglich die Begriffe Landwirtschaft und ländlicher Raum nahezu identisch, stellt die Landwirtschaft heute nur noch eine von mehreren Interessensgruppen im ländlichen Raum dar:[172] Der ländliche Raum dient der Gesellschaft zur Ausgestaltung unterschiedlicher Funktionen, die über die Raum- und Landschaftsplanung gesteuert werden. Diese Funktionen fasst SCHLAGHECK wie folgt zusammen:

- *Siedlungs- und Lebensraumfunktion für die Bevölkerung*
- *Agrarproduktionsfunktion (Nahrungsmittel und Rohstoffe)*
- *Ökologische Funktion*
- *Erholungsfunktion*
- *Standortfunktion für Gewerbe, Infrastruktur, Rohstoffbereitstellung und Abfallentsorgung*[173, 174]

Hinter diesen Funktionen stehen verschiedene Interessen unterschiedlicher Interessensgruppen, die miteinander um die Nutzung knapper Ressourcen konkurrieren.
Im Folgenden soll auf mögliche Konflikte, die im Zusammenhang mit der Biogaserzeugung im ländlichen Raum bestehen, eingegangen werden und wesentliche Konflikte und Akteure identifiziert werden:

---

[172] Vgl. Thöne, K.-F.: Europäische Politik für die ländliche Entwicklung. In: Zeitschrift für Kulturtechnik und Landentwicklung 38.1997, S. 203-208.
[173] Vgl. Schlagheck, H.: Beiträge der Agrarstrukturpolitik zur nachhaltigen Entwicklung ländlicher Räume. In: Zeitschrift für Kulturtechnik und Landentwicklung 41.2000, S. 121-126.
[174] Vgl. Plieninger, T.; Bens, O.; Hüttl, R.: Naturräumlicher und sozioökonomischer Wandel, Innovationspotenziale und politische Steuerung am Beispiel des Landes Brandenburg. Berlin 2005, S. 10.

Siedlungs- und Lebensraumfunktion für die Bevölkerung
Insbesondere bei Biogasanlagen, die in direkter Nähe der Wohnbebauung geplant bzw. betrieben werden, befürchten Anwohner Geruchs- und Lärmbelästigungen sowie Explosions- und Vergiftungsgefahr. Aus diesen Gründen initiierten bspw. die Bürger im mittelfränkischen Röckingen eine Initiative gegen eine geplante Biogasanlage.[175] Insbesondere in der Erntezeit entstehen Akzeptanzprobleme aufgrund von Schwerlastverkehr bei der Maisernte: In Haaren (Osnabrücker Land) werden besonderes Gefahren für spielende Kinder, Verunreinigungen der Fahrbahn und Lärmbelästigung während der Erntezeit seitens der Bürgerinitiative gegen eine geplante Biogasanlage betont.[176]

Ökologische Funktion und Erholungsfunktion
Die mit dem Maisanbau verbundenen Auswirkungen auf das Landschaftsbild und dem daraus resultierenden möglichen Verlust der regionalen Biodiversität können ebenso wie die fehlende Einbindung der Biogasanlagen in die vorhandene Bebauung zu Konflikten führen. Ebenfalls sorgt die Beschaffenheit der Silageplätze im Hinblick auf die Sickerwasserdurchlässigkeit für Konflikte. Die beschriebenen Konflikte werden überwiegend von Naturschützern, Jägern und Erholungssuchenden (Spaziergänger, Radfahrer, Wanderer etc.) erhoben, die ebenfalls in der Umgebung wohnen. Oftmals werden hier Konflikte auf lokaler Ebene ausgetragen, die sich auf die politischen Rahmenbedingungen beziehen. So kritisieren die Bürger in Haaren neben den Belästigungen des Schwerlastverkehrs, dass Biogasanlagen und Umweltschutz nicht eindeutig miteinander vereinbar wären.[177]

Sowohl die Interessen der Siedlungs- und Lebensraumfunktion des ländlichen Raumes für die Bevölkerung als auch die Ökologische ~/Erholungsfunktion werden überwiegend von denselben Akteuren gegenüber dem Biogasanlagenbetreiber vertreten: den Anwohnern. Die Konflikte zwischen Anwohnern und Biogasanlagenbetreiber haben dabei verschiedene Ausmaße angenommen und reichen von nachbarschaftlichen Verstimmungen bis hin zur Gründung von Bürgerinitiativen gegen Biogasanlagen. Die Argumentationslinien der vielen Bürger-Bewegungen sind dabei in fast allen Fällen identisch.

---

[175] Siehe hierzu: Portrait der Bürgerinitiative Eggebek: www.buerger-fuer-eggebek.de/biogeruch.html, zuletzt am 10.2.2010.
[176] Vgl. Romberg, T.: Dort hui, hier pfui. In: Die Zeit, Nr. 3 vom 14. Januar 2010, S. 25
[177] Ebenda.

Beispielhaft sind hier die Konflikte in Behlendorf, Röckingen, Bürstadt, Haaren und Nemitz zu nennen.[178]

Agrarproduktionsfunktion (Nahrungsmittel und Rohstoffe)

Neben den Konflikten mit den Anwohnern bestehen innerlandwirtschaftliche Konflikte aufgrund der Konkurrenz um Flächen (Nahrungsmittelproduktion vs. Energiepflanzen) und der damit begrenzten einzelbetrieblichen Entwicklungsmöglichkeiten der Landwirte, so wie es bspw. in Ahlen (Westfalen) zu beobachten ist. Steigende Pachtpreise und Verknappung der Flächen für die Ausbringung von Gärresten aus Biogasanlagen und Gülle stellen in Regionen mit hoher Vieh- und Biogasanlagendichte ein zunehmendes Problem dar. Die Ausmaße der Konflikte führen im Gegensatz zu denen der Anwohner nicht zur Gründung von Bürgerinitiativen oder zu aktiven Handlungen gegen Biogasanlagenbetreiber. Zwischen biogasanlagenbetreibenden Landwirten und anderen Landwirten können Konflikte auftreten, in vielen Fällen richtet sich allerdings die Frustration eher gegen die politischen Rahmenbedingungen, durch die die Biogaserzeugung erst möglich und gesteuert wird, als an die Biogasanlagenbetreiber selbst.[179] Die emsländischen Landwirte schätzen so z. B. die Situation trotz der Spannungen rational ein: Auslöser der Flächenknappheit in Veredelungsregionen seien nicht die Biogasanlagen, wohl aber wären sie „der Tropfen, der das Fass zum Überlaufen bringt. Nicht die Betreiber einer Biogasanlage verdienen zu viel. Die Veredelungsbetriebe erlösen zu niedrige Preise. Würden Milchvieh- und Schweinehalter faire Preise erhalten, gäbe es kein Problem."[180]

Standortfunktion für Gewerbe

Störungen der Standortfunktion des ländlichen Raumes für Gewerbebetriebe durch Biogasanlagen werden in der vorliegenden Studie unberücksichtigt gelassen, da bisher diesbezüglich keine nennenswerten Probleme aufgetreten sind. Ganz im Gegenteil sind hier eher symbiotische Beziehungen zu beobachten: Während die Nutzung von Abwärme der Biogasanlagen durch einzelne Anwohner die absolute Ausnahme darstellt, bestehen viele

---

[178] Siehe hierzu: Behlendorf: Lubowski, K.: Pastor will Behlendorf versöhnen, a. a. O.; Röckingen: Portrait der Bürgerinitiative Eggebek auf der Homepage: www.buerger-fuer-eggebek.de/biogeruch.html, zuletzt am 10.2.2010; Bürstadt: Portrait der Bürgerinitiative Bürstadt auf der Homepage: www.biogas-buerstadt.de/beweggruende.htm, zuletzt am 10.2.2010; Haaren: Romberg, T.: Dort hui, hier pfui, a. a. O., S. 25; Nemitz: Kassel, K.-F.: Nemitz ist überall, a. a. O.
[179] Siehe hierzu: Portrait des Bürgerforums des Ortsteils Vorhelm auf der Homepage: www.ahlen-vorhelm.de, zuletzt am 10.2.2010.
[180] Stückemann, K.: Ungesunder Biogas-Boom, a. a. O., S. 33 ff.

Biogasanlagen, die benachbarte Gewerbebetriebe zu meist günstigen Konditionen mit Abwärme versorgen.

Aus den beschriebenen Konfliktlinien, die anhand der Funktionen des ländlichen Raumes aufgezeigt wurden, wird deutlich, dass betroffene Landwirte und Anwohner Betrachtungsobjekte dieser Untersuchung sind.

Kern dieser Arbeit ist die Analyse der Akzeptanz und akzeptanzbestimmender Faktoren von Landwirten und Anwohnern. Da bisher kaum belastbare Studien zu diesem oder einem direkt vergleichbaren Themenbereich durchgeführt wurden, war es nur beschränkt möglich, aus der Literatur Determinanten für ein Erhebungsprogramm abzuleiten. Daher werden diese im Rahmen der vorliegenden Arbeit nach akzeptanztheoretischen Dimensionen ermittelt. Neben den Akzeptanz- und Einstellungstheorien ist ein übergeordneter Rahmen notwendig, der vom Individuum ausgehend Rückschlüsse auf die gesellschaftliche Ebene ermöglicht. Die Basis hierzu stellt das Grundmodell soziologischer Erklärung dar, das durch das RREEMM-Modell erweitert wird.

3.1 Modellierung sozialer Prozesse

Modelle dienen der Beschreibung und Untersuchung von Strukturen und Prozessen. Für die Zielsetzung der vorliegenden Arbeit ist die Untersuchung von Individuum und Gesellschaft notwendig. Aus diesem Grund wird zunächst das RREEMM-Modell (Beschreibung des Handelns des Individuums: Mikro-Ebene) beschrieben, es folgt dessen Integration in das gesellschaftsumfassende Modell soziologischer Erklärung (Makro-Ebene).

3.1.1 RREEMM-Modell

Es bestehen verschiedene Modelle des Menschen, die das Ziel verfolgen, soziale Prozesse erklären und daraus ggf. Prognosen ableiten zu können. Insbesondere in den Wirtschafts- und Sozialwissenschaften sind diese Modelle Basis vieler Untersuchungen. Das Modell des *Homo oeconomicus* ist neben dem des *Homo sociologicus* einer der weit verbreitetsten Ansätze.

Jener zeichnet sich dadurch aus, dass er über vollständige Informationen verfügt, eigeninteressiert und rational handelt, seinen Nutzen maximiert, zwar auf Restriktionen reagiert, aber feststehende Präferenzen hat.[181]

Der Homo sociologicus zeichnet sich dadurch aus, dass sich das Verhalten an die Erwartungen der gesellschaftlichen Werte und Normen orientiert. Menschen handeln so, wie es ihre Rolle in der Gesellschaft und die Umgebung von ihnen verlangt.[182, 183] Konformes Verhalten hat demnach das Gefühl eines „guten Gewissens" zur Folge, abweichendes Verhalten dementsprechend ein „schlechtes Gewissen" und u. U. auch Sanktionen und Bestrafungen.[184] Wie bei jedem Modell liegt hier eine Vielzahl an Vereinfachungen vor, die zur Folge haben, dass bestimmte Forschungsgegenstände nicht ausreichend erklärt werden können. MECKLING entwickelte aus diesem Grund ein Modell des Menschen,[185] das von LINDENBERG um einige Bereiche erweitert schließlich zum RREEMM-Modell führte.[186] RREEMM steht für die fünf grundlegenden Eigenschaften eines typischen Akteurs: *resourceful, restricted, expected, evaluating, maximising man*. Durch seine eigenen Ressourcen ist der Akteur in der Lage, in von Restriktionen begrenzten Situationen, Ergebnisse verschiedener Handlungsalternativen zu erwarten (expected) und zu bewerten (evaluating), um sich schließlich nach dem Nutzenmaximierungsprinzip (maximising) für eine Handlungsalternative entscheiden zu können.[187] Neben natürlichen Restriktionen (psychische und physische Fähigkeiten, Grundbedürfnisse) bestehen soziale Restriktionen (Werte, Normen, Traditionen), die sich am Homo sociologicus orientieren. Als Ressource wären intellektuelle Fähigkeiten zu nennen, mit denen Akteure kreative Handlungsalternativen selbstständig generieren können, ganz im Gegensatz zum Homo oeconomicus. Die Ergebnisse der verschiedenen Handlungsalternativen stehen nicht fest, sie können lediglich erwartet werden, da das RREEMM-Modell keine vollständige Informationssituation voraussetzt. Die Handlungsalternativen werden demnach subjektiv beurteilt. Für die Entscheidungsfindung werden nur so viele Ressourcen (z. B. Zeit und Geld) verwendet, wie es die Wichtigkeit der Entscheidung verlangt. Je nach Präferenzen der Akteure (bspw.

---

[181] Vgl. Franz, S.: Grundlagen des ökonomischen Ansatzes: Das Erklärungskonzept des Homo Oeconomicus. In: Fuhrmann, W. (Hrsg): International Economics. Heft 2 (2004), Nr. 2004-02.
[182] Vgl. Dahrendorf, R.: Homo Sociologicus. Ein Versuch zur Geschichte, Bedeutung und Kritik der Kategorie der sozialen Rolle. Opladen 1977 (zuerst 1958).
[183] Vgl. Wiswede, G.: Soziologie – Grundlagen und Perspektiven für den wirtschafts- und sozialwissenschaftlichen Bereich. Landsberg 1998, S. 180 f.
[184] Vgl. Esser, H.: Soziologie – Allgemeine Grundlagen. Frankfurt/Main, New York 1993, S. 233.
[185] Vgl. Meckling, W. H.: Values and the Choice of the Individual in the Social Sciences. In: Schweizerische Zeitschrift für Volkswirtschaft und Statistik, 112, 545 (1976), S. 548 ff.
[186] Vgl. Lindenberg, S.: An assessment of the new political economy: Its potential for the social sciences and for sociology in particular. In: Sociological Theory, Vol. 3, S. 99-114.
[187] Vgl. Münch, R.: Soziologische Theorie, Band 2: Handlungstheorie. Frankfurt 2002, S. 144.

Ansehen in der Gesellschaft vs. finanzielle Vorteile) können Handlungen gewählt werden, die konform oder nicht konform zu den Werten der Gesellschaft sind. Bezogen auf die Akzeptanz von Biogasanlagen sind materielle Ressourcen und Restriktionen zu nennen, wie z. B. Flächenausstattung und finanzielle Situation eines Betriebsleiters, der die Errichtung einer Anlage in Erwägung zieht. Aber auch nicht-materielle Ressourcen und Restriktionen sind hier von Bedeutung, wie z. B. das Wissen über Biogas.

Das RREEMM-Modell vermeidet die Einseitigkeiten der Modelle des Homo oeconomicus und des Homo sociologicus. In beiden Modellen spielen die persönlichen Ressourcen der Akteure keine Rolle. Beim Homo sociologicus werden lediglich die erwartende und bewertende Komponente berücksichtigt, während beim Homo oeconomicus neben der Erfassung der Restriktionen nur das Maximierungsprinzip Berücksichtigung findet.[188]

3.1.2 Integration des RREEMM-Modells ins Grundmodell soziologischer Erklärung

Soziale Phänomene, die über die Mikro-Ebene hinausreichen, verlangen eine Verknüpfung mit der Makro-Ebene, um individuelle Handlungen und persönliche Interaktionen in den Kontext sozialer und kultureller Strukturen einzuordnen und die Wechselbeziehungen zwischen diesen beiden Ebenen darzustellen.[189] Erklärungsmodelle dieser Art basieren in den meisten Fällen auf dem Modell des verstehenden Erklärens nach MAX WEBER.[190] COLEMAN entwickelte dieses Modell weiter, indem er die Mikro-Makro-Beziehung als einen dreistufigen Prozess beschreibt:[191] Zustände der Makro-Ebene verursachen ein bestimmtes Verhalten auf der Mikro-Ebene, welches wiederum Veränderungen auf der Makro-Ebene verursachen kann. Diese Schritte stellen die drei Logiken soziologischer Erklärung dar:

Logik der Situation
Logik der Selektion
Logik der Aggregation[192]

---

[188] Vgl. Esser, H.: Soziologie – Allgemeine Grundlagen, a. a. O., S. 239.
[189] Vgl. Coleman, J. S.: Foundations of Social Theory. Cambridge 1990, S. 6 ff.
[190] Vgl. Weber, M.: Die protestantische Ethik und der Geist des Kapitalismus. In: Weber, M.: Gesammelte Aufsätze zur Religionssoziologie. Tübingen 1978 (zuerst 1920).
[191] Vgl. Münch, R.: Soziologische Theorie, Band 2: Handlungstheorie, a. a. O., S. 91.
[192] Vgl. Esser, H.: Soziologie – Allgemeine Grundlagen, a. a. O., S. 93-98.

Im ersten Schritt wird die die *Logik der Situation* beschrieben. Dieser Schritt verbindet die Makro- mit der Mikroebene. Durch die Logik der Situation werden die natürlichen und sozialen Ressourcen und Restriktionen eines Akteurs beschrieben.[193] Mithilfe dieser Rahmenbedingungen kann durch „deutendes Verstehen" erklärt werden, mit welchem Hintergrund die Akteure in den Bewertungsprozess der Handlungsalternativen einsteigen. Dazu werden Brückenhypothesen formuliert, die die Beziehung zwischen sozialer Situation und den Akteuren darstellen.[194] Durch die Integration des RREEMM-Modells werden diese Brückenhypothesen insbesondere im Hinblick auf Ressourcen, Restriktionen und Opportunitäten formuliert.[195]

Im zweiten Schritt wird die *Logik der Selektion* dargestellt. Diese beschreibt das individuelle Handeln auf der Mikro-Ebene, indem ermittelt wird, für welche Handlungsalternative sich die Akteure entscheiden und welche Kriterien für diese Entscheidung maßgeblich sind. Die Integration des RREEMM-Modells hat in diesem Schritt zur Folge, dass subjektive Erwartungen und Bewertungen der Akteure die Selektion einer Handlungsalternative begründen. Jede wahrgenommene Handlungsalternative wird entsprechend der Wert-Erwartungs-Theorie geprüft: Die Höhe des Nutzens eines Handlungsergebnisses wird dem Aufwand, den diese Handlung verursacht, gegenübergestellt. Darüber hinaus spielt die Wahrscheinlichkeit, mit der die Handlung zum gewünschten Ergebnis führt, eine entscheidende Rolle bei der Auswahl einer Handlungsalternative.[196] Die Einbeziehung des RREEMM-Modells in die Logik der Selektion impliziert die Annahme der Nutzenmaximierung. D. h. allerdings nicht, dass Moral, Emotionen oder kreatives Handeln ausgeschlossen werden, sondern lediglich, dass diese Bereiche bereits in der Logik der Situation Berücksichtigung finden sollen.[197]

Die *Logik der Aggregation* dient der Zusammenfassung der individuellen Effekte, die aus den Handlungen der einzelnen Akteure hervorgegangen sind. Mit dem sogenannten Kollektiven Explanandum wird der Schritt zurück von der Mikro- zur Makro-Ebene getätigt. Mithilfe von Transformationsregeln werden die individuellen Handlungen aggregiert.[198] In vielen Fällen bestehen diese Transformationsregeln aus einfachen mathematisch-

---

[193] Für eine detailliertere, inhaltliche Ausführung der Ressourcen und Restriktionen sowie der Erwartungen und Evaluierungen im Hinblick auf die Akzeptanz von Biogasanlagen siehe Kapitel 3.2.3 und 3.4.1.
[194] Vgl. Münch, R.: Soziologische Theorie, Band 2: Handlungstheorie, a. a. O., S. 144.
[195] Vgl. Esser, H.: Soziologie – Allgemeine Grundlagen, a. a. O., S. 94.
[196] Ebenda, S. 95.
[197] Ebenda, S. 249.
[198] Vgl. Esser, H.: Soziologie – Allgemeine Grundlagen, a. a. O., S. 120 f.

statistischen Aggregationen (z. B. prozentuale Gewichtungen der verschiedenen Handlungsalternativen).[199]

Die soziale Situation bedingt das Kollektive Explanandum. Der Zusammenhang ist wechselseitig. Ein Kollektives Explanandum wird durch eine soziale Situation verursacht und hat meist wieder eine neue soziale Situation zur Folge.[200]

Abbildung 11 stellt die beschriebenen Zusammenhänge abschließend dar:

Abbildung 11: Integration des RREEMM-Modells in das Grundmodell soziologischer Erklärung

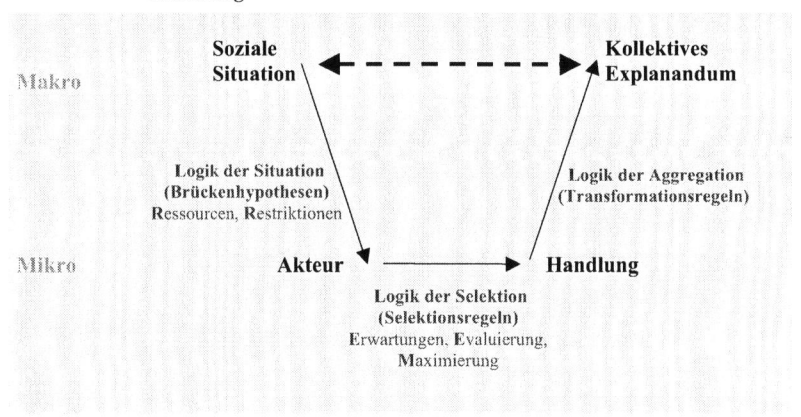

```
Makro    Soziale    ◄ - - - - - - ►  Kollektives
         Situation                    Explanandum
                ╲                    ╱
         Logik der Situation      Logik der Aggregation
         (Brückenhypothesen)      (Transformationsregeln)
         Ressourcen, Restriktionen
                ╲                    ╱
Mikro    Akteur ─────────────────► Handlung
                  Logik der Selektion
                  (Selektionsregeln)
                  Erwartungen, Evaluierung,
                  Maximierung
```

Quelle: Eigene Darstellung in Anlehnung an ESSER 1993, S. 98 und 24.

---

[199] Vgl. Lindenberg, S.; Wippler, R.: Theorievergleich: Elemente der Rekonstruktion. In: Hondrich, K.; Matthes, J. (Hrsg.): Theorievergleich in den Sozialwissenschaften. Darmstadt und Neuwied 1978, S. 223 ff.

[200] Vgl. Esser, H.: Soziologie – Spezielle Grundlagen, Band 1: Situationslogik und Handeln. Frankfurt 1999, S. 169.

3.2 Akzeptanzforschung

In diesem Kapitel werden verschiedene Konzepte des Akzeptanzbegriffes erörtert, die notwendig sind, um die Logik der Selektion operationalisieren zu können. Die verschiedenen Dimensionen von Akzeptanz stehen hierbei für mögliche Handlungsalternativen der Akteure.

3.2.1 Definition Akzeptanz

Die vorliegende Arbeit befasst sich mit der Akzeptanz von Biogasanlagen. Der Schwerpunkt der Operationalisierung liegt dementsprechend auf dem Akzeptanzbegriff. Er wird aus diesem Grund im Folgenden ausführlich beschrieben:

Ursprünglich stammt der Begriff der Akzeptanz aus dem Sprachschatz der Finanzwelt und bezeichnet einen Schuldschein, der seine Gültigkeit als „Bankakzept" durch das Unterzeichnen erhält.[201]

Anfang der 1980er Jahre war der Begriff der Akzeptanz selbst in verbreiteten Nachschlagewerken, wie Brockhaus oder Duden, nicht verzeichnet. Erst kurze Zeit später fand der Akzeptanzbegriff nahezu inflationäre Verwendung. Vor dem Hintergrund zunehmender Protestbereitschaft der Gesellschaft im Rahmen der Anti-Atomkraftbewegung („Nein-Danke") und des wachsenden Umweltbewusstseins gewann der Begriff der Sozialverträglichkeit und damit einhergehend der Begriff der Akzeptanz an Bedeutung.[202]

Zunächst als reines Synonym für „Zustimmung" und „Bejahung" verwendet, entwickelte sich die Bedeutung schnell in die ursprüngliche Wortbedeutung des „Annehmens" (lat. accipere) und steht somit in enger Verbindung zu den Begriffen Glaubwürdigkeit, Vertrauen, Autorität und Respekt.[203, 204]

Auch in der Wissenschaft fand der Akzeptanzbegriff erst Anfang der 1980er Jahre Einzug. Im Zusammenhang mit der Akzeptanz von modernen Bürokommunikationssystemen stieß die Verwendung des Begriffes Akzeptanz auf große Resonanz und entwickelte sich mit oben genanntem Beispiel im Bereich der wirtschaftswissenschaftlichen Organisationstheo-

---

[201] Vgl. Lucke, D.; Hasse, M.: Annahme verweigert – Beiträge zur soziologischen Akzeptanzforschung. Opladen 1998, S. 2.
[202] Vgl. Endruweit, G.: Stichwort Akzeptanz und Sozialverträglichkeit. In: Endruweit, G.; Trommsdorff, G. (Hrsg.): Wörterbuch der Soziologie. Stuttgart 1989.
[203] Vgl. Lucke, D.: Akzeptanz – Legitimität in der „Abstimmungsgesellschaft". Opladen 1995, S. 35.
[204] Vgl. Lucke, D.: Stichwort Akzeptanz. In: Schäfer, B. (Hrsg.): Grundbegriffe der Soziologie. Opladen 2000, S. 6.

rie. Zeitgleich fand der Akzeptanzbegriff Einzug in die Technikforschung.[205] LUCKE entwickelte die Thematik in die Richtung einer soziologischen Akzeptanzforschung fort.[206] Aufgrund der weiten Ausdehnung in verschiedene wissenschaftliche Bereiche, angefangen bei Verträglichkeitsfragen (Bereiche: Umwelt, Soziales, Verfassungsänderungen) über Geschmacks-, Verwendungs-, Geltungs- und Glaubensfragen bis hin zu Machtfragen,[207] liegen unzählige Definitionen von Akzeptanz vor. STACHELSKY betont insbesondere für die Sozial- und Wirtschaftswissenschaften, dass Akzeptanzforschung zugleich immer auch Einstellungsforschung sei.[208] Allerdings sind Akzeptanz- und Einstellungsforschung keinesfalls synonym zu verwenden. Die Einstellungsforschung stellt einen wesentlichen Teil der Akzeptanzforschung dar, aber der Akzeptanzbegriff ist umfassender und bezieht das tatsächliche Verhalten in die Überlegungen mit ein. Das bedeutet, dass neben der Einstellungsebene auch die Handlungsebene und schließlich auch die Nutzungsebene berücksichtigt werden. Insbesondere gilt dies für Bereiche der Markforschung, d. h. neben der Erhebung von Einstellungen vor Einführung des Produkts wird dementsprechend neben der Ermittlung der Handlungsabsicht das tatsächliche Kaufverhalten ermittelt (Adaptionsforschung) und darüber hinaus beobachtet, inwieweit das Produkt auch in seiner Nutzungsphase Akzeptanz findet. In diesem Zusammenhang sind die Begriffe der individuellen Akzeptanz und der Akzeptanz von Gruppen zu nennen, da gerade in der Nutzungsphase deutlich wird, wer wie, wann und wo ein Produkt mit wem verwendet bzw. konsumiert – also akzeptiert.[209] Diese in der Marktforschung etablierte Gliederung findet in leicht abgewandelten Varianten Einzug in die allgemeineren Definitionen von Akzeptanz, wie z. B. von DIERKES UND THIENEN:

„Akzeptanz bezeichnet zunächst einen Sachverhalt, nämlich eine zu einem bestimmten Zeitpunkt festzustellende und sich in bestimmten Meinungs- und Verhaltensformen äußernde Einstellung meist größerer gesellschaftlicher Gruppen gegenüber einzelnen Technologien, ohne dass damit die Gründe für dieses Verhalten bezeichnet würden."[210]

LUCKE schlägt für die soziologische Akzeptanzforschung eine umfassendere, bereits wertende Definition vor:

---

[205] Vgl. Dierkes, M.: Akzeptanz und Akzeptabilität der Informationstechnologien. In: Wissenschaftsmagazin der Technischen Universität Berlin. Berlin 1982, S. 12.
[206] Vgl. Lucke, D.: Akzeptanz – Legitimität in der „Abstimmungsgesellschaft", a. a. O., S. 35.
[207] Ebenda, S. 418.
[208] Vgl. Stachelsky, F. von.: Typologie und Methodik von Akzeptanzforschungen zu neuen Medien. In: Publizistik, 28 (1), 1983, S. 46-55.
[209] Vgl. Kollmann, T.: Das Konstrukt der Akzeptanz im Marketing. In: Wirtschaftswissenschaftliches Studium, Nr. 3, 1999, S. 125-130.
[210] Vgl. Dierkes, M.: Akzeptanz und Akzeptabilität der Informationstechnologien, a. a. O., S. 12.

„[Akzeptanz ist] die Chance, für bestimmte Meinungen, Maßnahmen, Vorschläge und Entscheidungen bei einer identifizierbaren Personengruppe ausdrückliche oder stillschweigende Zustimmung zu finden und unter angebbaren Bedingungen auf deren Einverständnis rechnen zu können."[211]

Nicht-Akzeptanz, aus logischen Gründen untrennbar von der Akzeptanzforschung,[212] definiert sie analog wie folgt:

„[Nicht-Akzeptanz ist] die Wahrscheinlichkeit, mit Meinungen, Maßnahmen etc. bei einer identifizierbaren Personengruppe auf ausdrückliche oder stillschweigende Ablehnung zu stoßen und unter angebbaren Bedingungen mit Widerspruch und Widerstand signalisierenden Handlungen und dementsprechenden Meinungsäußerungen rechnen zu müssen."[213]

Akzeptierte Handlungen können demnach durchgeführt werden, ohne dass Proteste oder andere erkennbare Widerstände zu erwarten wären.[214]

Die Akzeptanzbereitschaft bzw. die Wahrscheinlichkeit des Nicht-Akzeptierens ist nicht nur abhängig vom Akzeptanzobjekt, sondern ebenso von den Akzeptanzsubjekten und dem Situationskontext.[215] Eine bestimmte Technologie (Akzeptanzobjekt) bspw. könnte von verschiedenen Personen (Akzeptanzsubjekte), z. B. Männern und Frauen, zu verschiedenen Zeiten und Gegebenheiten (Situationskontext) in unterschiedlichem Ausmaß akzeptiert werden. Da Menschen häufig zu nicht-konsistentem Verhalten neigen, kann das Ausmaß der Akzeptanz eines Individuums gegenüber einem Objekt differieren: Wird eine Umgehungsstraße in der Rolle des Autofahrers begrüßt, wird sie in der Rolle des Anliegers vermutlich abgelehnt werden.[216]

Akzeptanz ist darüber hinaus kein statisches Datum, sondern das Ergebnis eines dynamischen Prozesses von Objekt, Subjekt und Kontext. In diesem Zusammenhang unterscheidet sich die Akzeptanz von der Akzeptabilität: Während sich die Akzeptabilität auf Meinungen und Einstellungen beruft, die auch über einen längeren Zeitraum in einer Gesellschaft konsensfähig sind, zeichnet sich die faktische Akzeptanz dadurch aus, dass sie stets widerruflich und abhängig vom jeweiligen Situationskontext ist.[217] ARNOLD unterscheidet diese beiden Begrifflichkeiten folgendermaßen: Während Akzeptanz die tatsächliche Zustimmung einer Gesellschaft widerspiegelt, sei die Akzeptabilität eher ein an objektiven

---

[211] Vgl. Lucke, D.: Akzeptanz – Legitimität in der „Abstimmungsgesellschaft", a. a. O., S. 104.
[212] Ebenda, S. 337.
[213] Ebenda, S. 105.
[214] Ebenda, S. 106.
[215] Ebenda, S. 104.
[216] Vgl. Jaufmann, D.: Einstellungen zum technischen Fortschritt. Frankfurt 1991, S. 161.
[217] Vgl. Lucke, D.: Stichwort Akzeptanz. In: Schäfers, B. (Hrsg): Grundbegriffe der Soziologie, a. a. O., S. 6.

Kriterien ausgerichtete, v. a. wissenschaftliche Einschätzung von Chancen und Risiken.[218] Daher geht sie als bewusste Einstellung über die Toleranz (lat. „dulden") hinaus, da die Akzeptanz grundsätzlich eine aktive Beschäftigung mit der jeweiligen Thematik und dem jeweiligen Situationskontext voraussetzt sowie Einfluss auf das Handeln und Verhalten der Akzeptanzsubjekte zeigt.[219] In Bezug auf die Akzeptanz von Biogasanlagen wird diese aktive Beschäftigung mit der Thematik besonders deutlich: Hier scheinen eher polarisierende Meinungen (Akzeptanz und Nicht-Akzeptanz) als Toleranz vorzuliegen.

Aus Konflikten solcher Art entstand nach RENN UND ZWICK eine Forschung der soziologischen Technikfolgenabschätzung, die auf Grundlagen der Akzeptanzforschung basiert und soziologische Belange berücksichtigt. Die Technikfolgenabschätzung verfolgt neben der Prognose der Akzeptanz neuer Techniken u. a. das Ziel, partizipative Maßnahmen zu entwickeln, um Konfliktpotenziale entschärfen bzw. im Vorfeld vermeiden zu können. RENN UND ZWICK unterscheiden zunächst zwischen drei wesentlichen Akzeptanzobjekten:

1. Produkt-, Alltags- und Freizeittechnik
2. Arbeitstechnik
3. Externe Großtechnik[220]

Die Produkt-, Alltags- und Freizeittechnik wird in den meisten Fällen mit Methoden der Marktforschung und des Marketings bearbeitet. Im Wesentlichen geht es hierbei um Einstellungsforschung und darüber hinaus um die Nutzungsebene, sodass sich insbesondere Fragen zur Qualität und Haftung stellen.[221]

Für die vorliegende Studie ist dieser Gesichtspunkt im Zusammenhang mit der Nutzung der Abwärme aus Biogasanlagen von Bedeutung. Der ökonomische Erfolg einer Biogasanlage hängt u. U. von der Wärmenutzung ab. Daher gilt es, die Akzeptanz potenzieller Wärme-Kunden zu erforschen.[222]

---

[218] Vgl. Arnold, N.: Akzeptabilität und Akzeptanz, Wissenschaft und Technik in der öffentlichen Kontroverse. In: Zeitschrift zur Politischen Bildung, Band 35 (1998), Heft 2, S. 34.
[219] Vgl. Arnold, N.: Akzeptabilität und Akzeptanz, Wissenschaft und Technik in der öffentlichen Kontroverse, a. a. O., S. 5.
[220] Vgl. Renn, O.; Zwick, M.: Risiko- und Technikakzeptanz. Berlin, Heidelberg 1997, S. 23 f.
[221] Vgl. Petersen, G.; Bruhn, M.: Einstellung der Bevölkerung zu modernen Technologien in der Land- und Ernährungswirtschaft, Institut für Agrarökonomie der Christian-Albrechts-Universität Kiel, Lehrstuhl für Agrarmarketing, Arbeitsbericht Nr. 19, Kiel 2001, S. 13.
[222] Vgl. Renn, O.; Pfenning, U.: Bürgergutachten zur zukünftigen nachhaltigen Energieversorgung in Hausen – sozialwissenschaftliche Begleitforschung. Stuttgart 2006, S. 38.

Konfliktpotenziale in der Arbeitstechnik liegen v. a. in der Anpassungsgeschwindigkeit und der Qualifikation der Anwender. Diese Position haben in dieser Studie die anlagenbetreibenden Landwirte inne.[223]

Auf der anderen Seite steht die Bevölkerung, die mit der Biogastechnologie als „Großtechnik" konfrontiert ist. Üblicherweise zählen zu dem Begriff der Großtechnik Technologien wie Chemiewerke, Müllverbrennungsanlagen, Kernkraftwerke etc. Da im Bereich der Biogastechnologie ähnliche Strukturen seitens der Bevölkerung vorzufinden sind (Gründung von Bürgerinitiativen, Diskrepanz zwischen lokaler und gesellschaftlicher Ebene), fällt die Biogastechnologie u. U. in diesen Bereich der Akzeptanzobjekte.

In der Soziologie wird Akzeptanz im Anwendungsbereich innovativer Techniken häufig mit dem Begriff der Sozialverträglichkeit gleichgesetzt. Unter Sozialverträglichkeit ist hierbei die „Eigenschaft einer Innovation, bei ihrer Einführung positive Reaktionen der Betroffenen zu erreichen"[224] zu verstehen. Das Erreichen von positiven Reaktionen ist allerdings aufgrund der Vielzahl und Komplexität technischer Innovationen sowie einer sich wandelnden Gesellschaft immer schwieriger zu erreichen. JAUFMANN UND KISTLER verweisen in ihren Untersuchungen auf die Technikfeindlichkeit der Deutschen im internationalen Vergleich hin. Da Risiken der Großtechnologie von der deutschen Bevölkerung meist stärker gewichtet werden als die Vorteile technischer Neuerungen, gilt die Innovationsbereitschaft und die Technikakzeptanz gerade in der Bundesrepublik als große Herausforderung, um sozioökonomische und strukturelle gesellschaftliche Veränderungen durchführen zu können.[225]

3.2.2 Erscheinungsformen von Akzeptanz

Um die Akzeptanz genauer analysieren zu können, werden im Folgenden zwei Typisierungen vorgestellt, mit denen die Akzeptanz von Biogasanlagen in der vorliegenden Untersuchung gemessen werden soll.

---

[223] Vgl. Renn, O.; Zwick, M.: Risiko- und Technikakzeptanz, a. a. O., S. 24 f.
[224] Vgl. Endruweit, G.: „Akzeptanz und Sozialverträglichkeit", a. a. O., S. 9.
[225] Vgl. Jaufmann, D.; Kistler, E.: Bevölkerung und Technik – Einige einleitende Anmerkungen zum Thema. In: Jaufmann, D.; Kistler, E. (Hrsg.): Einstellungen zum technischen Fortschritt, Technikakzeptanz im nationalen und internationalen Vergleich. Frankfurt a.M./New York 1991, S. 7.

3.2.2.1 Erscheinungsformen nach LUCKE

LUCKE unterscheidet eine Vielzahl an Erscheinungsformen von Akzeptanz. Für die Entwicklung ihrer eigenen Akzeptanztypologie zeichnet sie die Entwicklung der verschiedenen Begriffsverständnisse und der mit ihnen verbundenen Erscheinungsformen nach, auch wenn der Begriff Akzeptanz nicht immer explizit Verwendung findet: Zunächst unterscheidet sie die auf MERTON UND RIESMAN zurückgehenden Unterschiede zwischen der inneren und äußeren Akzeptanz.[226] Unter der inneren Akzeptanz ist hierbei diejenige auf der Einstellungsebene zu verstehen, während unter der äußeren Akzeptanz das tatsächliche Verhalten berücksichtigt wird.[227] In diesem Zusammenhang verwendet sie ebenfalls die Begrifflichkeiten der latenten und manifesten Akzeptanz.

Folgende Differenzierungen von Akzeptanz sind nach LUCKE vorzufinden: Die affektivemotionale, evaluative und naiv-habituelle Akzeptanz hebt sich von der kognitivrationalen, instrumentellen und elaboriert-reflektierten Akzeptanz insbesondere durch die nicht-sachliche Betrachtung und Beurteilung der Akzeptanzsubjekte ab. Wissenschaftliche Erkenntnisse und empirische Wirklichkeiten stehen starken Emotionen gegenüber und bewirken nur schwer eine Einstellungs- oder Verhaltensveränderung.[228]

Auf die Konsistenz berufend gehen weitere Unterscheidungen von Akzeptanz auf HABERMAS' Konsenstheorie und FESTINGERS Dissonanztheorie zurück: Wahre und falsche sowie private und öffentliche Akzeptanz liegen dann vor, wenn Einstellungen und Verhalten nicht übereinstimmen. Gerade in diesem Zusammenhang, wenn z. B. aus sozialem Druck anders gehandelt als gedacht wird, entstehen kollektive Akzeptanzformen, die sich häufig von den individuellen Akzeptanzausprägungen abheben.[229]
Aufbauend auf die genannten Formen von Akzeptanz formuliert LUCKE 15 unterschiedliche Akzeptanztypen:[230]

---

[226] Vgl. Riesman, D.: The lonely Crowd. New Haven 1950; Merton, R. K.: Social Theory and Social Structure. London 1957; Mertoon, R. K.: Social Problems and Social Theory. In: Merton, R. K.; Nisbet, R. A. (Hrsg.): Contemporary Social Problems. New York 1961.
[227] Vgl. Lucke, D.: Akzeptanz – Legitimität in der „Abstimmungsgesellschaft", a. a. O., S. 216.
[228] Vgl. Fuchs et al.: Lexikon zur Soziologie, a. a. O., S. 216 f.
[229] Vgl. Habermas, J.: Vorbereitende Bemerkungen zu einer Theorie der kommunikativen Kompetenz. In: Habermas, J.; Luhmann, N.: Theorie der Gesellschaft oder Sozialtechnologie? Frankfurt 1976, S. 101-141; Festinger, L.: An analysis of compliant behavior. In: Cherif, C. W.; Wilson, M. O. (Hrsg.): Group relations on the crossroads. New York 1953; Festinger, L.: A theory of cognitive dissonance. Evanstone 1957.
[230] Vgl. Lucke, D.: Akzeptanz – Legitimität in der „Abstimmungsgesellschaft", a. a. O., S. 216-229.

Abbildung 12: Akzeptanztypen nach LUCKE

Gespaltene Akzeptanz	Diese Form der Akzeptanz entspricht der „Doppelmoral". Aus Gruppenloyalität oder Machterhaltung werden nach außen hin Vorstellungen vertreten, die nicht der eigenen Überzeugung entsprechen. Im Hinblick auf die Akzeptanz von Biogasanlagen könnte dieser Gesichtspunkt Aufschluss geben, inwieweit die „Dorfgemeinschaft" als Gruppe einen Einfluss auf die Akzeptanz hat.
Partielle Akzeptanz	Die partielle Akzeptanz zeichnet sich durch kurzfristig wechselnde Prioritäten aus. Insbesondere wird diese Akzeptanzform von den Medien beeinflusst. Infolge der Postmoderne wird Akzeptanz gezeigt, aber immer unter rollenspezifischen Einschränkungen.[231] Ein Individuum zeigt in der Position einer bestimmten Rolle (z. B. Arbeitgeber) eine andere Akzeptanz gegenüber einem Akzeptanzobjekt (z. B. Umweltauflagen) als das gleiche Individuum in einer anderen Rolle (z. B. Privatperson). In der Region um Gorleben entstand bspw. eine Bürgerinitiative gegen eine Biogasanlage, der viele Mitglieder der Bürgerinitiative gegen die Lagerung von Atommüll angehörten. In ihrer Funktion als Anti-Atomkraftgegner wäre eine positive Resonanz im Hinblick auf Biogasanlagen zu erwarten gewesen. Die Rolle als Anwohner schien hier ausschlaggebend gewesen zu sein.[232]
Konditionale Akzeptanz	Zu den Eigenschaften dieser Akzeptanzform zählt eine zeitliche, sachliche und soziale Begrenzung von Akzeptanz. Sie wird meist nur zeitlich befristet gewährt, und nur unter ganz bestimmten Rahmenbedingungen, die erfüllt sein müssen. Ähnlich wie die partielle Akzeptanz erfreut sich diese Akzeptanzform wachsender Beliebtheit, bedingt durch den Trend zur sogenannten „Patchwork"- und „Parttime"-Gesellschaft, in der Menschen immer weniger dazu bereit sind, sich voll und ganz über einen längeren Zeitraum auf Personen oder Projekte einzulassen. Im Hinblick auf Biogasanlagen könnten ähnliche Effekte zu erwarten sein: Als Erneuerbare Energie wird sie positiv gesehen, als Nachbar in direkter Umgebung abgelehnt.

---

[231] Vgl. Maag, G.: Gesellschaftliche Werte. Strukturen, Stabilität und Funktion. Opladen 1991.
[232] Vgl. Kassel, K.-F.: Nemitz ist überall. In: Die Zeit, Nr. 46 vom 10. November 2005.

Opportunistische Gelegenheitsakzeptanz	Diese Akzeptanz ist rein instrumenteller Natur und wird erteilt, um im Gegenzug etwas anderes erreichen zu können. Weder die innere Haltung noch das Verhalten haben Einfluss auf diese Form von Akzeptanz. Diese Form der Akzeptanz dürfte für die Akzeptanz der Anwohner von Biogasanlagen nicht besonders bedeutsam sein, es sei denn, die protestierende Person hat eine Schlüsselfunktion in der Umgebung und ist in der Lage, viele Mitstreiter zu mobilisieren. Für Landwirte könnte diese Art von Akzeptanz von Bedeutung sein: Auch wenn sie Biogasanlagen nicht befürworten, möchten sie ihren Berufskollegen, die eine Anlage planen, nicht behindern, da sie selbst auch deren Akzeptanz erwarten, wenn sie ein Projekt realisieren.
Prätendierte Beiläufigkeits- und Gefälligkeitsakzeptanz	Aus Höflichkeit und Bequemlichkeit vorgetäuschte Akzeptanz, meist zu für die Person unbedeutsamen Themen, die gewährt wird, um bspw. eine Gesprächssituation angenehm zu gestalten. Im Hinblick auf die Akzeptanz von Biogasanlagen ist diese Art der Akzeptanz nicht zu erwarten, da bei technischen Akzeptanzobjekten in direkter persönlicher Umgebung eine umfassende Beschäftigung mit dem Akzeptanzobjekt zugrunde gelegt werden kann.
Symbolische Akzeptanz	Akzeptanz, die einem Akteur entgegengebracht wird, aber dadurch nicht zwangsläufig auch dem Akzeptanzsubjekt (z. B. Akzeptanz für Prominente aus der Werbung, aber nicht zwangsläufig für das beworbene Produkt). Diese Form der Akzeptanz wäre vorstellbar, wenn der Biogasanlagenbetreiber eine Schlüsselfunktion in der Umgebung einnähme (z. B. Lokalpolitiker, Vorsitz in Vereinen etc.).
Stellvertretende Akzeptanz	Erweiterung der symbolischen Akzeptanz, die zur vollständigen Übernahme von Meinungen anderer (prominenter) Personen führt. Eine empathische Beziehung zum entsprechenden Vorbild liegt hierbei in den meisten Fällen vor (z. B. Fans, die (unreflektiert) Meinungen von Prominenten übernehmen).
Demonstrative Akzeptanz/ provokative Nicht-Akzeptanz	Wesentliches Kennzeichen dieser extremen Akzeptanzformen ist die Nutzung von Medien, um die Öffentlichkeit zu erreichen und zu überzeugen. Vorangetrieben von zunächst kleinen Gruppierungen, die eine Vorreiter- und Vorbildfunktion annehmen, kann die Diskussion um die Akzeptanzobjekte zu gesellschaftsverändernden Zuständen führen (z. B. Frauenbewegung, Anti-Atomkraftbewegung). Die provokative Nicht-Akzeptanz ist für die Akzeptanz von Biogasanlagen von Bedeutung, da sie häufig mit dem Engagement in Bürgerinitiativen gegen eine Anlage einhergeht.

Imitierende Akzeptanz	Die imitierende Akzeptanz bezeichnet die Nachahmung von der Akzeptanz, die vermeintlich in der Gesellschaft vorherrscht. Insbesondere bezieht sie sich auf den Verstoß gegen unbedeutend erscheinende Regelungen. Die Akteure begründen ihr Handeln durch das unrechtmäßige Handeln der anderen. Langfristig und in großem Maß kann diese Akzeptanz zu Verzerrungen von Legitimitäten führen (z. B. Steuerhinterziehung, Diebstahl im Büro). Für die Akzeptanz von Biogasanlagen wird dies insbesondere bei der Nutzung von Nahwärme deutlich. Zunächst wollten z. B. im Energiedorf Jühnde wenige Dorfbewohner keine Wärme der Biogasanlage beziehen, diese stellten dann aber fest, dass fast die gesamte Dorfgemeinschaft am Wärmekonzept teilgenommen hat, also änderten auch sie ihre Meinung.[233]
Sekundäre Akzeptanz	Auch als „Akzeptanz zweiter Ordnung" bezeichnet, bezieht sich dieser Akzeptanztypus auf den Prozess zwischen individueller und gesellschaftlicher Akzeptanz. Die eigentliche Bewertung des Akzeptanzobjektes findet nicht statt. Die vorherrschende Meinung – von der Gesellschaft vermittelt – wird selbst von „Abweichlern" verinnerlicht, sodass die gesellschaftlichen Kräfte in ihrer Meinung bestärkt werden (z. B. Rolle der Hausfrau und Mutter in den 1950er und 60er Jahren). Diese Akzeptanzform ist für die Akzeptanz von Biogasanlagen vermutlich unbedeutsam, da zu wenige Menschen mit Biogasanlagen direkt konfrontiert werden und daher gesellschaftsverändernde Prozesse allein für Biogasanlagen nicht zu erwarten sind (wohl aber für Erneuerbare Energien im Allgemeinen).
Beleihbare Akzeptanz	Vertrauensvolle und kompetente Autoritätspersonen bekunden ihre Haltung im Hinblick auf ein Akzeptanzobjekt. Besteht seitens der Akteure genügend Vertrauen bzw. verfügt die Autorität über einen hohen Einfluss, wird die Meinung der Autoritäten übernommen, insbesondere wenn technisch, medizinisch oder ethisch komplexe Fragestellungen behandelt werden (z. B.: Streikentscheidung bei Gewerkschaften, Einfluss der Kirchen bei ethischen Fragestellungen (ähnlich der symbolischen Akzeptanz)).

---

[233] Fernmündliche Auskunft des Jühnder Bürgermeisters August Brandenburg vom Juli 2007.

Nachgeschobene Akzeptanz	Einstellungen und Akzeptanzgrad gegenüber einem Akzeptanzobjekt ändern sich im Laufe der Zeit. Dies geschieht bspw. durch neue Informationen oder gesellschaftliche Veränderungen, die ein verändertes Bewusstsein zur Folge haben. Hinsichtlich der Akzeptanz von Biogasanlagen könnten Einstellungsänderungen möglich sein, da mittlerweile große Veränderungen bezüglich der Verbreitung und Technik stattgefunden haben.
Antizipierte Nicht-Akzeptanz/ fingierte Akzeptanz	Diese Akzeptanzformen finden sich nahezu ausschließlich in der Politik. Sachverhalte, die seitens der Bürger nicht akzeptiert werden, können u. U. von der Politik nicht gelöst werden. Um Unzufriedenheit in der Bevölkerung zu verhindern, werden Nichtentscheidungen im Voraus kommuniziert. Im Gegensatz dazu werden bereits beschlossene Entscheidungen, deren Akzeptanz im Vorfeld nicht abgeklärt wurde, so kommuniziert als hätte in der breiten Öffentlichkeit ohnehin eine hohe Akzeptanz vorgelegen.
Unspezifische Akzeptanz	Unspezifische Akzeptanzformen zeichnen sich dadurch aus, dass nur das beobachtbare Verhalten einen Rückschluss auf die Akzeptanz zulässt. Diesem Verhalten liegen keine erkennbaren Motive oder Einstellungen zugrunde (z. B.: Antwort auf die Frage, die die Motive eines Verhaltens erklären sollen: „Warum?", „Darum!").
Erzwungene Akzeptanz	Diese Akzeptanz beruht weder auf rationale Einsicht noch auf innere Akzeptanz: Aus Alternativlosigkeit und mithilfe verschiedenster Druckmittel wird die Akzeptanz sozusagen erzwungen.

Quelle: Eigene Darstellung nach Lucke, D.: Akzeptanz – Legitimität in der „Abstimmungsgesellschaft", a. a. O., S. 216-229.

Nach der Analyse der Konflikte, die bei Errichtung und Betrieb von Biogasanlagen entstehen (können), sind für die vorliegende Untersuchung v. a. die opportunistische Gelegenheitsakzeptanz, die nachgeschobene Akzeptanz sowie die imitierende und konditionale Akzeptanz neben der Gefälligkeitsakzeptanz von Bedeutung (zur Einordnung in das Erhebungsprogramm siehe Kapitel 3.4).

3.2.2.2 Erscheinungsformen nach HOFINGER

Während LUCKES Akzeptanzformen eher qualitative Züge aufweisen und die Motive hinter der Akzeptanz erklären, entwirft HOFINGER eine Klassifizierung, die sich auf das tatsächliche Verhalten der Akteure bezieht. Ihre Klassifikation ermöglicht eine ungefähre quantitative Einschätzung zur Akzeptanz in der Bevölkerung auf einfache Art und Weise. Beide Ansätze haben ihre Vorteile, ihre verschiedenen Einsatzmöglichkeiten und ergänzen sich. LUCKES Akzeptanzformen eignen sich insbesondere für eine dynamische Betrachtung der individuellen und gesellschaftlichen Akzeptanz und lassen Prognosen zu. HOFINGERS Skala dient eher einer statischen Betrachtung, für eine Bestandsaufnahme der Ist-Situation und wurde im Zusammenhang mit einem Projekt entwickelt, das sich mit der Akzeptanz von Naturschutzgebieten befasste.[234] Ihre Skala umfasst acht Stufen, die von Inakzeptanz über Gleichgültigkeit zur Akzeptanz übergehen:

Abbildung 13: Inakzeptanz-Akzeptanz-Skala nach HOFINGER

Stufe 1	Stufe 2	Stufe 3	Stufe 4	Stufe 5	Stufe 6	Stufe 7	Stufe 8
Aktive Gegnerschaft	Ablehnung	Zwiespalt	Gleichgültigkeit	Duldung	Konditionale Akzeptanz	Zustimmung/ Wohlwollen	Engagement
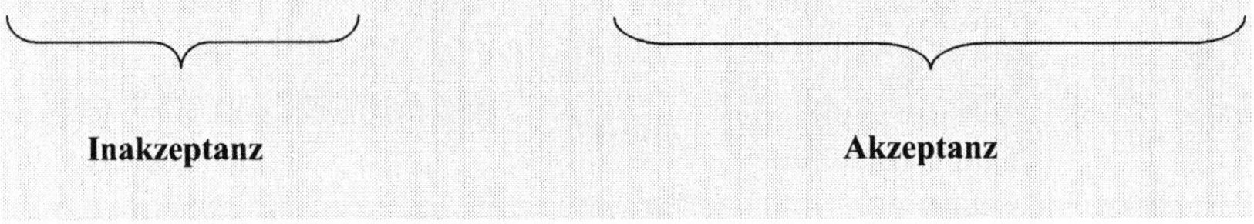 Inakzeptanz				Akzeptanz			

Quelle: Eigene Darstellung in Anlehnung an: Hofinger, G.: Denken über Umwelt und Natur. Weinheim 2001, S. 248-251.

Die *aktive Gegnerschaft* bezeichnet eine sehr starke Inakzeptanz und äußert sich zumeist in Handlungen. *Ablehnung* zählt ebenfalls zur Inakzeptanz. Die Äußerung erfolgt verbal, u. U. auch nonverbal. Je nach Tendenz wird die Ausprägung des Zwiespalts der Inakzeptanz oder einer gleichgültigen Haltung zugeordnet. *Gleichgültigkeit* stellt die mittlere Position der Klassifizierung dar, sie kann weder zur Akzeptanz noch zur Inakzeptanz gezählt werden.

Duldung gehört bereits zu den Ausprägungen der Akzeptanz, auch wenn hierdurch nur ein geringer Akzeptanzgrad ausgedrückt wird. In diesem Zusammenhang wird die Abgrenzung der Begriffe Akzeptanz und Toleranz deutlich: Akzeptanz geht über die Toleranz

---

[234] Vgl. Hofinger, G.: Denken über Umwelt und Natur. Weinheim 2001, S. 248-251.

hinaus und bestätigt über das reine Dulden hinaus eine rationale, intellektuelle Zustimmung des Akzeptanzobjektes. Dementsprechend ist die *Konditionale Akzeptanz* als eine Zustimmung unter bestimmten Bedingungen zu verstehen. *Zustimmung/Wohlwollen* sind analog zur Ablehnung deutliche Zeichen einer Akzeptanz. Es liegt eine innere positive Überzeugung vor, die verbal bzw. nonverbal zum Ausdruck gebracht werden kann. *Engagement* entspricht der höchsten Stufe auf der Akzeptanzskala und schließt Handlungsbereitschaft für das Akzeptanzobjekt ein.

Die beschriebenen Handlungsalternativen der Akzeptanz nach LUCKE und HOFINGER werden in dieser Untersuchung dazu beitragen, die Logik der Selektion (RREEMM-Modell) zu analysieren. Die Erwartungen und Bewertungen im Hinblick auf Biogasanlagen sowie das geplante Verhalten der Akteure wird so ermittelt werden.

3.2.3 Akzeptanzrelevante Faktoren nach LUCKE

Neben den verschiedenen Ausprägungen von Akzeptanz definiert LUCKE Faktoren, die Art und Ausmaß der Akzeptanz beeinflussen. Auf der einen Seite sind dies konkrete Befürchtungen im Hinblick auf ein Akzeptanzobjekt, die zu Beeinträchtigungen des persönlichen Lebens führen können (Bsp. Bau einer Biogasanlage hinter dem Eigenheim). Auf der anderen Seite benennt sie sieben Faktorengruppen, die (indirekten) akzeptanzrelevanten Einfluss haben:

1. *Biografieebene*
2. *Situations- und Problemebene*
3. *Akteursebene*
4. *Legitimationsebene*
5. *Verhaltens-, Norm- und Wertebene*
6. *Wahrnehmungs- und Einstellungsebene*
7. *Bezugsgruppenebene*

Diese sieben Gruppen werden im Folgenden vorgestellt, da sie neben der Ermittlung der Akzeptanz als zweite wesentliche Zielsetzung dieser Studie die Ursachen für die Akzeptanz von Biogasanlagen begründen können:

1. Biografieebene

Soziostrukturelle Zugehörigkeiten haben gleichermaßen wie biografische Erfahrungen Einfluss auf die Akzeptanzwahrscheinlichkeit. Ältere Menschen haben andere Erfahrungen als Jüngere, Einwanderer andere als Einheimische. Mit dem jeweiligen persönlichen Hintergrund ergeben sich andere Akzeptanzbereitschaften und andere Interessensschwerpunkte.[235] Im Hinblick auf die Akzeptanz von Biogasanlagen sind hier zunächst alle soziodemografischen Variablen zu prüfen, auch wenn nach NOLTEN Geschlecht, Alter und schulische Bildung in seiner Studie keinen Einfluss auf das Konfliktempfinden im Hinblick auf die Landwirtschaft zu scheinen haben.[236] LINNARTZ betont, dass das Bildungsniveau einen Einfluss darauf hat, welche Aufgabe die Landwirtschaft für die Gesellschaft habe: Personen mit niedrigem Bildungsniveau sähen die Sicherstellung der Nahrungsversorgung als wesentliche Aufgabe der Landwirtschaft, während Befragte mit höherem Bildungsniveau umwelt- und tierschutzbezogene Aspekte in den Vordergrund stellen würden. Ähnliche Unterschiede ergaben sich bei der Betrachtung des Lebensalters: Älteren Menschen ist die Gewährleistung der Nahrungsmittelversorgung wichtiger als jüngeren, die wiederum tiergerechte und umweltgerechte Produktionsweisen in den Vordergrund der Aufgaben der Landwirtschaft stellten. Da im Hinblick auf die Akzeptanz von Biogasanlagen sowohl umweltschutzbezogene Aspekte als auch die Gegenüberstellung von Nahrungs- und Energieerzeugung von Bedeutung sind, könnten das Alter und das Bildungsniveau einen Beitrag zur Erklärung der Akzeptanz von Biogasanlagen leisten.[237]

NOLTEN konnte keinen eindeutigen Zusammenhang zwischen der Wohndauer im Dorf und den aufgetretenen Konflikten nachweisen,[238] im Gegensatz zu den Konflikten mit Schweinemasthaltungen, bei denen SPILLER UND GERLACH einen solchen Zusammenhang betonten.[239] Fehlende Erfahrung mit landwirtschaftlichen Sachverhalten könnten hingegen Konflikte hervorrufen.[240]

Auch der Wandel der eigenen Biografie ist neben den gesammelten Erfahrungen von Bedeutung. Für Landwirte findet bspw. ein Wechsel im Hinblick auf die Identität ihres Be-

---

[235] Vgl. Lucke, D.: Akzeptanz – Legitimität in der „Abstimmungsgesellschaft", a. a. O., S. 374 f.
[236] Vgl. Nolten, R.: Landwirtschaft: Selbstverständlicher Dorfbestandteil und Konfliktquelle? In: Berichte über die Landwirtschaft 7, Münster-Hiltrup 1998, S. 23-42.
[237] Vgl. Linnartz, T.: Die Landwirtschaft und ihre Probleme im Meinungsbild der Bevölkerung – Eine Analyse hinsichtlich ausgewählter Themen und ihrer Bestimmungsgründe. Bonn 1994, S. 169 und 178.
[238] Vgl. Nolten, R.: Landwirtschaft: Selbstverständlicher Dorfbestandteil und Konfliktquelle? A. a. O., S. 23-42.
[239] Vgl. Spiller, A.; Gerlach, S.: Stallbaukonflikte in Nicht-Verdelungsregionen: Empirische Analyse und Folgerungen für effiziente Governancestrukturen, a. a. O., S. 381 ff.
[240] Vgl. Nolten, R.: Landwirtschaft: Selbstverständlicher Dorfbestandteil und Konfliktquelle? A. a. O., S. 23-42.

rufsbildes statt. KUTSCH UND WISWEDE beschreiben den Beruf als bedeutend für die Identitätsbildung und Persönlichkeitsentwicklung.[241] KUTSCH, NOLTEN UND PIECHACZEK befragten Landwirte danach, welche Bereiche der Landwirtschaft von der Gesellschaft als wichtig erachtet würden. Etwa drei Viertel der Landwirte gaben an, dass die Landschaftspflege vermutlich eine Rolle für die Bevölkerung spiele.

Knapp 60 % vermuteten, dass die Erzeugung Nachwachsender Rohstoffe von Bedeutung sei.[242] Durch das rasante Wachstum der Anzahl an Biogasanlagen und der Biodiesel-Produktion kann von einer veränderten Identität der Landwirte gesprochen werden: Der Landwirt auf dem Weg zum Energiewirt. Dieser Wandel beeinflusst das Selbstbild – die Landwirte nehmen die veränderten an sie gestellten Erwartungen wahr. Inwieweit die Landwirte diese Erwartungen nicht nur erkennen, sondern auch angenommen haben, z. B. im Bezug auf die Akzeptanz von Biogasanlagen und den Anbau von Energiepflanzen, soll im Rahmen dieser Arbeit ermittelt werden.

2. *Situations- und Problemebene*
Unter dieser Faktorengruppe werden die Variablen Betroffenheit, Beeinflussbarkeit und Problemrelevanz zusammengefasst:
Die persönliche *Betroffenheit* scheint ein entscheidender Faktor für die Akzeptanz zu sein. Bei zeitnahen Risiken und solchen in räumlicher Nähe sind Betroffenheit und damit verbundene Emotionen stärker ausgeprägt als bei einem Problem, das nur theoretischer Natur ist.[243] Zahlreiche Studien belegen eine grundsätzliche Akzeptanz bspw. für Mülldeponien und Kraftwerke. In der eigenen Umgebung hingegen sieht diese Akzeptanz häufig anders aus. In anderen Wissenschaften ist hier die Rede von der Nimby-Problematik, des sogenannten „Not in my backyard"-Syndroms.[244]

Beeinflussbarkeit scheint ebenso einen wichtigen Einfluss auf die Art und des Ausmaßes von Akzeptanz zu haben. Akzeptanzwahrscheinlichkeiten sind abhängig von dem „Grad der Unabwendbarkeit"[245], darüber hinaus ebenso von der Möglichkeit einer Partizipation am Entscheidungsprozess. Selbst wenn dem Akzeptanzobjekt grundsätzlich positive Emotionen entgegengebracht werden, aber keine Möglichkeiten zur Partizipation bestehen,

---

[241] Vgl. Kutsch, T.; Wiswede, G.: Wirtschaftssoziologie. Stuttgart 1986, S. 62.
[242] Vgl. Kutsch, T.; Nolten, R.; Piechaczek, J.: Vereinbarkeit der Ziel-, Indikatoren- und Handlungssysteme von Landwirten mit landwirtschaftsbezogenen gesellschaftlichen Rollenerwartungen. In: Schriftenreihe der Rentenbank, Band 24: Neue Potenziale für die Landwirtschaft. Herausforderungen für die Agrarpolitik. Frankfurt 2009, S. 121-148.
[243] Vgl. Lucke, D.: Akzeptanz – Legitimität in der „Abstimmungsgesellschaft". Opladen 1995, S. 362.
[244] Siehe hierzu u. a. Hart, A.: Zur Standortwahl von NIMBY-Gütern, Saarbrücken 1994.
[245] Vgl. Lucke, D.: Akzeptanz – Legitimität in der „Abstimmungsgesellschaft", a. a. O., S. 364.

könnte ein Protest entstehen, da es als unangenehm empfunden wird, übergangen zu werden. In diesem Zusammenhang spielen darüber hinaus die persönlichen Ressourcen und Restriktionen, wie Durchsetzungsvermögen und intellektuelle Fähigkeiten, eine Rolle, die das Ausmaß der empfundenen Beeinflussbarkeit bestimmen können.[246]

Das Empfinden der *Relevanz einer Problematik* wird wesentlich von der gesellschaftlichen Stimmung gegenüber einem Akzeptanzobjekt bestimmt. NOLTEN betont, dass das fehlende Interesse an der Landwirtschaft Ursprung vieler Konflikte im ländlichen Raum sei.[247] Die Situations- und Problemebene scheint demnach für die Akzeptanz von Biogasanlagen bedeutsam und soll in der vorliegenden Studie näher beleuchtet werden.

3. Akteursebene

Die Akteursebene bezeichnet die akzeptanzrelevanten Faktoren, die sich auf die entsprechenden Akteure beziehen. Kompetenz, Glaubwürdigkeit und Verantwortungsgefühl der entsprechenden handelnden Personen haben einen großen Einfluss auf die Akzeptanz. Von Bedeutung scheinen ebenfalls die Stellung des Projektinitiators und das ihm entgegengebrachte Vertrauen zu sein sowie die Langfristigkeit des geplanten Projektes.[248] In dieser Untersuchung stellen Biogasanlagen das Akzeptanzobjekt dar, die Akteure in diesem Akzeptanzkontext sind die Anwohner, die Landwirte, die Politiker (verantwortlich für EEG und Flächennutzungspläne etc.), die Behörden (verantwortlich für die Genehmigungen) und schließlich die Anlagenbetreiber selbst.

Grundsätzlich scheint in der Bevölkerung großes Vertrauen Landwirten gegenüber zu bestehen: Nach den Berufen Lehrer und Arzt folgen auf Platz drei der für die Gesellschaft wichtigen Berufe die Landwirte.[249]

TROJECKA hebt in ihrer Studie hervor, dass das Vertrauen zum Biogasanlagenbetreiber von hoher Wichtigkeit sei, um Akzeptanzprobleme zu vermeiden. Des Weiteren wären die Persönlichkeit und das Verhalten des Betreibers von hoher Bedeutung.[250]

---

[246] Vgl. Lucke, D.: Akzeptanz – Legitimität in der „Abstimmungsgesellschaft", a. a. O., S. 364.
[247] Vgl. Nolten, R.: Landwirtschaft: Selbstverständlicher Dorfbestandteil und Konfliktquelle? A. a. O., S. 23-42.
[248] Vgl. Lucke, D.: Akzeptanz – Legitimität in der „Abstimmungsgesellschaft", a. a. O., S. 364.
[249] Vgl. N. N.: Das Image der deutschen Landwirtschaft – Ergebnisse einer Repräsentativbefragung in Deutschland. Bonn 2007, S. 20.
[250] Vgl. Trojecka, A.: Landwirte als Energiewirte. Osnabrück 2007, S. 109.

4. Legitimationsebene

Unter der Legitimationsebene werden die Begriffe Begründbarkeit, Begründungsbedürftigkeit und Rechtfertigungsfähigkeit zusammengefasst: Akzeptanzobjekte, die in einer Gesellschaft tabuisiert und noch nicht etabliert diskutiert werden, finden schwer Akzeptanz, da sie sich außerhalb des anerkannten Wertekanons befinden. Sie müssen erst ausführlich begründet werden, bevor überhaupt eine Akzeptanz stattfinden kann.

Wenn die Akzeptanzobjekte bereits in der Gesellschaft akzeptiert sind, ist die Rechtfertigungsfähigkeit keine Hürde, lediglich auf der Mikro-Ebene können Konflikte entstehen. In diesem Kontext sollen im weiteren Verlauf die Meinung über Erneuerbare Energien und das EEG ermittelt werden.

5. Verhaltens-, Norm- und Werteebene

Dieser Faktorenkomplex befasst sich im Wesentlichen mit „tradierten Einstellungen" und „habitualisierten Grundhaltungen"[251]. Die Gewohnheit von Verhaltensweisen sowie die Verbreitung eines Akzeptanzobjektes innerhalb der Gesellschaft sind in diesem Zusammenhang als einflussreiche Faktoren zu nennen. Während bei der Gewohnheit der Wertewandel im Zeitverlauf zu verschiedenen Akzeptanzstufen führen kann, handelt es ich bei der Verbreitung eher um statistische Kennzahlen eines abweichenden Verhaltens oder einer neuen Technologie. Je höher die Verbreitung der Technologien oder Verhaltensweisen sind, und je mehr sich die Gesellschaft an selbige gewöhnt hat, desto höher ist die Wahrscheinlichkeit der Akzeptanz.

Obwohl der „Leidensdruck" in Nicht-Veredelungsgebieten für die Anwohner geringer ist, kommt SPILLER zu dem Ergebnis, dass aufgrund der Gewohnheit von Stallbauten solche Projekte wesentlich einfacher in Veredelungsgebieten durchgeführt werden können.[252] Im Bezug auf die Biogaserzeugung liegen die Unterschiede der Regionen v. a. im Ausmaß der Betroffenheit und in der Gewohnheit von Geruchsbelästigung sowie von Maismonokulturen.

Werte und Normen sind ebenfalls von hoher Bedeutung und stellen einen Sonderfall im Bereich der Gewohnheiten und der tradierten Einstellungen dar: Akzeptanz für Objekte, in denen Werte und Normen betroffen sind, ist einem wesentlich schwierigeren und emotionaleren Prozess unterworfen (Bsp. Gentechnik, § 218).[253]

---

[251] Vgl. Lucke, D.: Akzeptanz – Legitimität in der „Abstimmungsgesellschaft", a. a. O., S. 374 f.
[252] Vgl. Spiller, A.; Gerlach, S.: Stallbaukonflikte bei landwirtschaftlichen Stallbauten, a. a. O., S. 26.
[253] Vgl. Lucke, D.: Akzeptanz – Legitimität in der „Abstimmungsgesellschaft", a. a. O., S. 374-380.

SPILLER UND GERLACH gingen der Frage nach, welche Faktoren Stallbaukonflikte beeinflussen. In ihrer Studie waren gesellschaftliche Moralvorstellungen wichtige Faktoren für die Akzeptanz von Tierhaltungsanlagen,[254] die daher auch im Hinblick auf die Akzeptanz von Biogasanlagen, insbesondere dem damit verbundenen Anbau von Energiepflanzen, überprüft werden sollen.

6. *Bezugsgruppenebene*

Innerhalb einer Gemeinschaft (Nachbarschaft, Partei) gelten eigene Werte und Normen, die die persönliche Meinung stark prägen und verändern können. Gruppenkonsens und Konformitätsdruck können zu Differenzen zwischen innerer und äußerer Akzeptanz führen (falsche vs. echte Akzeptanz). In diesem Zusammenhang sind die soziale Nähe und die räumliche Distanz von Bedeutung. Zu welchen Gemeinschaften wann, wie häufig und wo Beziehungen gepflegt werden sind die zentralen Fragen, die Akzeptanzwahrscheinlichkeiten beeinflussen.[255]

Strukturen im Dorf (Identifikation und Bindung mit dem Dorf) wären nach SPILLER UND GERLACH wichtige Faktoren für die Akzeptanz von Tierhaltungsanlagen, die auch in dieser Untersuchung überprüft werden sollen.[256] HELMLE[257] beschreibt ebenso wie LINNARTZ[258], dass die empfundene Nähe zur Landwirtschaft ein wichtiges Indiz für das persönliche Image der Landwirtschaft sei und dementsprechend auch für die Akzeptanz von Biogasanlagen von Bedeutung sein könnte.

Neben den genannten Aspekten auf der Mikro-Ebene sollen darüber hinaus bei der Ermittlung der Akzeptanz von Biogasanlagen die Bezugsgruppen auf der Makro-Ebene berücksichtigt werden:

Nach INGLEHART wird untersucht, inwieweit postmaterielle im Gegensatz zu materiellen Lebensstilen akzeptanzbestimmende Wirkung im Hinblick auf Biogasanlagen zeigen. Gesellschaften, in denen eher materialistische Werte (wie bspw. Einkommen) von Bedeutung sind, zeigen häufiger Akzeptanzbereitschaft zu Großtechnologien als Gesellschaften, in denen eher postmaterialistische Werte (wie bspw. freie Meinungsäußerung) vorherrschen.

---

[254] Vgl. Spiller, A.; Gerlach, S.: Stallbaukonflikte bei landwirtschaftlichen Stallbauten, a. a. O., S. 26.
[255] Vgl. Lucke, D.: Akzeptanz – Legitimität in der „Abstimmungsgesellschaft", a. a. O., S. 374-380.
[256] Vgl. Spiller, A.; Gerlach, S.: Stallbaukonflikte in Nicht-Verdelungsregionen: Empirische Analyse und Folgerungen für effiziente Governancestrukturen, a. a. O., S. 25 ff., S. 382 f.
[257] Vgl. Helmle, S.: Images sind Kommunikation. Empirische Untersuchung und Modellbildung zum Image der Landwirtschaft in Deutschland. In: Rollen der Landwirtschaft in benachteiligten Regionen. Tagungsband der 19. Jahrestagung der Österreichischen Gesellschaft für Agrarökonomie 2009. Insbruck 2009, S. 99-100.
[258] Vgl. Linnartz, T.: Die Landwirtschaft und ihre Probleme im Meinungsbild der Bevölkerung, a. a. O., S. 192 f.

Eine weitere Kenngröße liegt in der Entwicklung moderner Gesellschaften: Im Zuge der Postmodernisierung sind fatalistische Einstellungen verschwunden, gerade in der Wissensgesellschaft sind alle Akteure um vollständige Information und Akzeptanz bemüht und vertreten ihre Meinung mit Nachdruck und großem Engagement. Oft geht der Prozess der Postmaterialisierung mit wachsendem gesellschaftlichen Wohlstand einher.[259] In diesem Zusammenhang scheint auch die soziale Lage eine Rolle zu spielen, sodass in verschiedenen Berufszweigen (z. B. technische vs. soziale Berufe) unterschiedliche Technik- und Weltbilder herrschen.[260] LINNARTZ stellt heraus, dass höhere soziale Schichten mit größerer Wahrscheinlichkeit moderne Agrartechnologien ablehnen und Aspekte des Umweltschutzes in der Landwirtschaft wichtiger einschätzen.[261] NOLTEN betont im Hinblick auf den Wertewandel, dass ein Zusammenhang zwischen Wertewandel und Konfliktempfinden von Anwohnern landwirtschaftlicher Betriebe schwer eindeutig zu belegen wäre.[262]

7. Wahrnehmungs- und Einstellungsebene

Unter dieser Faktorengruppe werden insbesondere Vorurteile, aber auch Sättigungseffekte und Meinungsklimata erfasst. Während einige Themen so präsent sind, dass Zielpersonen sich nicht zum wiederholten Male mit dem Akzeptanzobjekt auseinandersetzen möchten, geht es bei der Erfassung des Meinungsklimas und der Vorurteile um die zur Akzeptanzforschung komplementäre Einstellungsforschung. Die vorherrschende Meinung wird häufig unreflektiert übernommen. Rationale Argumente werden kaum akzeptiert. Die Akzeptanzwahrscheinlichkeit ist daher bei gefestigten negativen Einstellungen sehr gering.

Nach SPILLER UND GERLACH sind neben erwarteter persönlicher Belastung, Einstellungen, Image und Bedeutsamkeit der Landwirtschaft von großer Bedeutung für die Ablehnung oder Zustimmung eines Stallbauprojektes in direkter Umgebung. Das Image der Landwirtschaft sei von enormer Bedeutung für die Standortakzeptanz.[263]

Neben den Einstellungen und des Images der Landwirtschaft scheint darüber hinaus die Wahrnehmung von Bedeutung zu sein. VON ALVENSLEBEN UND KAFKA betonen, dass die

---

[259] Vgl. Inglehart, R.: Wertewandel in den westlichen Gesellschaften: Politische Konsequenzen von materiellen und postmaterialistischen Prioritäten. In: Klages, H.; Kmieciak, P. (Hrsg.): Wertewandel und gesellschaftlicher Wandel. Frankfurt/New York 1979, S. 279-282.
[260] Vgl. Huber, J.: Technikbilder – Weltanschauliche Weichenstellungen der Technologie- und Umweltpolitik. Opladen 1989, S. 10.
[261] Vgl. Linnartz, T.: Die Landwirtschaft und ihre Probleme im Meinungsbild der Bevölkerung, a. a. O., S. 184 f.
[262] Vgl. Nolten, R.: Landwirtschaft: Selbstverständlicher Dorfbestandteil und Konfliktquelle? A. a. O., S. 23-42.
[263] Vgl. Spiller, A.; Gerlach, S.: Stallbaukonflikte in Nicht-Verdelungsregionen: Empirische Analyse und Folgerungen für effiziente Governancestrukturen, a. a. O., S. 25 ff.

Art und Weise der Berichterstattung über die Landwirtschaft einen wichtigen Einfluss auf die Verbraucher hat.[264] Auch MAHLAU konstatiert, dass bei produktionsorientierten und produktionstechnischen agrarrelevanten Themen die Bevölkerungsmeinung durch eine verzerrte Berichterstattung beeinflusst sei und nicht mit der Realität übereinstimme.[265] HELMLE hingegen widerspricht der These, dass positive oder negative Berichte in den Medien einen Einfluss auf das Image der Landwirtschaft haben.[266] Im Hinblick auf die Akzeptanz von Biogasanlagen sollen die genannten Variablen überprüft werden.

3.3 Messung von Einstellungen – das Drei-Komponenten-Modell

Da Akzeptanzforschung zugleich Einstellungsforschung ist (vgl. Kapitel 3.2.1) und auch im Rahmen der akzeptanzrelevanten Faktoren Einstellungen von großer Bedeutung sind, wird im Folgenden der Einstellungsbegriff näher erörtert. Bereits LETTMANN[267] und NOLTEN[268] konnten u. a. durch die Berücksichtigung einstellungstheoretischer Aspekte akzeptanzbeeinflussende Variablen hinsichtlich der Akzeptanz von landwirtschaftlichen Extensivierungsstrategien und Naturschutzsonderprogrammen erfolgreich ermitteln. Um die Ursachen für die Akzeptanz bzw. Nicht-Akzeptanz von Biogasanlagen umfassend ermitteln zu können, ist es notwendig, einstellungstheoretische Gesichtspunkte zu berücksichtigen.

Der Begriff der Einstellung wird in den Sozialwissenschaften uneinheitlich definiert. KROEBER-RIEL definiert die Einstellung als eine Motivation, die eng mit einer kognitiven Beurteilung verbunden ist.[269] EAGLY UND CHAIKEN sehen die Einstellung als eine zusammenfassende Bewertung, als „eine psychische Tendenz, die dadurch zum Ausdruck kommt, dass man ein bestimmtes Objekt mit einem gewissen Grad an Zuneigung oder

---

[264] Vgl. Alvensleben, R. von; Kafka, C.: Grundprobleme der Risikokommunikation und ihre Bedeutung für die Land- und Ernährungswirtschaft. In: Schriften der Gesellschaft für Wirtschafts- und Sozialwissenschaften des Landbaus e. V., Bd. 35, 1999, S. 57-64.
[265] Vgl. Mahlau, G.: Das Image der Landwirtschaft – Ein Vergleich zwischen Medienberichterstattung, Bevölkerungsmeinung und Identität. Bonn 1999, S. 296 f.
[266] Vgl. Helmle, S.: Images sind Kommunikation. Empirische Untersuchung und Modellbildung zum Image der Landwirtschaft in Deutschland, a. a. O., S. 99-100.
[267] Vgl. Lettmann, A.: Akzeptanz von Extensivierungsstrategien. Bonner Studien zur Wirtschaftssoziologie Band 2. Witterschlick/Bonn 1995, S. 50.
[268] Vgl. Nolten, R.: Implementation von Naturschutzsonderprogrammen. Bonner Studien zur Wirtschaftssoziologie Band 8. Witterschlick/Bonn 1997, S. 62 f.
[269] Vgl. Kroeber-Riel. W.: Konsumentenverhalten, 5. Auflage, München 1992, S. 50.

Abneigung bewertet"[270]. Den am weitest verbreiteten Ansatz beschreiben ROSENBERG UND HOVLAND, indem sie den Einstellungsbegriff in drei Komponenten strukturieren: [271]

- *Affektive Komponente (gefühlsmäßige Bewertungen mit dem Einstellungsobjekt)*
- *Kognitive Komponente (subjektiv geprägtes Wissen über den Einstellungsgegenstand)*
- *Konative Komponente (Verhaltensabsicht im Hinblick auf den Einstellungsgegenstand)*

Abbildung 14: Drei-Komponenten-Modell

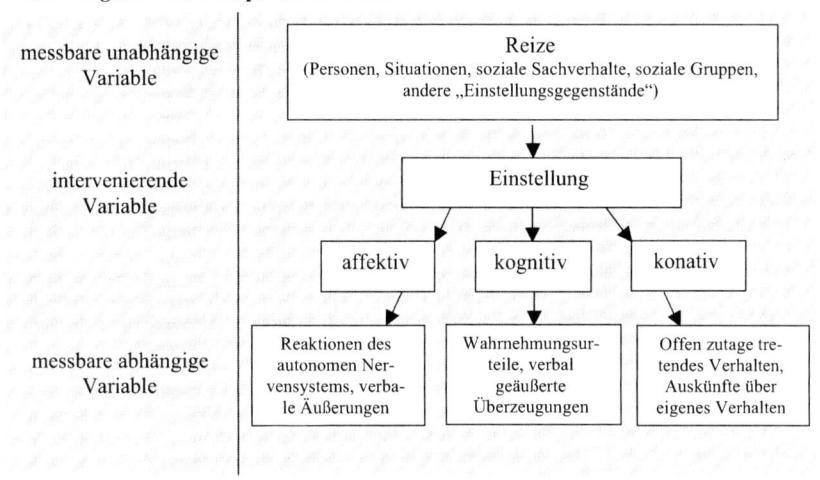

messbare unabhängige Variable	Reize (Personen, Situationen, soziale Sachverhalte, soziale Gruppen, andere „Einstellungsgegenstände")
intervenierende Variable	Einstellung
	affektiv / kognitiv / konativ
messbare abhängige Variable	Reaktionen des autonomen Nervensystems, verbale Äußerungen / Wahrnehmungsurteile, verbal geäußerte Überzeugungen / Offen zutage tretendes Verhalten, Auskünfte über eigenes Verhalten

Quelle: Eigene Darstellung in Anlehnung an Rosenberg, M.; Hovland, C.: Attitude Organization and Change. New Haven 1960, S. 8.

Einstellungen werden als intervenierende Variablen bezeichnet, die als nicht-beobachtbare Sachverhalte als Reaktion auf Reize resultieren.[272] Zwischen der Einstellung und dem Verhalten bestehen Wechselbeziehungen, die in einem dynamischen Prozess zu Einstellungs- und Verhaltensänderungen führen können.[273] Inwieweit aber mithilfe der Einstellung Prognosen für das Verhalten geäußert werden können, hängt von verschiedenen Umständen ab: Die Einstellung kann eine bedeutende, aber keineswegs einzige Determinante zur Erklärung von Verhalten sein. Weitere Variablen wären, analog zu den akzeptanzrelevanten Faktoren, die Struktur der Einstellung, die Konsistenz der Befragten, das

---

[270] Vgl. Eagly, A.; Chaiken, S.: Attitude structure and function. In: Gilbert, D.; Fiske, S.; Lindzey, G.: (Hrsg.): Handbook of social psychology, 4th ed. New York 1998, S. 269.
[271] Vgl. Meier, T.; Hagedorn, K.: Ein Ansatz zur Operationalisierung des Konstrukts „Image" für die Marktforschung. In: Agrarwirtschaft 42 (1993), Heft 3, S. 149.
[272] Vgl. Kroeber-Riel, W.: Konsumentenverhalten, a. a. O., S. 26.
[273] Ebenda, S. 167.

Ausmaß persönlicher Erfahrungen, verschiedene weitere Persönlichkeitsmerkmale sowie Werte und Normen und schließlich das persönliche Umfeld.[274] MUMMENDEY widerlegt die weit verbreitete Konsistenzannahme. Anhand empirischer Untersuchungen zeigt er, dass kein zwangsläufiger Zusammenhang zwischen geäußerter Einstellung und tatsächlichem Verhalten bestehen muss.[275]

Neben der Einstellung haben nach AJZENS Theorie des geplanten Verhaltens zudem die *subjektive Norm* und die *wahrgenommene Verhaltenskontrolle* einen wesentlichen Einfluss auf die Verhaltensabsicht und somit auf das Verhalten. Die subjektive Norm versucht die Beeinflussung des Akteurs durch entscheidende Personen seines Umfelds einzubeziehen. Die Erwartungen, die diese Personen vermeintlich an den Akteur stellen, berücksichtigt dieser bei seiner Verhaltensentscheidung nach der Höhe seiner Motivation, diesen Erwartungen entsprechen zu wollen. Die wahrgenommene Verhaltenskontrolle misst hingegen die Fähigkeit zur Durchführung des angegebenen Verhaltens. Besteht eine Verhaltensabsicht, heißt das nicht, dass sie umgesetzt wird, da bspw. finanzielle, intellektuelle, zeitliche oder andere Gründe dazu führen, das geplante Verhalten nicht umzusetzen.[276]

Damit eine Prognose zukünftigen Verhaltens aus den Einstellungen heraus zumindest möglichst belastbar gestaltet werden kann, sollten nach KROEBER-RIEL folgende Gegebenheiten beachtet werden:

- Einstellungen sollten eine zeitliche Stabilität aufweisen (Die Genauigkeit einer Vorhersage ist von der Zeitspanne zwischen Verhaltensabsicht und tatsächlichem Verhalten abhängig).[277]
- Schnell abrufbare Einstellungen haben einen stärkeren Einfluss auf das Verhalten als langsam abrufbare Einstellungen.
- Auf direkten Erfahrungen zum Einstellungsgegenstand basierende Einstellungen sind prognosefähiger als die Einstellungen, die aus indirekten Erfahrungen stammen.[278]
- Ferner entsprechen Einstellungen dem Verhalten besonders dann, wenn zwischen affektiver und kognitiver Komponente eine hohe Konsistenz besteht.[279]

---

[274] Vgl. Bohner, G.: Einstellungen. In: Stroebe, W.; Jonas, K.; Hewstone, M. (Hrsg.): Sozialpsychologie – eine Einführung. Berlin 2002, S. 267.
[275] Mummendey, A.: Zum gegenwärtigen Stand der Erforschung der Einstellungs-Verhaltens-Konsistenz. In: Mummendey, H. D. (Hrsg): Einstellung und Verhalten. Bern 1979, S. 16 f.
[276] Vgl. Herkner, W.: Lehrbuch Sozialpsychologie. Göttingen 1991, S. 220.
[277] Vgl. Ajzen, I.: From intentions to actions. A theory of planned behaviour. In: Kuhl, J.; Beckman, J. (Hrsg.): Action-control: From cognition to behaviour. Germany 1985, S. 11-39.
[278] Vgl. Kroeber-Riel, W.: Konsumentenverhalten, a. a. O., S. 171 f.
[279] Vgl. Bohner, G.: Einstellungen, a. a. O., S. 267 ff.

Im Hinblick auf die Akzeptanz von Biogasanlagen soll anhand der kognitiven Komponente das Wissen über Biogasanlagen als Ressource bzw. Restriktion im Sinne des RREEMM-Modells ermittelt werden. Die affektive Komponente beinhaltet demnach die Bewertung von Biogasanlagen, wie z. B. mögliche Belästigungen und positive Assoziationen, während durch die konative Komponente die Handlungsalternativen ermittelt werden sollen (Erwartungen und Evaluierungen).

3.4 Untersuchungsansatz und -methoden

Ausgehend von der Zielsetzung der vorliegenden Studie wurden in den vergangenen Kapiteln zunächst Rahmenbedingungen aufgezeigt, die wesentlich für die Akzeptanz von Biogasanlagen sind. Anschließend wurden theoretische Ansätze vorgestellt, anhand derer die Akzeptanz von Biogasanlagen erforscht werden soll. Es folgt die konkrete Ausgestaltung des Untersuchungsprogramms, basierend auf den vorausgegangenen Kapiteln.

3.4.1 Untersuchungsansatz

Anhand der dargestellten Konflikte, und den aus der Theorie abgeleiteten akzeptanzbeeinflussenden Determinanten soll nun das Erhebungsprogramm veranschaulicht werden. Folgende Abbildung verdeutlicht die Verknüpfung der verwendeten Theorien:

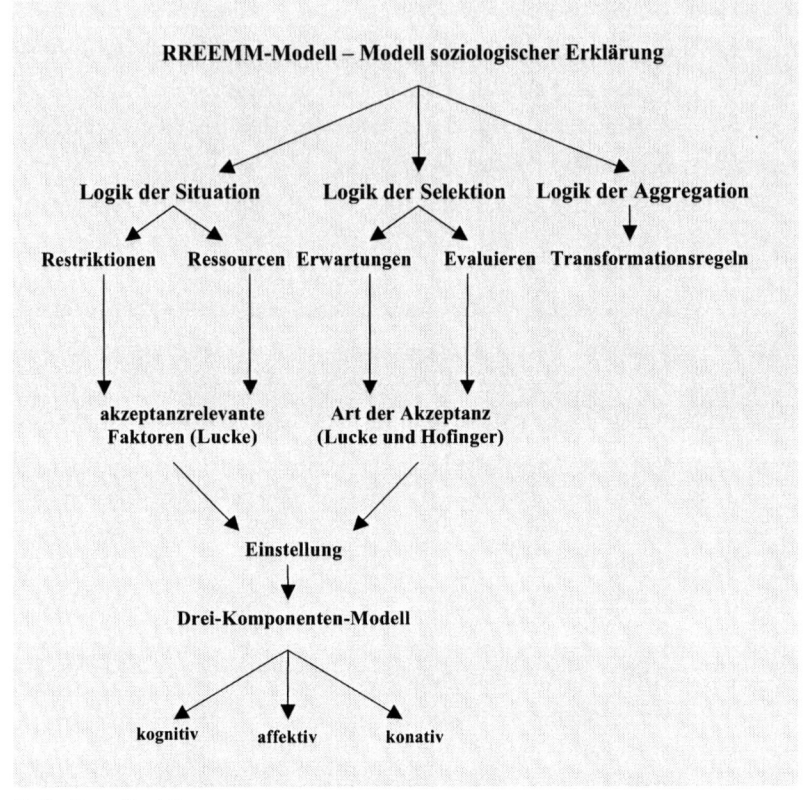

Abbildung 15: Theoretischer Rahmen der empirischen Untersuchung

```
           RREEMM-Modell – Modell soziologischer Erklärung
                              |
         ┌────────────────────┼────────────────────┐
   Logik der Situation   Logik der Selektion   Logik der Aggregation
      ┌──────┴──────┐       ┌──────┴──────┐              │
  Restriktionen  Ressourcen  Erwartungen  Evaluieren  Transformationsregeln
         │         │             │            │
         ▼         ▼             ▼            ▼
      akzeptanzrelevante         Art der Akzeptanz
       Faktoren (Lucke)          (Lucke und Hofinger)
                   \            /
                    ▼          ▼
                      Einstellung
                          │
                          ▼
                  Drei-Komponenten-Modell
                  ┌───────┼───────┐
               kognitiv  affektiv  konativ
```

Quelle: Eigene Darstellung.

Die **Restriktionen und Ressourcen** werden mithilfe der akzeptanzrelevanten Faktoren von LUCKE konkretisiert und deren Zusammenhang zur Akzeptanz von Biogasanlagen ermittelt.

Im Hinblick auf die *Biografieebene* werden bei den Befragten u. a. folgende Variablen der soziostrukturellen Zugehörigkeiten und der soziobiografischen Erfahrungen im Hinblick auf ihren Einfluss auf die Akzeptanz von Biogasanlagen näher betrachtet:

- Geschlecht, Alter, Schul-/Ausbildungsabschluss
- Art und Größe des Betriebes und der Betriebszweige, Höhe des Gewinnes (nur Landwirte)
- Art des Berufes und Höhe des Einkommens (nur Anwohner)
- Erfahrungen mit Biogas, Landwirtschaft, Erneuerbarer Energien
- Art und Alter der Heizungsanlage

Für die *Situations- und Problemebene* werden bei den Anwohnern und den Landwirten folgende Variablen untersucht:

- Interesse und Bezug zu Biogasanlagen
- Einschätzen der persönlichen Beeinflussbarkeit

Im Rahmen der Variablen, die der *Akteursebene* zugeordnet werden können, werden die

- allgemeine Vertrauensseligkeit und das
- Vertrauen zu den beteiligten Akteuren (Landwirte, Politiker, Berater etc.) geprüft.

Die *Legitimationsebene* enthält die Variablen:

- Bewertung des Klimawandels und Erneuerbarer Energien
- Angst vor steigenden Energiepreisen

Für die Verhaltens-, Norm- und Werteebene wurden die folgenden Variablen beleuchtet:

- Protestverhalten, Risikoverhalten, Umwelt- und Naturverhalten
- Moralische Bedenken bei der Nutzung von Nahrungsmitteln für energetische Zwecke

Hinsichtlich der *Bezugsgruppenebene* stehen die Determinanten soziale und räumliche Nähe im Fokus der Betrachtung:

- Wohlfühlen im Wohnort
- Kontakt zu Berufskollegen (nur Landwirte)
- Mitgliedschaft in Vereinen und Art der Vereine
- Lebensstil und politische Präferenz (nur Anwohner)
- Entfernung zur nächsten Wohnbebauung (nur Landwirte)
- Entfernung zu den nächsten Ackerflächen (nur Anwohner)
- erwünschte Entfernung zu einer (möglichen) Biogasanlage

Die *Wahrnehmungs- und Einstellungsebene* umfasst die Variablen:

- Wahrnehmung von Konflikten in der Umgebung
- Wahrnehmung von Biogasanlagen durch Medien

Zur Wahrnehmungs- und Einstellungsebene zählen nach dem Drei-Komponenten-Modell die *kognitive, affektive* und *konative Komponente*. Während die kognitiven Elemente zu den Ressourcen und Restriktionen zugeordnet werden, wie z. B. das Wissen über

- Landwirtschaft und Erneuerbarer Energien (nur Anwohner) sowie
- Biogas und Biogasnutzung,

fallen die affektiven und konativen Elemente bereits in den bewertenden und erwartenden Bereich des RREEMM-Modells (**Erwartungen und Evaluieren**):

- affektive Beurteilung von:
  - Landwirtschaft (nur Anwohner)
  - Erneuerbaren Energien
  - Biogasanlagen in direkter Umgebung (akzeptanzbestimmende Faktoren)
  - Biogaserzeugung im Allgemeinen

- konative Beurteilung, bei der nach LUCKE und HOFINGER die Akzeptanz und damit verbundene Handlungen gewählt werden müssen.[280]

Da nach SPILLER UND GERLACHS Studie zur Akzeptanz von Tierhaltungsanlagen Anzeichen dafür bestehen, dass sich Veredelungsgebiete von Ackerbauregionen hinsichtlich vieler der genannten Variablen unterscheiden[281] (Gewohnheit, Meinungsklima in der Region, Einstellungen zur Landwirtschaft, direkte Erfahrungsumwelt etc.), soll auch die vorliegende Untersuchung in diesen beiden Regionstypen durchgeführt werden. Dadurch soll sichergestellt werden, dass möglichst viele unterschiedliche akzeptanzrelevante Faktoren ermittelt werden können. Insbesondere weil das Potenzial von Biogasanlagen in Veredelungsregionen schon bald erschöpft sein wird (in NRW wird nach HOLM-MÜLLER UND BREUER prognostiziert, dass bis 2010 Biogasanlagen in Veredelungsregionen bereits flächendeckend eingesetzt sein werden[282]), wird so deutlich, inwieweit auch in Ackerbauregionen Akzeptanz für Biogasanlagen besteht.

In jeder Region sollen darüber hinaus zwei Ortschaften ausgewählt werden, jeweils eine Ortschaft in unmittelbarer Nähe zu einer Biogasanlage und eine Ortschaft mit größerer Entfernung zur nächsten Biogasanlage. Diese Vorgehensweise soll dazu dienen, herauszufinden, ob eventuelle Akzeptanzunterschiede beider Regionen tatsächlich auf das Meinungsklima der Region zurückzuführen sind oder auf unmittelbaren Erfahrungen mit Biogasanlagen basieren.

---

[280] Um ein besseres Verständnis und eine optimale Übersichtlichkeit zu erzielen, wird im Ergebnisteil (Kapitel 4) eine andere Reihenfolge der Variablen als die soeben beschriebene stattfinden: Zunächst wird die konative Komponente – das Ausmaß und die Art der Akzeptanz – beschrieben. Dann folgen die akzeptanzbestimmenden (affektive und kognitive Komponente) und schließlich die akzeptanzrelevanten Faktoren.

[281] Vgl. Spiller, A.; Gerlach, S.: Stallbaukonflikte in Nicht-Verdelungsregionen: Empirische Analyse und Folgerungen für effiziente Governancestrukturen, a. O., S. 25 ff.

[282] Vgl. Holm-Müller, K.; Breuer, T.: Abschätzung der Wertschöpfungspotenziale im ländlichen Raum durch Biokraftstoffe am Beispiel Nordrhein-Westfalens. In: Agrarwirtschaft – Zeitschrift für Betriebswirtschaft, Marktforschung und Agrarpolitik, Heft 5/6 2007, S. 274.

Zusammenfassend folgt eine Übersicht, die die verschiedenen Dimensionen der Akzeptanz eingebettet in das Grundmodell der soziologischen Erklärung zeigt:

Abbildung 16: Ermittlung von Akzeptanz in der empirischen Untersuchung

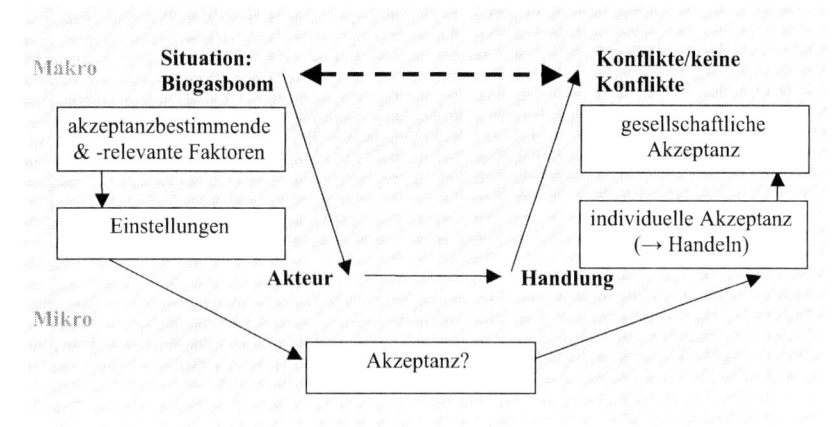

```
Makro    Situation:              ◄--------►    Konflikte/keine
         Biogasboom                             Konflikte

         akzeptanzbestimmende                   gesellschaftliche
         & -relevante Faktoren                  Akzeptanz
              │                                      ▲
              ▼                                      │
         Einstellungen                          individuelle Akzeptanz
                                                (→ Handeln)
                    Akteur  ──────►  Handlung
Mikro
                         Akzeptanz?
```

Quelle: Eigene Darstellung.

Ausgangspunkt ist die soziale Situation: Erneuerbare Energien expandieren vor dem Hintergrund des Klimawandels. Mit dieser Expansion wandelt sich zudem das Bewusstsein der Gesellschaft im Hinblick auf Erneuerbare Energien. Insbesondere in einigen ländlichen Räumen wird unter diesem Gesichtspunkt die Energieerzeugung aus Biogas aufgrund des Anlagen-„Booms" sehr kontrovers diskutiert. Der rasante Anstieg von Biogasanlagen führt dazu, dass sich betroffene Akteure (Anwohner von Anlagen, Anwohner von geplanten Anlagen und Landwirte) mit der Thematik auseinandersetzen, ob sie die Biogasanlagen akzeptieren und inwieweit ihre Akzeptanz mit konkreten Handlungen einhergeht. Zurück zur Makro-Ebene führt dies in einigen Regionen zu lokalen Konflikten (z. B. Gründung von Bürgerinitiativen), in anderen Regionen hingegen entstehen keine Konflikte, sondern darüber hinaus werden positiv unterstützende Handlungen, wie z. B. die Entstehung von Bioenergiedörfern (z. B. Jühnde),[283] beobachtet.

Die zwei übergeordneten Ziele dieser Untersuchung lauten dementsprechend:

---

[283] Vgl. Eigner-Thiel, S. et al.: Kommunales Engagement für die energetische Nutzung von Biomasse: Auswirkungen auf Umweltverhalten, soziale Unterstützung, Selbstwirksamkeitserwartung und seelische Gesundheit. In: Umweltpsychologie, 8. Jg., Heft 3, 2004, S. 145-157.

- **Bestimmung der Akzeptanz von Biogasanlagen (individuell & gesellschaftlich)**
- **Bestimmung akzeptanzbestimmender und -relevanter Faktoren**

Die Bearbeitung dieser beiden Forschungsschwerpunkte soll klären, wie sich aus soziologischer Perspektive die Entwicklungsmöglichkeiten für Biogasanlagen in ländlichen Regionen in der Zukunft gestalten. Die übergeordneten Fragen stellen sich wie folgt:

- Inwieweit und unter welchen Umständen gehen von Biogasanlagen Konflikte aus, die dazu führen, dass Potenziale hinsichtlich einer nachhaltigen Energieversorgung nicht ausgeschöpft werden können?
- In welche Richtung werden sich bestehende Ängste und Befürchtungen im Hinblick auf Biogasanlagen entwickeln?

3.4.2 Methoden der empirischen Untersuchung

Im folgenden Kapitel wird die Durchführung der Erhebung näher erläutert. Als Untersuchungsregionen wurden der Landkreis Düren als typische Ackerbauregion und der Landkreis Emsland als Veredelungs- und Biogasregion bestimmt.[284] Bei der Auswahl der Untersuchungseinheiten wurde nach einem bewussten Auswahlverfahren vorgegangen, eine Vollerhebung war aufgrund begrenzter sachlicher und zeitlicher Ressourcen unmöglich.[285]

Die **Landwirte** wurden mittels schriftlicher Erhebung in den jeweiligen Kreisen mithilfe einer einfachen Wahrscheinlichkeitsauswahl in Zusammenarbeit mit den Landwirtschaftskammern Niedersachsen (Bezirksstelle Emsland in Meppen) und Nordrhein-Westfalen (Außenstelle Düren) (reine Zufallsauswahl aus einer Adresskartei) befragt.[286] Es fand eine schriftliche, anonyme Vorgehensweise statt, da in dem Fragebogen der Landwirte Fragen über Einkommen und Betriebsausstattung gestellt sowie Einstellungen in Form von Likert-Skalen abgefragt wurden. In jedem Landkreis wurden 260 Fragebögen postalisch versendet (520 Fragebögen). Im Emsland wurde eine Zufallsstichprobe aus den Antragsstellern der Agrarförderung gezogen. Im Kreis Düren sollten die bewaldeten Gebiete der Nordeifel aufgrund geringer landwirtschaftlicher Nutzung vernachlässigt werden. Daher

---

[284] Vgl. Schmitt, M.; Beckmann, G.: Flächeninanspruchnahme privilegiert zulässiger Vorhaben im Außenbereich. Bonn 2006, S. 33.
[285] Vgl. Kromrey, H.: Empirische Sozialforschung. Stuttgart 2006, S. 265.
[286] Ebenda, S. 299 f.

wurde eine Vollerhebung in der Ackerbau-Region des Kreises (Jülicher Börde) durchgeführt, um genügend Landwirte anschreiben zu können.

Die Befragung fand im Oktober/November 2008 statt. Es wurde bewusst eine arbeitsarme Zeit für die Landwirte ausgewählt, um die Rücklaufquote zu erhöhen. Die Anschreiben wurden in Zusammenarbeit mit den Landwirtschaftskammern erstellt und enthielten zudem deren Briefköpfe. Sowohl die Anschreiben der Landwirte als auch die der Anwohner wurden von Hand unterschrieben. Die Briefe wurden mit Briefmarken frankiert. Jedem Anschreiben und Fragebogen lag ein rückfrankierter, adressierter Rückumschlag bei.

Die **Anwohner** wurden im Rahmen einer anonymen, schriftlichen und standardisierten Erhebung befragt. Da zum einen sensible Fragen (wie Einkommen und Ausbildung) eine Rolle spielen, und zum anderen viele Einstellungen abgefragt wurden, die keine explorativen Herangehensweisen bedurften, wurde die schriftliche Vorgehensweise gewählt. Es wurden v. a. Likert-Skalen und semantische Differentiale verwendet.[287]

Die ausgewählten Ortschaften sind ländlich geprägt, d. h., dass in fußläufiger Entfernung landwirtschaftliche Betriebe und Ackerflächen vorgefunden werden können. Die Ortschaften haben zwischen 600 und 1300 Einwohner, um die Nähe zu landwirtschaftlichen Flächen und Betrieben gewährleisten zu können. Gerade in kleinen dörflichen Strukturen bestehen besonders ausgeprägte soziale Gefüge, die für diese Erhebung von hohem Interesse sind. Aktive landwirtschaftliche Betriebe sind in jeder Ortschaft vorzufinden. Ferner wurde bei der Auswahl der Ortschaften darauf geachtet, dass eine typische Mischung von Wohnformen zugrunde liegt, wie alter Ortskern, ältere (ca. 30-40 Jahre) und jüngere (< 10 Jahre) Neubaugebiete sowie Mehrfamilienhäuser. Die Ortschaften mit Biogasanlage im Ort wurden in Zusammenarbeit mit den Landwirtschaftskammern ermittelt, es bestanden keine Alternativen zu diesen Ortschaften. Die Ortschaften ohne Biogasanlagen wurden nach einer Besichtigung zur Überprüfung oben genannter Kriterien ausgewählt.

Im Kreis Emsland wurden die Ortschaften Lingen-Holthausen (Biogasanlage im Ort) und Haren-Tinnen ausgewählt, im Kreis Düren die Ortschaften Titz-Ameln (Biogasanlage am Ortsrand) und Jülich-Bourheim.

Insgesamt wurden im Oktober/November 2008 an 630 Haushalte Fragebögen verteilt. Jeder Haushalt in jeder Ortschaft erhielt einen Fragebogen. Die Person, die den Haushalt

---

[287] Vgl. Stachowiak, H.: Bedürfnisse, Werte und Normen im Wandel. Band II, Methoden und Analysen. Paderborn 1982, S. 87 f.

nach außen vertritt, sollte sich verpflichtet fühlen, den Fragebogen auszufüllen, um die Akzeptanz in der relevanten Zielgruppe zu erfassen (Entscheidungspersonen, die den Fragebogen ausfüllen, werden den Haushalt auch bei biogasbezogenen Themen vertreten, z. B. Engagement in einer Bürgerinitiative gegen eine Biogasanlage oder Verhandlungen über die Wärmeabnahme mit dem Biogasanlagenbetreiber). Dieses Vorgehen birgt Probleme, da keine repräsentativen Aussagen vorgenommen werden können. Auf der anderen Seite erfüllt es die Anforderungen der Einstellungsforschung: Bei der Bevölkerung ländlicher Wohngebiete ist davon auszugehen, dass die Einwohner sich eine Meinung über Biogas und Landwirtschaft gebildet haben und diese nicht unreflektiert im Rahmen einer Befragung generieren. Des Weiteren verfügen nur die Bewohner ländlicher Wohngebiete über ein relevantes Problembewusstsein im Hinblick auf Landwirtschaft und Biogasanlagen, da bspw. Stadtbewohner nicht mit der Akzeptanzfrage für landwirtschaftliche Biogasanlagen konfrontiert werden, da die nächsten landwirtschaftlichen Betriebe zu weit entfernt sind.

Sowohl in den Fragebögen der Anwohner als auch in denen der Landwirte wurde die Messung der Akzeptanz sorgfältig durchgeführt: Um die Validität dieser zentralen Aspekte zu gewährleisten, wurden weitere indirekte Fragen (Kontrollfragen) verwandter Themengebiete zur Überprüfung in den Fragebogen eingebaut.[288]
Bei der Erstellung der Fragebögen fanden wesentliche Kriterien der Fragebogenerstellung Berücksichtigung:[289] Zu Beginn wurden leicht verständliche und interessensfördernde Fragen gestellt, um Antworthemmungen zu verringern, Interesse zu wecken und die Teilnahmebereitschaft zu erhöhen. Die Länge des Fragebogens wurde zur Erhöhung der Rücklaufquote so gestaltet, dass maximal 25-45 Minuten von den Befragten aufgebracht werden mussten. Die Fragen wurden zu logischen Themenkomplexen zusammengefasst und führten vom Allgemeinen zum Speziellen. Zum Teil wurden Fragen trichterförmig formuliert, um Langeweile beim Ausfüllen zu verhindern. Aus dem gleichen Grund wurden die Fragen abwechslungsreich formuliert und mit verschiedenen Antwortmöglichkeiten versehen, um die Motivation bei der Beantwortung zu erhöhen. Durch Kommentare wurde die Beantwortung des Fragebogens erleichtert. Wenn eben möglich, wurde auf offene Fragen verzichtet, um die Beantwortung zu erleichtern. Schwierige Fragen verteilten sich gleichmäßig auf den Fragebogen, um die Adressaten nicht zu überfordern. Sensible und

---

[288] Vgl. Friedrichs, J.: Methoden empirischer Sozialforschung. Opladen 1980, S. 100.
[289] Vgl. hierzu: Porst, R.: Wie man die Rücklaufquote bei postalischen Befragungen erhöht. Zentrum für Umfragen, Methoden und Analysen – ZUMA how-to-Reihe, Nr. 09. Mannheim 2001, S. 3 ff.

sozioökonomische Daten waren am Ende des Fragebogens vorzufinden, um die Antwortbereitschaft zu erhöhen.[290]

Sowohl dem Fragebogen für die Anwohner als auch dem für die Landwirte, wurde ein Szenario zugrunde gelegt, um die Befragten zu validen, überlegten Antworten zu veranlassen: Jeder Frage, die die Akzeptanz von Biogasanlagen ergründet, wurde der Satz vorangestellt: *Stellen Sie sich vor, in Ihrer Umgebung wird (noch) eine Biogasanlage gebaut.*

Aufgrund des gewählten Erhebungsdesigns wird deutlich, dass die Ergebnisse dieser Studie keinen Anspruch auf Repräsentativität zulassen. Die Resultate sollen als Tendenzaussagen verstanden werden, aus denen sich gezielt Handlungsempfehlungen für den ländlichen Raum ableiten lassen. Alle quantitativen Angaben sind vor diesem Hintergrund zu betrachten und unter Berücksichtigung des Stichprobenumfanges zu sehen.

3.4.3 Beschreibung der Untersuchungsregionen

Der *Kreis Emsland* hat eine Nord-Süd-Ausdehnung von 95 km, von Westen nach Osten beträgt die Entfernung 56 km. Die Fläche beträgt 2880 km^2. Im Kreis Emsland wohnen 313.000 Menschen.[291]

Lange Zeit galt das Emsland als strukturschwache Region, in den letzten Jahrzehnten ist eine positive Entwicklung zu beobachten, insbesondere durch die Ansiedlung von innovativen und umstrittenen Branchen (z. B. Kernkraft, Chemieindustrie), die in der Vergangenheit ohne große Proteste in der Bevölkerung verwirklicht werden konnten. 2009 war der Bau eines Kohlekraftwerkes geplant, das auf großen Protest seitens der anwohnenden Bevölkerung stieß.[292]

2007 waren laut Agrarstrukturerhebung 3956 Betriebe vorzufinden, die eine Ackerfläche von knapp 165.000 ha bewirtschafteten.[293] Die Viehhaltung stellt die Haupteinkommensquelle der heimischen Landwirtschaft dar. In den vergangenen zehn Jahren wuchsen v. a. die Bereiche Geflügel- und Schweinemast. Die Anzahl der Mastschweine stieg in diesem Zeitraum in der Region Emsland/Bentheim um 100 % von 425.000 auf 850.000 an. Bei den Masthähnchen stieg die Anzahl um 260 % auf 25.900.000 im Jahr 2007 an. Die

---

[290] Vgl. Bortz, J.; Döring, N.: Forschungsmethoden und Evaluation für Human- und Sozialwissenschaftler. Berlin 2002, S. 255 und Diekmann, A.: Empirische Sozialforschung. Reinbek 2004, S. 446.
[291] Vgl. Landkreis Emsland 2008: Kreisbeschreibung, siehe: www.emsland.de/42.html, zuletzt am 6. Januar 2009.
[292] Vgl. Portrait der Bürgerinitiative gegen ein geplantes Steinkohlekraftwerk: www.saubere-energie-doerpen.de, zuletzt am 23.3.2009.
[293] Niedersächsisches Landesamt für Statistik: Agrarstrukturerhebung 2007.

Milchviehhaltung ging um 21 % zurück auf 60.000 Kühe, ebenso ist die Rindermast rückläufig. Die Region ist durch leicht sandige und moorige Böden geprägt. Grünland ist aufgrund zahlreicher Melorationsmaßnahmen kaum vorzufinden. 2007 wurden auf knapp 30 % der Flächen Getreide angebaut. Auf 17 % der Ackerflächen wurden Kartoffeln angebaut, die zum Großteil als Industriekartoffeln in der Stärkeverarbeitung Verwendung finden. Mais wurde auf knapp 40 % der Flächen angebaut. Es wird damit gerechnet, dass im Laufe des Jahres 2010 etwa 10 % der Flächen für die Energiepflanzenproduktion der Biogasanlagen benötigt wird. Der Anteil des Maisanbaus wird somit auf etwa 50-70 % in der Fruchtfolge zunehmen.[294]

Zum Zeitpunkt der Erhebung waren 51 Biogasanlagen in Betrieb, die sich gleichmäßig auf das Kreisgebiet verteilten. Anfang 2010 waren im Emsland 94 Biogasanlagen mit einer Gesamtleistung von etwa 40 MW_{el} in Betrieb.[295] Pachtpreise betrugen zwischen 500-700 €/ha/Jahr, Höchstwerte liegen bei 800-1000 €/ha. Kaufpreise lagen 2004 im Emsland um die 21.000 €/ha. Die Kaufpreise sind in den vergangenen anderthalb Jahren um 30 % gestiegen.[296, 297]

Aufgrund der relativ niedrigen Flächenausstattung der meisten Betriebe und des hohen Einsatzes von Fremdkapital für die Tierhaltungsanlagen sind viele Landwirte mit risikoreichen Investitionen vertraut.

Da viele Betriebe auf kultivierten Moorböden Mitte der 1950er Jahre als Siedlungen entstanden, sind zwei Strukturen vorzufinden. Auf der einen Seite alte, gewachsenen Betriebe in Dörfern und Einzellagen, auf der anderen Seite Aussiedlerhöfe in Einzellage aus dem vergangenen Jahrhundert.

---

[294] Vgl. Stückemann, K.: Ungesunder Biogas-Boom, a. a. O., S. 33 ff.
[295] Ebenda.
[296] Vgl. Landwirtschaftskammer Niedersachsen: Veräußerungsfälle von Ackerland und Grünland in den Landkreisen 2004. Oldenburg 2005, S. 1.
[297] Vgl. Stückemann, K.: Ungesunder Biogas-Boom, a. a. O., S. 33 ff.

Der *Kreis Düren* hat über 272.000 Einwohner. Vorherrschend sind die traditionell etablierte Papierindustrie und der Abbau von Braunkohle. Im Süden des Kreises in den Gebieten der Nordeifel ist zunehmend der Tourismus von Bedeutung. Der Abbau der Braunkohle prägt einige Gemeinden und hat auch Umsiedlungen von Ortschaften zur Folge.[298] Der Kreis Düren hat eine Fläche von 940 km². Während im Süden des Kreises sich die Voreifel mit bewaldeten Flächen befindet, ist im Norden und Osten der Ackerbau auf einer Fläche von ca. 47.000 ha von Bedeutung: Insbesondere der Anbau von Zuckerrüben für die nahegelegenen Zuckerfabriken spielt neben dem Getreideanbau eine entscheidende Rolle. Abgesehen von einigen Futterbaubetrieben hat insbesondere die Veredelung keine nennenswerte Bedeutung für die Landwirtschaft.[299] Zurzeit der Erhebung waren sechs Biogasanlagen im Kreis Düren in Betrieb.[300] Pachtpreise betragen um 420 €/ha/Jahr.[301] Die fruchtbaren Böden der Köln-Aachener Bucht verfügen über hohe Bodenpunktzahlen, es lassen sich überdurchschnittlich hohe Erträge erwirtschaften.

Die meisten Höfe befinden sich in zentraler Dorflage. Typisch sind eine Ausfahrt zur Straße und der ansonsten in sich geschlossene Hof.

3.4.4 Pretest

Im Juli 2008 wurden die entwickelten Fragebögen im Hinblick auf etwaige Probleme bei der Beantwortung überprüft:

Die *Fragebögen der Landwirte* wurden mit den zuständigen Landwirtschaftskammern diskutiert und überprüft. Dieses Vorgehen erwies sich als erfolgreich, da die zuständigen Mitarbeiter sehr genau die Landwirte ihrer Kreise einzuschätzen wussten. Es wurden einige Fragen herausgenommen, andere gekürzt und v. a. Veränderungen bei den Größenordnungen von Skalen (wie z. B. Einkommensskalen) vorgenommen.

Die *Fragebögen der Anwohner* wurden an 15 Dorfbewohner ausgehändigt. Anschließend wurde ein kurzes Interview durchgeführt, um Problemstellen zu identifizieren. Es stellte sich heraus, dass v. a. ältere Bewohner sehr ungeübt im Ausfüllen von Fragebögen waren.

---

[298] Vgl. Landkreis Düren: Portrait des Landkreises auf der Homepage, siehe: www.kreis-dueren.de/neu/, zuletzt am 6. Januar 2009.
[299] Vgl. Landwirtschaftskammer Nordrhein-Westfalen: Zahlen zur Landwirtschaft in Nordrhein-Westfalen 2008. Bonn 2008, S. 45.
[300] Vgl. Dahlhoff, A.: Biogasbetreiberdatenbank NRW der Landwirtschaftskammer Nordrhein-Westfalen, Stand 2007.
[301] Vgl. Rehse, H.-P.: Pachtpreise leicht angezogen. In: Landwirtschaftliches Wochenblatt Westfalen-Lippe, Heft 08/2009, S. 18 f.

Zunächst waren einige sechs-skalierte Antwortmöglichkeiten vorgegeben, was zu Verwirrung und laut der Befragten zum Abbruch der Beantwortung führen könnte. Aus diesem Grund wurden Kommentare zum Inhalt und zur Beantwortung eines Fragebogens eingefügt, die die Befragten besser durch den Fragebogen führen sollten.

Die meisten sechs-skalierten Antwortmöglichkeiten wurden in beiden Fragebögen (Landwirte und Anwohner) in vier-skalierte Antwortmöglichkeiten reduziert und jede Antwortmöglichkeit deutlich gekennzeichnet (z. B.: trifft voll zu, trifft zu, trifft nicht zu, trifft überhaupt nicht zu). Es stellte sich heraus, dass bei Fragen, die einige Zeit zum Nachdenken erforderten, häufig – scheinbar aus Bequemlichkeit – die Kategorien „weiß nicht" oder „unentschieden" angekreuzt wurden. Bei einigen Fragen, die einer solchen Kategorie nicht zwangsläufig bedurften, wurden daher diese Antwortmöglichkeiten entfernt.

3.4.5 Aufbereitung und Auswertung der Daten

Nach Beendigung der Erhebung im Dezember 2008 wurden die Daten mithilfe des statistischen Softwareprogrammes SPSS (Statistical Package for the Social Sciences) in der Version 16.0 deskriptiv und analytisch ausgewertet. Die einzelnen Methoden und verwendeten Prüfkriterien werden im Folgenden kurz dargestellt. Im Anschluss folgt ein Exkurs über Gütekriterien empirischer Untersuchungen.

Uni- und bivariate Analysemethoden

Mit den univariaten (auch deskriptiven) Statistiken werden Merkmale der Stichprobe beschrieben, die ihrer Charakterisierung dienen. Neben prozentualen Verteilungen bestimmter Merkmale, werden Durchschnittswerte berechnet, wie z. B. Modus, Median und arithmetisches Mittel. Ferner sind Aussagen über die Verteilung möglich, die über das Ausmaß der Unterschiedlichkeit der Daten Auskunft geben. Insbesondere werden hierfür die Spannweite, Standardabweichung und die Varianz ermittelt.[302]

Bivariate Analysen sind notwendig, um Zusammenhänge zwischen Variablen zu betrachten (hier: Zusammenhang zwischen der Höhe der Akzeptanz und den jeweiligen akzeptanzbestimmenden und -relevanten Faktoren). Mit Hilfe des nicht-parametrischen *Chi-Quadrat-Tests* (Daten auf Nominalniveau) kann überprüft werden, ob Abweichungen zwischen den erwarteten und den beobachteten Werten signifikant sind. Die Nullhypothese

---

[302] Vgl. Seipel, C.; Rieker, P.: Integrative Sozialforschung. Konzepte und Methoden der qualitativen und quantitativen empirischen Forschung. München 2003, S. 179 f.

lautet dementsprechend: Die Variablen sind voneinander unabhängig. Im Rahmen von Kreuztabellen eignet sich dieses Vorgehen insbesondere für nominal-skalierte Daten. Voraussetzungen für die Anwendung von Chi-Quadrat-Tests sind:

- Die jeweiligen Beobachtungen müssen voneinander unabhängig sein,
- jede Beobachtung muss einer entsprechenden Kombination von Merkmalsausprägungen zugewiesen werden können und der
- Anteil der Zellen, die eine erwartete Häufigkeit von weniger als fünf aufweisen, darf nicht unter 20 % liegen.

Der Chi-Quadrat-Test lässt keine Rückschlüsse auf Richtung oder Stärke des untersuchten Zusammenhangs zu. Hierzu kann darüber hinaus Cramers-V verwendet werden. Diese Kennzahl sagt nichts über die Richtung des Zusammenhangs aus, zeigt aber dessen Stärke, wobei „0" keinen Zusammenhang und „1" einen perfekten Zusammenhang darstellt.[303]

Durch Signifikanztests kann geprüft werden, ob diese Verhältnisse von Stichprobendaten auf Zufälle zurückzuführen sind oder auf Abhängigkeiten beruhen. Die Signifikanzwerte liegen hierbei zwischen Null und Eins, wobei Signifikanzwerte > 0,1 als nicht signifikant gelten, schwach signifikant bei einem Wert > 0,05, signifikant bei einem Signifikanzwert von > 0,01 und hoch signifikant bei einem Wert von > 0,001.

Weitere nicht-parametrische Testverfahren sind der *Mann-Whitney-U-Test* und der *Kruskal-Wallis-H-Test*. Der Mann-Whitney-U-Test analysiert den Zusammenhang zwischen zwei unabhängigen Stichproben (hier: Emsland und Düren). Der Kruskal-Wallis-H-Test stellt eine Erweiterung des Mann-Whitney-U-Tests dar, da mit diesem Test mehrere Stichproben berücksichtigt werden können (hier: z. B. der Vergleich aller vier Ortschaften hinsichtlich einer Ausprägung). Beide Verfahren können eingesetzt werden, wenn die Daten mindestens auf ordinalem Skalenniveau vorliegen. Normalverteilung wird bei diesen Testverfahren nicht vorausgesetzt, da die Tests die Ränge der betroffenen Variablen untersuchen. So lautet die Null-Hypothese beim Mann-Whitney-U-Test: Der durchschnittliche Rang der zu testenden Variablen beider Stichproben unterscheidet sich nicht. Analog dazu die Null-Hypothese des Kruskal-Wallis-H-Tests: Die Stichproben stammen aus Populationen mit gleicher zentraler Tendenz.[304]

Mit dem ebenfalls nicht-parametrischen *Kolmogorov-Smirnov-Test* kann überprüft werden, ob eine bestimmte Variable normalverteilt vorliegt oder nicht (Voraussetzung: min-

---

[303] Vgl. Backhaus, K. et al.: Multivariate Analysemethoden - Eine anwendungsorientierte Einführung. Berlin 1996, S. 186.
[304] Vgl. Sachs, L.: Angewandte Statistik. Berlin 1998, S. 380 ff.

destens ordinalskalierte Daten). Dieses Testverfahren beruht auf der höchsten Differenz zwischen den Werten der theoretischen und empirischen Verteilung.[305]
Für Variablen, die höher skaliert und normalverteilt sind, stehen leistungsfähigere, parametrische Testverfahren zur Verfügung: Der *t-Test* untersucht, inwieweit sich zwei Mittelwerte (metrisch) in zwei unabhängigen Stichproben signifikant voneinander unterscheiden. Er beruht auf dem Vergleich des errechneten Prüfwertes und der vom Stichprobenumfang abhängigen Größen der t-Verteilung, die für jeden t-Wert die Wahrscheinlichkeit des Auftretens angeben. Folglich lassen sich Aussagen darüber machen, mit welcher Irrtumswahrscheinlichkeit die Hypothese, dass bei den zwei Gruppen dieselbe Verteilung vorliegt, abgewiesen werden kann.[306]
Sind mehr als zwei Mittelwerte, also mehr als zwei Gruppen vorhanden, wird eine *einfaktorielle Varianzanalyse* gewählt. Dieser Test basiert auf der Analyse der Streuung der Vergleichsgruppen. Sobald die Varianz zwischen den Gruppen größer ist als innerhalb der einzelnen Gruppen, ist die Wahrscheinlichkeit hoch, dass diese Unterschiede nicht zufällig sind.[307]
Weitere bivariate Methoden zur Untersuchung der Beziehung je zweier Variablen stellen die verschiedenen Methoden zur Berechnung der *Korrelation* dar. Ordinal skalierte Daten werden mithilfe des Rangkorrelationseffizienten nach *Spearman* analysiert, intervallskalierte Größen, die annähernd normalverteilt sind, mit dem *Pearson'schen Koeffizienten „r"* (auch Produkt-Moment-Korrelation). Die Pearson Korrelation ist das übliche Maß, um den linearen Zusammenhang zweier Variablen zu beschreiben. Der Wertebereich liegt zwischen -1 und 1. Die Richtung des Zusammenhangs wird durch das Vorzeichen bestimmt, die Stärke durch den absoluten Wert. Bei 0 besteht kein bzw. ein nichtlinearer Zusammenhang, bei + und -1 herrscht ein perfekter Zusammenhang. Die genaue Zuordnung, ab welcher Größe von starken oder schwachen Zusammenhängen gesprochen werden kann, hängt u. a. vom entsprechenden Fachgebiet ab. In den Sozialwissenschaften gelten Zusammenhänge, die kleiner als 0,2 ausfallen als schwach, solche, die größer als 0,3 sind hingegen als stark. Ferner ist es von Bedeutung, die Signifikanz der Korrelation zu ermitteln, um zu gewährleisten, dass die ermittelten Zusammenhänge auch in der Grundgesamtheit vorliegen ($p < 0,01$ bzw. $p < 0,05$).[308]

---

[305] Vgl. Brosius, G.; Brosius, F.: SPSS. Base System und Professional Statistics. Bonn 1995, S. 518.
[306] Ebenda, S. 401-404.
[307] Vgl. Seipel, C.; Rieker, P.: Integrative Sozialforschung. Konzepte und Methoden der qualitativen und quantitativen empirischen Forschung, a. a. O., S. 182 f.
[308] Ebenda, S. 183.

Multivariate Analysemethoden/lineare Regressionsanalyse

Um bei mehreren Variablen Verzerrungen und Einflüsse von Drittvariablen zu berücksichtigen, also um multikollineare Effekte auszuschließen, sind multivariate Analysen erforderlich. Im Unterschied zur Korrelation werden in diesen Analysen mehr als zwei Variablen betrachtet. Zusammenhänge zwischen unabhängigen (hier: akzeptanzbestimmende und akzeptanzrelevante Faktoren) und abhängigen Variablen (in der Regel metrisch skaliert, hier: Höhe der Akzeptanz) können mit der linearen Regressionsanalyse ermittelt werden. Es wird eine abhängige Variable angegeben, die durch unabhängige Variablen (Prädiktoren) berechnet werden soll. Weil unabhängige Variablen oft untereinander in Beziehung stehen, werden diese multikollinearen Effekte bei der Regressionsanalyse erkannt und führen meistens zu einer Reduzierung von Zusammenhängen, die durch Korrelationen gezeigt werden. Der Regressionskoeffizient sagt aus, um wie viele Einheiten sich der Wert der abhängigen Variablen ändert, wenn der Wert der unabhängigen Variablen um eine Einheit ansteigt. Die Stärke, mit welcher die unabhängige Variable die abhängige beeinflusst, wird durch den Effizienten angezeigt. Der standardisierte Regressionskoeffizient liegt ebenfalls zwischen 1 und -1 und ist ähnlich zu interpretieren wie der Korrelationskoeffizient. Als Kennwert zur Güte des gesamten Modells, also der Erklärungskraft der unabhängigen Variablen im Hinblick auf die abhängige Variable, ist die erklärte Varianz (R^2) zu nennen.[309] Wenn theoretisch begründete Zusammenhänge vorliegen, werden zunächst alle unabhängigen Variablen in die Schätzung aufgenommen. Daran anschließend werden die Variablen, die auf dem 5 % Niveau nicht signifikant sind, schrittweise rückwärts ausgeschlossen (Steinmetz-Methodologie).[310]

Voraussetzung für lineare Regressionen bestehen darin, dass keine vollständige Multikollinearität bei den unabhängigen Variablen vorhanden ist. Ein bestimmter Grad an linearer Abhängigkeit lässt sich allerdings insbesondere in den Sozialwissenschaften nicht vermeiden. Zur Prüfung werden für alle unabhängigen Variablen sogenannte VIF-Werte (Variance Inflation Factor, $= 1/(1 - R^2)$) berechnet.[311] Tests auf Autokorrelation (Test auf Korrelation zwischen den Residuen) werden in dieser Erhebung durchgeführt, obwohl die Verletzung dieser Annahme v. a. die Analyse von Zeitreihen betrifft. Bei Stichproben, die weniger als 250 Fälle beinhalten, sollten die Residuen normalverteilt vorliegen.[312]

---

[309] Vgl. Seipel, C.; Rieker, P.: Integrative Sozialforschung. Konzepte und Methoden der qualitativen und quantitativen empirischen Forschung, a. a. O., S. 184 f.
[310] Vgl. Auer, L. von: Ökonometrie. Berlin 1999, S. 214.
[311] Vgl. Kennedy, P.: A Guide to Econometrics. Oxford 1998, S. 190.
[312] Ebenda, S. 305 ff.

Von enormer Bedeutung ist bei allen genannten Testverfahren die Anwendung adäquater Analysemodelle. V. a. betrifft das Überlegungen, inwieweit ordinalskalierte Variablen als metrische Variable angesehen werden können. Grundsätzlich gilt: Je mehr Ausprägungen ordinale Variablen aufweisen, um so eher können diese als Annäherung an metrische Messungen aufgefasst werden.[313] Fehler können allerdings auch dann geschehen, .wenn das niedrigere Rangniveau vorgezogen wird. Sobald bestimmte relevante Informationen nicht erfasst und analysiert werden, besteht die Gefahr einer nicht realitätsnahen Beschreibung. In diesem Zusammenhang gilt es, genau die Analysemethode auszuwählen, die die verschiedenen Fehlermöglichkeiten minimiert.[314]

Messung der Gütekriterien

Da in empirischen Untersuchungen die tatsächlichen Messwerte Messfehler enthalten und nicht die genaue Ausprägung einer Variablen wiedergeben, sind Gütekriterien notwendig, um die Daten mit den Kriterien Objektivität, Reliabilität (Zuverlässigkeit) und Validität (Gültigkeit) zu überprüfen. Die Kriterien bauen aufeinander auf, ohne Objektivität keine Reliabilität, ohne Reliabilität keine Validität.

Die *Objektivität* dieser Untersuchung ist gewährleistet, da mit schriftlichen, standardisierten Fragebögen gearbeitet wurde. Die Ergebnisse sind dementsprechend unabhängig vom Testanwender und wären ebenso durch andere Testpersonen zu erreichen.[315]

Die *Reliabilität* stellt die Zuverlässigkeit einer Messung dar, das Ausmaß, in dem wiederholte Messungen die gleichen Werte liefern.[316] Diese Wiederholung kann zeitlich verschoben geschehen (Test-Retest-Methode), aber auch innerhalb eines Tests durch leicht abgewandelte Variablen, die gleiche Werte erwarten lassen (Paralleltest-Verfahren). In dieser Untersuchung wurde hierfür ein Paralleltest gewählt und durchgeführt. Die zentrale, abhängige Variable *Akzeptanz* wurde hierfür mit verschiedenen Methoden erhoben. Auf der einen Seite wurden Items zum positiven Engagement für Biogasanlagen abgefragt, daran anschließend entgegengesetzte negative Auswahlmöglichkeiten. Die Korrelationen zwischen beiden Variablen stellt dann eine Schätzung der Reliabilität dar. Unabhängige Variablen, die sich aus verschiedenen Items zusammensetzen, werden in dieser Untersuchung mithilfe des Koeffizienten Cronbachs Alpha auf Reliabilität geprüft. Dieser kann

---

[313] Vgl. Kühnel, S.; Krebs, D.: Statistik für die Sozialwissenschaften. Grundlagen, Methoden, Anwendungen. Hamburg 2001, S. 34 f.
[314] Vgl. Seipel, C.; Rieker, P.: Integrative Sozialforschung. Konzepte und Methoden der qualitativen und quantitativen empirischen Forschung, a. a. O., S. 181.
[315] Ebenda, S. 126 f.
[316] Vgl. Schnell, R.; Hill, P.; Esser, E.: Methoden der empirischen Sozialforschung. München 1995, S. 145.

Werte zwischen 0 und 1 annehmen, ab 0,6 kann er als akzeptabel betrachtet werden. Zur Berechnung wird das Messinstrument dafür in zwei Hälften geteilt, anschließend wird die Korrelation als Schätzung der Reliabilität ermittelt. Bevor die Reliabilitätsanalyse durchgeführt wird, müssen die Items so umgepolt werden, dass sie in die gleiche Richtung weisen.[317]

Die *Validität* misst über die Reliabilität hinaus „das Ausmaß, in dem das Messinstrument tatsächlich das misst, was es messen sollte."[318] Rein theoretisch wäre die Situation vorstellbar, dass eine Skala reliabel ist, weil alle Befragten – ohne genaues Lesen und Überlegen – immer die gleiche Antwort ankreuzen. Damit ist die Validität jedoch nicht gewährleistet. Wichtige Formen der Validität sind die Konstrukt- und die Kriteriumsvalidität. Die Kriteriumsvalidität ist gegeben, wenn ein Zusammenhang zwischen dem Messinstrument und dem sogenannten Außenkriterium besteht (z. B. die Zahlungsbereitschaft für ein Naturschutzgebiet verfügt über Kriteriumsvalidität, wenn diejenigen mit erhöhter Zahlungsbereitschaft auch häufiger Mitglied in Naturschutzorganisationen sind).[319] Die Konstruktvalidität überprüft zuvor aufgestellte, theoriebasierte Beziehungen zwischen den Konstrukten. Konstruktvalidität liegt dann vor, wenn unterschiedliche Indikatoren desselben Konstrukts austauschbar sind.[320]

---

[317] Vgl. Seipel, C.; Rieker, P.: Integrative Sozialforschung. Konzepte und Methoden der qualitativen und quantitativen empirischen Forschung, a. a. O., S. 127.
[318] Vgl. Schnell, R.; Hill, P.; Esser, E.: Methoden der empirischen Sozialforschung, a a. O., S. 148.
[319] Vgl. hierzu: Rammstedt, B.: Zur Bestimmung der Güte von Multi-Item-Skalen: eine Einführung. ZUMA How-to-Reihe Nr. 12. Zentrum für Umfragen, Methoden und Analysen. Mannheim 2004, S. 17 und vgl. z. B. Henseleit, M.: Möglichkeiten der Berücksichtigung der Nachfrage der Bevölkerung nach Biodiversität am Beispiel von Grünland in Nordrhein-Westfalen bei der Ausgestaltung eines ergebnisorientierten Honorierungskonzepts im Rahmen des Vertragsnaturschutzes. Bonn 2006.
[320] Vgl. Seipel, C.; Rieker, P.: Integrative Sozialforschung. Konzepte und Methoden der qualitativen und quantitativen empirischen Forschung, a. a. O., S. 127 f.

4 Empirische Ergebnisse der Untersuchung

Die Ergebnisse dieser Arbeit werden wie folgt dargestellt: Zunächst wird die Auswertung der Befragung der Landwirte veranschaulicht, dann folgen die Ergebnisse der Befragung der Anwohner. In beiden Teilen werden zuerst die Auswertungen der uni- und bivariaten Analysen beschrieben, danach jeweils die regressionsanalytischen Modelle.

4.1 Landwirte

Von 520 verschickten Fragebögen wurden 154 beantwortet und zurückgesendet, das entspricht einer Rücklaufquote von 29,6 %. In beiden Kreisen waren die Rücklaufquoten nahezu gleich hoch. Die hohe Rücklaufquote zeigt (vergleichbare Studien: 5-15 %)[321], dass die Biogaserzeugung die Landwirte – in beiden Kreisen in gleichem Maße – sehr beschäftigt. Außerdem wird deutlich, dass das Erhebungsdesign, insbesondere durch die Zusammenarbeit mit den Landwirtschaftskammern, als erfolgreich zu betrachten ist.

4.1.1 Beschreibung der Stichprobe

Die Befragten sind zu 5 % weiblich und zu 95 % männlich. In Düren antworteten mit 9,6 % wesentlich mehr Frauen als im Emsland mit 1,2 %. Während in den Altersgruppen unter 50 Jahren die emsländischen Landwirte stärker vertreten sind, finden sich in den Altersgruppen über 50 Jahren weit mehr Dürener. Grundsätzlich könnte vermutet werden, dass an der Befragung eher ältere Landwirte teilnehmen, da diesen (als Altenteiler) mehr Zeit zur Verfügung steht. Da im Emsland mehr jüngere Landwirte den Fragebogen beantworten, könnte dies ein Zeichen dafür sein, dass die zukünftige Entwicklung der Biogastechnologie in dieser Region als wichtige Determinante der eigenen betrieblichen Zukunft gesehen wird.

---

[321] Vgl. Porst, R.: Wie man die Rücklaufquote bei postalischen Befragungen erhöht. Zentrum für Umfragen, Methoden und Analysen – ZUMA how-to-Reihe, Nr. 09. Mannheim 2001, S. 1.

Die Schul- und Ausbildungsabschlüsse unterscheiden sich in den Kreisen nur unwesentlich. In der Kategorie „sonstiger Abschluss" sind in Düren mit 8,2 % mehr Landwirte vorzufinden als im Emsland, was durch ältere Ausbildungsformen (wie z. B. Besuch der landwirtschaftlichen Winterschule) – bedingt durch das höhere Durchschnittsalter in diesem Kreis – zu erklären sein könnte.

Tabelle 3 veranschaulicht die Relationen in den beiden Erhebungsräumen der Stichprobe im Hinblick auf die Verteilung von Geschlecht, Alter und Bildungsstand:

Tabelle 3: Soziodemografische Merkmale der befragten Landwirte

	Landkreis Emsland	Landkreis Düren	gesamt
befragte Landwirte	52,6 %	47,4 %	100 %
Geschlecht			
männlich	98,8 %	90,4 %	94,8 %
weiblich	1,2 %	9,6 %	5,2 %
Alter			
< 20 Jahre	1,2 %	0 %	0,7 %
20-30 Jahre	12,5 %	2,7 %	7,8 %
30-40 Jahre	21,2 %	19,2 %	20,3 %
40-50 Jahre	38,8 %	28,8 %	34,0 %
50-60 Jahre	21,2 %	34,2 %	27,5 %
> 60 Jahre	5,0 %	15,1 %	9,8 %
Schulabschluss			
Hauptschulabschluss	37,5 %	42,5 %	39,9 %
Realschulabschluss	42,5 %	35,6 %	39,2 %
Abitur	18,8 %	16,4 %	17,6 %
sonstiger Abschluss	1,2 %	5,5 %	3,3 %
Ausbildung			
Lehre/Ausbildung	24,1 %	27,4 %	25,7 %
Meister	51,9 %	42,5 %	47,4 %
(Fach-)Hochschulstudium	22,8 %	21,9 %	22,4 %
sonstiger Abschluss	1,3 %	8,2 %	4,6 %

Quelle: Eigene Erhebung, n=153 (n: Größe der Stichprobe).

Neben den soziodemografischen Merkmalen wurde die Struktur der landwirtschaftlichen Betriebe erhoben. Tabelle 4 gibt einen Überblick über die Zusammensetzung der befragten Betriebe in der Stichprobe:

Tabelle 4: Überblick über die Struktur der landwirtschaftlichen Betriebe

	Landkreis Emsland	Landkreis Düren	gesamt
Erwerbsform			
Haupterwerb	97,5 %	75,0 %	86,8 %
Nebenerwerb	2,5 %	25,0 %	13,2 %
Bewirtschaftungsweise			
konventionell	98,8 %	98,6 %	98,7 %
ökologisch	1,2 %	1,4 %	1,3 %
Gewinn			
< 10.000 €	7,5 %	9,6 %	8,5 %
10-30.000 €	6,2 %	20,5 %	13,1 %
30-60.000 €	21,2 %	23,3 %	22,2 %
60-100.000 €	40,0 %	26,0 %	33,3 %
> 100.000 €	12,5 %	6,8 %	9,8 %
keine Angabe	12,5 %	13,7 %	13,1 %
Betriebszweige der Betriebe*			
Ackerbau	96,2 %	97,2 %	96,7 %
Milchviehhaltung	29,1 %	16,9 %	23,3 %
Rindermast	50,6 %	7,0 %	30,0 %
Schweinehaltung	58,2 %	0 %	30,7 %
Geflügelmast	7,6 %	1,4 %	4,7 %
Legehennenhaltung	1,3 %	2,8 %	2,0 %

Quelle: Eigene Erhebung, n= 153; * n= 150.

Während aus dem Emsland kaum Nebenerwerbslandwirte geantwortet haben, beträgt dieser Anteil in der Stichprobe aus Düren 25 % (im Vergleich hierzu beträgt der Anteil der Nebenerwerbslandwirte im Kreis Düren laut Landwirtschaftskammer ca. 55 %,[322] im Emsland (Niedersachsen) liegt dieser bei etwa 40 %).[323] Zunächst erklärt sich der geringe Anteil an Nebenerwerbslandwirten dadurch, dass in die Stichprobe nur Betriebe mit mehr als 5 ha landwirtschaftlich bearbeiteter Fläche in die Stichprobe aufgenommen wurden. Dieses Vorgehen wurde gewählt, um die real betroffene Personengruppe herauszufiltern. Kleinst- und Hobbybetriebe wurden so bewusst von der Erhebung ausgeschlossen, da diese vermutlich weder selber eine Biogasanlage planen noch aufgrund anderer Einnahme-

---

[322] Eigene Berechnung nach: Landwirtschaftskammer Nordrhein-Westfalen: Zahlen zur Landwirtschaft in Nordrhein-Westfalen 2008. Bonn 2008, S. 28.
[323] Landwirtschaftskammer Niedersachsen: Pressemitteilungen 2009.

quellen von benachbarten Biogasanlagen wirtschaftlich in existenzieller Weise tangiert werden. Des Weiteren könnte aus der niedrigen Rücklaufquote der Nebenerwerbslandwirte abgeleitet werden, dass die Bereitschaft zum Ausfüllen eines Fragebogens aufgrund mangelnden Problembewusstseins oder eines geringen Zeitbudgets niedrig war.

Bei der Bewirtschaftungsform zeigten sich keine Unterschiede, in beiden Landkreisen wirtschaften knapp 99 % der Befragten konventionell. Es konnten keine signifikanten Unterschiede in der Höhe des Gewinns bei den verschiedenen Betriebszweigen nachgewiesen werden.[324] Die Gewinnaufstellung zeigt, dass in den unteren Gewinnklassen (bis 60.000 €) mehr Dürener Landwirte vertreten sind. Dementsprechend finden sich in den höheren Gewinnklassen eher die emsländischen Befragten. Dies könnte im höheren Anteil der Nebenerwerbslandwirte in der Dürener Stichprobe begründet sein, aber auch an den unterschiedlichen Strukturen in den Regionen. Dies wird deutlich, wenn die Betriebsformen in der Befragung betrachtet werden:

Während in der Dürener Stichprobe keine Landwirte mit dem Betriebszweig Schweinehaltung enthalten sind, und nur 16,9 % Milchviehhaltung sowie 7 % der Befragten Rindermast betreiben, zeigt sich, dass insbesondere die Schweinehaltung (58,2 %) und die Rindermast (50,6 %) bei den emsländischen Befragten eine bedeutende Position einnehmen. In der Stichprobe halten im Emsland fast doppelt so viele Landwirte Milchkühe (29,1 %) wie in Düren. Diese Kennzahlen zeigen die verschiedenen Facetten einer typischen Viehhaltungs- und einer typischen Ackerbauregion.

4.1.2 Akzeptanz von Biogasanlagen

Der im Theorieteil beschriebene Akzeptanzbegriff dient in diesem Kapitel als Maßstab, die Akzeptanz sowohl im Hinblick auf Einstellungen als auch auf Handlungsabsichten zu begreifen und die Ergebnisse der Erhebung darauf aufbauend auszuwerten. Die im Folgenden dargestellten Akzeptanzäußerungen entsprechen dem *RREEMM-Modell* nach der Logik der Aggregation (siehe Kapitel 3.1.1 und 3.4.1): Es wird zunächst die Akzeptanz auf gesellschaftlicher, aggregierter Ebene dargestellt. Die Bewertungen und Erwartungen der individuellen Handlungsmöglichkeiten werden ebenfalls erörtert (akzeptanzbestimmende Faktoren) bevor abschließend die akzeptanzrelevanten Faktoren erläutert werden.

---

[324] Die Befragten wurden nicht nur gebeten, die vorhandenen Betriebszweige auszuwählen, sondern darüber hinaus das zentrale Standbein ihres Betriebes anzugeben. Anhand dieser Angaben wurden die Betriebszweige hinsichtlich der Höhe des Gewinns geprüft (siehe auch Kapitel 4.1.3.3.1).

4.1.2.1 Erscheinungsformen von Akzeptanz nach HOFINGER – die konative Komponente

HOFINGERS Akzeptanzskala (siehe Kapitel 3.2.2.2) enthält sieben Formen von Akzeptanz-Äußerungen. Von aktiv gestaltetem Protest über Gleichgültigkeit reicht sie bis zum positiven Engagement für ein Akzeptanzobjekt. Diese Skala liegt der vorliegenden Untersuchung zugrunde. Im Sinne des Drei-Komponenten-Modells stellen die aufgeführten Einstellungen die konative Komponente dar.

Die Akzeptanz im Hinblick auf die Handlungsebene wurde durch zwei Verfahren ermittelt: Auf der einen Seite wurden die befragten Landwirte mit 18 möglichen Reaktionen auf den Bau einer Biogasanlage in ihrer Umgebung konfrontiert und darum gebeten, durch Ankreuzen auf einer Fünfer-Skala ihre Verhaltensabsicht zu bekunden. Anschließend wurden sie gebeten, durch Ankreuzen auf einem Zahlenstrahl von 0-100 ihren Akzeptanzgrad zum Ausdruck zu bringen.

Im Folgenden werden zunächst die 18 Items dargestellt, die eine nähere Beschreibung der Akzeptanz zulassen und über die Selbsteinschätzung auf dem Zahlenstrahl hinaus helfen sollen, eine detaillierte Einordnung in HOFINGERS Akzeptanzskala vorzunehmen. Die Items wurden im Fragebogen, anders als in der folgenden Abbildung, in einer Reihenfolge ohne inhaltlichen Zusammenhang gestellt, um Platzierungseffekte zu vermeiden. Die Aussagen konnten auf einer Fünfer-Skala beantwortet werden („ja" bis „nein"). Der Frage wurde folgende Einleitung vorausgestellt:

„Überlegen Sie bitte sorgfältig, was Sie von Biogasanlagen halten und wie Sie reagieren würden, wenn in Ihrer unmittelbaren Nähe (noch) eine Biogasanlage gebaut werden soll!"

Tabelle 5 zeigt die prozentualen Verteilungen der zusammengefassten Antworten der 18 Items. Die Reihenfolge richtet sich nach HOFINGERS Akzeptanzskala (siehe Kapitel 3.2.2.2 (positives Engagement über Gleichgültigkeit bis hin zur vollständigen Ablehnung)):

KAPITEL 4: EMPIRISCHE ERGEBNISSE DER UNTERSUCHUNG

Tabelle 5: Reaktionen im Hinblick auf den Bau einer Biogasanlage (in %)

	bejahende Antworten (Emsland/Düren)		verneinende Antworten (Emsland/Düren)		weiß nicht
Ich werde in Zukunft eine Biogasanlage bauen.*	9,2	(13,8/4,1)	78,4	(70,0/87,7)	12,4
Ich werde auch über den Bau einer Anlage nachdenken.*	25,5	(32,5/17,8)	69,3	(61,3/78,1)	5,2
Wenn der Anlagenbetreiber auf mich zukommen würde, wäre ich zu einer Zusammenarbeit in folgenden Bereichen bereit:					
- Energiepflanzenanbau*	54,2	(36,2/74,0)	40,6	(60,0/19,2)	5,2
- Finanzielle Beteiligung an der Anlage*	41,2	(25,0/58,9)	51,0	(68,7/31,5)	7,8
- Wärmenutzung auf meinem Betrieb oder in meinem Wohnhaus	57,5	(56,2/58,9)	36,0	(38,7/32,8)	6,5
In Gesprächen werde ich mich positiv über Biogasanlagen äußern.*	54,2	(28,8/82,2)	34,6	(57,5/9,6)	11,2
Ich werde mich bei Kollegen über die Anlage informieren.	76,5	(72,5/80,8)	18,9	(21,2/16,4)	4,6
Mir ist das völlig egal, ob eine Anlage gebaut wird oder nicht.*	13,7	(7,5/20,5)	75,8	(85,0/65,8)	10,5
Ich werde den Bau dulden, ohne dass ich etwas unternehmen werde.*	62,7	(52,5/74,0)	23,6	(31,3/15,1)	13,7
Ich werde meine Unzufriedenheit im Freundes- und Bekanntenkreis äußern.*	32,0	(47,5/15,1)	64,1	(47,6/82,2)	3,9
Ich werde meine Einwände gegen die Biogasanlage beim Landwirt vortragen.*	27,5	(41,2/12,3)	66,0	(52,5/80,8)	6,5
Ich werde meine Einwände gegen die Biogasanlage bei der Genehmigungsbehörde vortragen.*	19,0	(31,2/5,5)	76,4	(62,4/91,7)	4,6
Ich würde Leserbriefe gegen die Biogasanlage schreiben.	7,8	(10,0/5,5)	85,7	(82,4/89,1)	6,5
Ich würde Unterschriften gegen die Biogasanlage sammeln.*	6,5	(11,1/1,4)	87,0	(80,3/94,5)	6,5
Ich werde beim zuständigen Amt Beschwerde einreichen.*	14,4	(23,8/4,1)	77,8	(67,5/89,2)	7,8
Ich würde an einer Bürgerinitiative gegen die Biogasanlage teilnehmen.*	12,3	(19,8/4,1)	79,9	(74,1/86,3)	7,8
Ich würde einen Anwalt einschalten, um die Biogasanlage zu verhindern.*	8,4	(14,8/1,4)	83,8	(78,8/90,4)	7,8

| Ich würde eine Bürgerinitiative gegen die Anlage gründen. | 4,6 | (7,5/1,4) | 79,5 | (86,3/93,1) | 5,9 |

Quelle: Eigene Erhebung, n=153, * Chi^2-Test: p < 0,005, signifikante Unterschiede zwischen den Untersuchungsregionen.

Etwa 9 % der befragten Landwirte planen den Bau einer Biogasanlage, 12 % sind unentschlossen. Bemerkenswert sind die Unterschiede in den Landkreisen: Knapp 14 % der emsländischen Befragten planen, eine Biogasanlage zu bauen. 32,5 % der Landwirte im Emsland denken über den Bau einer Anlage nach. Die Dürener Befragten sind hier im Vergleich eher zurückhaltend, dennoch haben gut 4 % konkrete Bauabsichten.

Obwohl die Akzeptanz von Biogasanlagen unter Landwirten im Emsland deutlich niedriger ist als in Düren, werden hier demnach vermehrt Anlagen entstehen. Im Emsland sind die extremen Akzeptanzformen stärker ausgeprägt: Den knapp 14 % zukünftigen Anlagenbauern stehen 15 % der Befragten in dieser Region entgegen, die einen Anwalt einschalten würden, wenn in der Nähe eine Anlage geplant würde. Knapp 24 % der emsländischen Landwirte würden eine Beschwerde verfassen, fast die Hälfte aller Landwirte (47,5 %) bekunden, ihre ablehnende Haltung im sozialen Umfeld zu äußern. 7,5 % sind sogar bereit, eine Bürgerinitiative gegen Biogasanlagen zu gründen. LUCKE spricht in diesem Zusammenhang von demonstrativer Akzeptanz (Bau einer Biogasanlage) und demonstrativer Nicht-Akzeptanz (Gründung und/oder Teilnahme einer Bürgerinitiative). Diese beiden extremen Akzeptanzarten treten in dieser Stichprobe bei bis zu 30 % aller Befragten auf. Vermutlich unterliegt die Stichprobe zwar einem Bias, da überproportional mehr Landwirte die Fragebögen zurückschicken, die eine extremere Akzeptanz aufweisen. Diese waren wahrscheinlich stärker motiviert, den Fragebogen auszufüllen als solche, die eine gleichgültige Haltung gegenüber Biogasanlagen haben. Aufgrund der hohen Rücklaufprobe (30 %) kann dieser Effekt aber nicht von herausragender Bedeutung sein.

Laut LUCKE können diese beiden extremen Akzeptanztypen gesellschaftsverändernde Zustände herbeiführen.[325] Die innerlandwirtschaftlichen Konflikte im Hinblick auf Biogasanlagen werden sich demnach weiter zuspitzen und könnten bei diesen Größenordnungen das soziale Gefüge empfindlich stören. Fünf emsländische Landwirte berichten in diesem Zusammenhang am Ende des Fragebogens unter dem Punkt „Sonstiges" von Streitereien wegen einer Biogasanlage in der Nachbarschaft, die diese These unterstützen. Die Konflikte führten neben der Sammlung von Unterschriften gegen einen Anlagenbau sogar zu

---

[325] Siehe Kapitel 3.2.2.1 dieser Arbeit.

körperlichen Auseinandersetzungen. Zwei befragte Landwirte berichteten von „*Schlägereien im Dorf, die sogar auf dem Kirchplatz ausgetragen wurden*". Ein weiterer Befragter zählte Konflikte in Form von Neid und Habgier auf, Nachbarschaften wären wegen einer Biogasanlage gekündigt und aufgelöst worden.

In Düren hingegen zeichnen sich keine bedeutenden Konfliktpotenziale auf: Nur 1,4 % der Befragten würden einen Anwalt einschalten, eine Bürgerinitiative gründen oder Unterschriften gegen eine Anlage sammeln. Diese Vermutung wird ebenfalls durch die Verteilung beim Item *mir ist das völlig egal, ob eine Anlage gebaut wird oder nicht* bestätigt. In Düren stimmten dieser Aussage immerhin 20,5 % der Befragten zu, im Emsland hingegen konnte diese Aussage nur von 7,5 % der Landwirte bestätigt werden.

Trotz möglicher Konflikte scheinen die Befragten allerdings pragmatisch zu denken: 28 % der Befragten, die zwar ihren Unmut über die Biogasanlage im Freundes- und Bekanntenkreis äußern, wären zu einem Informationsgespräch über die Nutzung von Abwärme bereit. Sogar 10 % derjenigen, die sich in einer Bürgerinitiative engagieren würden, könnten sich ein solches Informationsgespräch vorstellen. Lediglich die potenziellen Gründer von Bürgerinitiativen wären zu einem solchen Gespräch nicht bereit.

Dieses Phänomen entspricht der partiellen Akzeptanz nach LUCKE.[326] Diese Form der Akzeptanz ist geprägt durch die Pluralisierung unserer Gesellschaft: Die absolute Zustimmung wird einem Akzeptanzobjekt selten gewährt, Teilakzeptanzen aus verschiedenen Perspektiven hingegen schon. Die Errichtung einer Biogasanlage in der Nachbarschaft und die damit verbundene Möglichkeit, Wärme zu beziehen, ist für die Entwicklung der betrieblichen Heizkosten positiv zu sehen, für die Pachtpreise hingegen negativ. Aus der hofeigenen Perspektive stellen sich nur betriebswirtschaftliche Überlegungen, von Seiten der Welthungerproblematik werden andere Aspekte ins Kalkül gezogen.

Wenn die unerwünschte Biogasanlage entsteht, wollen die negativ-gestimmten Befragten zumindest an den entstehenden Vorteilen teilhaben. Ebenso verhält es sich mit dem Anbau von Energiepflanzen: Während sich etwa 36 % der emsländischen Landwirte vorstellen konnten, Energiepflanzen für die Biogasanlage anzubauen, bekundeten nur ca. 29 % ihre Zustimmung gegenüber der Biogasanlage.

Die Akzeptanz, die durch Handlungen, wie Energiepflanzenanbau und Wärmenutzung, bekundet wird, scheint zumindest bei den emsländischen Landwirten weniger durch echte

---

[326] Siehe Kapitel 3.2.2.1 dieser Arbeit.

Überzeugung geprägt zu sein, als vielmehr durch wirtschaftliche und pragmatische Überlegungen. Auf der einen Seite ist dies bedenklich, da solch instabile Akzeptanzen sich schnell und unverhofft ins Gegenteil wenden können. Auf der anderen Seite wird dadurch deutlich, dass seitens der Anlagenbetreiber Potenziale bestehen, Gegner von Anlagen für sich gewinnen zu können.

Die Dürener Landwirte verhalten sich im Hinblick auf akzeptanzrelevante Handlungen eher konsistent und scheinen nur die Alternativen durchzuführen, die sie befürworten: Fast drei Viertel der Befragten könnten sich den Anbau von Energiepflanzen vorstellen, dementsprechend bestätigen in dieser Region knapp über 80 % der Befragten, dass sie sich im Umfeld positiv über die Anlage äußern werden.

Es wird deutlich, dass sich aus der Akzeptanzskala von HOFINGER nur schwer ein Akzeptanz-Indikator bilden lässt: Widersprüchlich erscheinende, aber bei genauerer Betrachtung nachvollziehbare Aussagen (wie z. B. Äußerung von Ablehnung **und** trotzdem möglicher Bezug von Wärme) führen dazu, dass die Bildung eines Akzeptanz-Indizes aus diesen Daten zu falschen Einschätzungen führen könnte. Daher wurde neben dem Abfragen der Akzeptanz-Items ein Zahlenstrahl im Fragebogen verankert, auf dem die Befragten selbst ihre Akzeptanz darstellen konnten und im Prozess der Beurteilung über Biogas abschließend ihre ambivalenten Einstellungen abwägen mussten:

0 ist auf dem Zahlenstrahl als völlig ablehnende Haltung, 100 hingegen als völlige Zustimmung für eine geplante Biogasanlage in unmittelbarer Nähe zum eigenen Betrieb zu betrachten. Der Wert 50 steht für eine völlig gleichgültige Haltung gegenüber dem Bau einer Biogasanlage in der Nähe des Betriebes. Da beim Pretest die sieben Formen HOFINGERS direkt unter dem Zahlenstrahl gesetzt als zu verwirrend aufgefasst wurden, wurde die Skala auf die drei Merkmale „Ablehnung" (0-33), „gleichgültige Haltung" (33-66) und „Zustimmung" (66-100) reduziert:

Abbildung 17: Akzeptanzskala

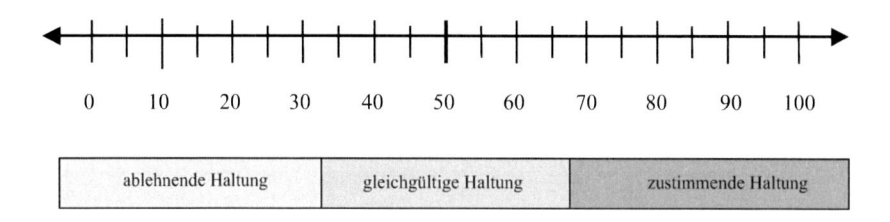

```
 0   10   20   30   40   50   60   70   80   90   100
```

| ablehnende Haltung | gleichgültige Haltung | zustimmende Haltung |

Quelle: Eigene Darstellung.

Dieses Vorgehen erwies sich als praktikabel. In diese Kategorien konnten sich die Testpersonen selbst ohne Probleme einordnen. Die metrische Skala stellte zwar auf der einen Seite Probleme dar, denn u. U. kann ein Befragter mit einem gewählten Akzeptanzwert eine andere Akzeptanz haben als ein anderer Befragter mit demselben Akzeptanzwert aufgrund der abstrakten, subjektiven Selbsteinschätzung. Auf der anderen Seite eignet sich die metrische Akzeptanzskala, da die Befragten nochmals ihre Akzeptanz zusammenfassend für die Prüfung der Reliabilität bestätigen: Nach den Fragen zu den einzelnen Reaktionen wirkt die Skala wie eine Art Unterschrift. Sie fordert die Befragten dazu auf, einen verbindlichen, subsumierten Wert festzulegen. Falls sich die Befragten vor der Erhebung nicht ausführlich mit der Biogastechnologie beschäftigt haben sollten, haben sie dies durch die Fragen, die vor dem Ankreuzen des Zahlenstrahls gestellt wurden, tun müssen. Abbildung 18 zeigt die Verteilung der genannten Akzeptanzwerte nach dieser Vorgehensweise:

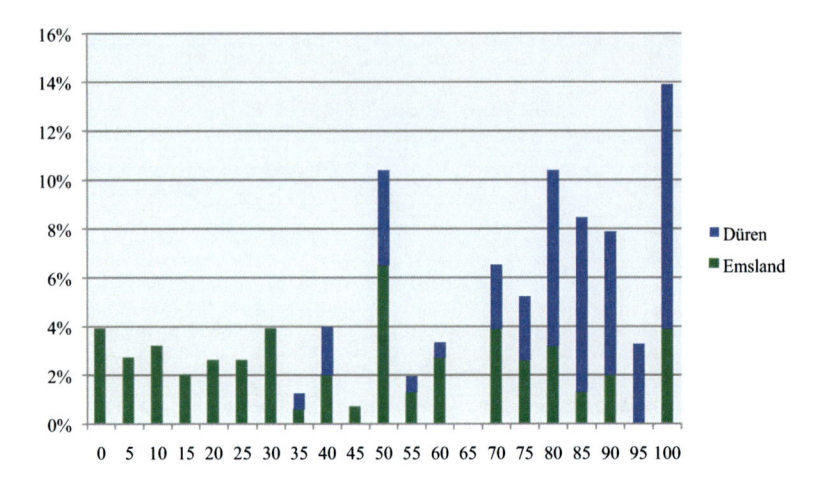

Abbildung 18: Verteilung der selbst geäußerten Akzeptanzwerte (in %)

[Balkendiagramm: x-Achse 0 bis 100 in Schritten von 5; y-Achse 0% bis 16%; Legende: Düren (blau), Emsland (grün)]

Quelle: Eigene Darstellung, n=153, die einzelnen Werte wurden für diese Darstellung der besseren Übersichtlichkeit wegen in Schritten von je fünf zusammengefasst (0, 0-5, 5-10,..., 95-100).

Der Kolmogorov-Smirnov-Anpassungstest (Normalverteilung) zeigt, dass die geäußerten Akzeptanzwerte nicht normalverteilt vorliegen ($p < 0,01$). Bei der getrennten Betrachtung der beiden Untersuchungsregionen liegt nach diesem Testverfahren hingegen Normalverteilung im Emsland vor ($p = 0,398$), in Düren jedoch nicht.

Es wird deutlich, dass auf dieser Skala Ankerwerte von Bedeutung waren: 100 %ige Zustimmung stellt mit 14 % den Modus dar, gefolgt von den Angaben 50 und 80 mit jeweils ca. 10 % der Stimmen. Das arithmetische Mittel liegt in der gesamten Stichprobe bei einem Akzeptanzwert von 62. Der Median beträgt 70.

Beim Vergleich beider Untersuchungsgebiete ergibt sich folgendes Bild: **Während bei den emsländischen Befragten das arithmetische Mittel 46 beträgt, beträgt es in Düren 81.** Die Dürener Landwirte haben also im Mittel eine knapp doppelt so hohe Akzeptanz wie die emsländischen Kollegen. Mit dem U-Test von Mann und Whitney wurde ein signifikanter Unterschied hinsichtlich der Akzeptanz beider Untersuchungsregionen nachgewiesen.

Diese Werte unterscheiden sich deutlich in den beiden Untersuchungsgebieten. Während in Düren das Minimum an Akzeptanz 32 beträgt, ist die Spannweite im Emsland höher und beinhaltet alle Werte zwischen 0 und 100. Es ist deutlich zu sehen, dass die Werte der emsländischen Befragten eher im unteren Akzeptanzbereich angesiedelt sind. Die der Dürener Befragten finden sich hingegen eher im oberen Akzeptanzbereich.

Knapp 4 % der Befragten gaben an, einen Akzeptanzwert von 0 zu haben. Rund 14 % aller Befragten äußerten eine Akzeptanz von 100: 17 % aller Befragten weisen somit eine extreme Handlungsabsicht auf. Diese Ergebnisse entsprechen ungefähr denen der Akzeptanzerhebung der Items (4 % extreme Gegner in Form der Bereitschaft zur Gründung einer Bürgerinitiative, knapp 10 % äußern eine extrem positive Akzeptanz in Form der Bekundung der Errichtung einer Biogasanlage).

Weil die Akzeptanzwerte des Zahlenstrahles für die weiteren Untersuchungen in dieser Studie als abhängige Variable dienen, war eine weitere Überprüfung der Reliabilität als Gütekriterium unumgänglich:

Nach der Umpolung der positiven Akzeptanzäußerungen und Entfernen des Items *Gleichgültigkeit* ergab sich für die Akzeptanz-Item-Box ein Wert für Cronbachs Alpha von 0,901. Die Skala kann demnach als sehr reliabel bezeichnet werden.

Zur Messung der Reliabilität der Akzeptanzskala, die in den folgenden Kapiteln verwendet wird, wurde nach Umpolung durch Summierung der Items der Akzeptanz-Box eine Akzeptanzvariable berechnet,[327] die hochsignifikant mit dem Akzeptanzskalenwert korreliert, Spearmans-Roh beträgt 0,852. Die Akzeptanzskala konnte somit als verlässliche, reliable Variable in den weiteren Untersuchungen verwendet werden.

Neben der Messung der Reliabilität wurde die Validität der Skala in Anlehnung an umweltökonomische Studien zur Ermittlung der Zahlungsbereitschaft durchgeführt: In solchen Studien wird die ermittelte Zahlungsbereitschaft sachlogischen Kriterien, wie bspw. dem Einkommen und Gruppenzugehörigkeiten, gegenübergestellt. Diejenigen mit höherem Einkommen oder diejenigen mit einer Mitgliedschaft in einem Naturschutzverein sollten – wenn die Ergebnisse als valide gelten – zu einer höheren Zahlung (Spende) im Hinblick auf Umweltgüter bereit sein.[328]

Zur Messung der Validität in dieser Studie wurde die Akzeptanz von verschiedenen Gruppen verglichen. Betriebszweige mit Flächenproblemen, wie z. B. Schweinemastbetriebe,

---

[327] Die Summierung der Skala wurde für diese und fast alle weiteren Skalen in dieser Untersuchung wie folgt vorgenommen: Den Äußerungen mit der größten Zustimmung wurde der Wert 1 zugeordnet, den ablehnendsten Äußerungen der Wert 4. Die dazwischenliegenden Werte wurden ebenfalls dementsprechend zugeordnet. Folglich haben Skalen geringe Werte, wenn viele Aussagen bestätigt wurden, hingegen große Werte, wenn Ablehnung gegenüber den Aussagen vorliegt.

[328] Vgl. z. B. Henseleit, M.: Möglichkeiten der Berücksichtigung der Nachfrage der Bevölkerung nach Biodiversität am Beispiel von Grünland in Nordrhein-Westfalen bei der Ausgestaltung eines ergebnisorientierten Honorierungskonzepts im Rahmen des Vertragsnaturschutzes, a. a. O.

zeigten eine niedrigere Akzeptanz als Ackerbaubetriebe.[329] Die angegebenen Werte der Akzeptanz auf dem Zahlenstrahl können daher als valide angesehen werden, da plausible Zusammenhänge nachgewiesen werden konnten.

Folgende Abbildung zeigt die Akzeptanz in abschließender, zusammenfassender Darstellung im Hinblick auf die relevanten Akzeptanzgruppen nach dem Akzeptanzbekunden auf dem Zahlenstrahl:

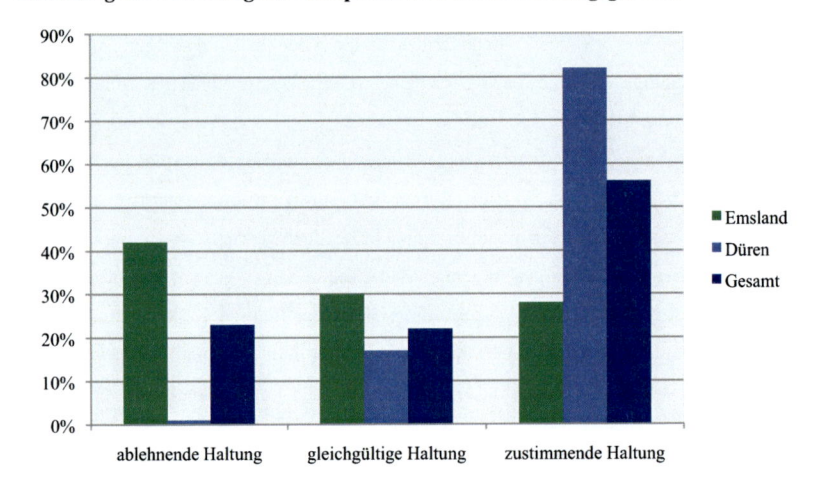

Abbildung 19: Verteilung der Akzeptanz in den Untersuchungsgebieten

Quelle: Eigene Erhebung, n=153.

23 % aller befragten Landwirte reagierten mit Ablehnung auf den Bau einer Biogasanlage in ihrer Umgebung. Bemerkenswert ist hier der Unterschied zwischen den Landwirten: Während 42 % der Landwirte im Emsland ihre Ablehnung bekunden, sind dies nur 2 % der Dürener.[330] Genau entgegengesetzt verhält es sich bei der Zustimmung: Während 82 % der Dürener den Bau einer Anlage begrüßen, sind dies nur 28 % der Emsländer.[331]

---

[329] Siehe hierzu Kapitel 4.2.3.3.1 Biografieebene.
[330] Für eine sprachlich abwechslungsreiche Gestaltung werden in dieser Arbeit die Begriffe „Dürener" und „Emsländer" verwendet. Gemeint sind damit nicht die Bevölkerung in den Landkreisen, sondern in diesem Zusammenhang „Dürener Landwirte" und „emsländische Landwirte" in der Stichprobe.
[331] Ein Chi^2-Test konnte die Unabhängigkeit der beiden Variablen Landkreis und Akzeptanztypus auf einem Sigifikanzniveau von 0,001 nicht bestätigen. Das bestätigt die genannten Unterschiede in den beiden Untersuchungsregionen.

4.1.2.2 Erscheinungsformen von Akzeptanz nach LUCKE

Während HOFINGERS Skala die äußere Akzeptanz (das beobachtbare, tatsächliche Verhalten) untersucht, befassen sich die Formen von LUCKE mit der inneren Akzeptanz, d. h. mit Motiven, die hinter den geäußerten Handlungen stehen (siehe Kapitel 3.2.2.1). Diese innere Akzeptanzform ist bedeutend, da sie die Stabilität der äußeren beschreiben kann. Einige Eckpunkte der inneren Akzeptanz lassen sich aus der äußeren ableiten und wurden daher bereits im vorigen Kapitel vorgestellt. Die anderen werden im Folgenden erläutert. Es ist zu berücksichtigen, dass sich ein Individuum zu mehreren Akzeptanztypen bekennen kann. Akzeptanz ist ein komplexes Phänomen mit vielschichtigen Ausprägungen, sodass eine exakte spezifische Zuordnung schwer möglich ist. Allerdings sind Trendaussagen und wesentliche Kriterien aus den Ergebnissen abzuleiten. Die einzelnen Items sind nach LUCKE entwickelt worden, sie sind daher beabsichtigt mehrdimensional formuliert. Tabelle 6 zeigt die prozentuale Verteilung der Antworten in beiden Untersuchungsregionen:

Tabelle 6: Akzeptanzverteilung nach LUCKE (in %)

Kreuzen Sie bitte an, ob folgende Aussage auf Sie zutrifft!	„ja" (Emsland/Düren)		„nein" (Emsland/Düren)		weiß nicht
Opportunistische Gelegenheitsakzeptanz: Ich würde schon allein deswegen nichts gegen den Bau einer Anlage unternehmen, weil ich auch nicht möchte, dass dieser Landwirt etwas unternimmt, wenn ich ein Vorhaben verwirklichen möchte.	54,2	(60,0/47,9)	23,5	(22,5 /24,7)	22,2
Nachgeschobene Akzeptanz/ Nichtakzeptanz: Ich habe meine Meinung im Hinblick auf Biogasanlagen im Laufe der Zeit geändert.	22,9	(22,5/23,3)	60,1	(67,5/52,1)	17,0
Imitierende Akzeptanz: Ich lege sehr viel Wert auf die Meinung meines persönlichen Umfeldes (Nachbarn, Familie, Freunde). Wenn ich eine andere Meinung im Hinblick auf Biogas als mein Umfeld hätte, würde ich mich vermutlich deren Meinung anschließen.	8,5	(7,5/9,6)	75,8	(78,8/72,6)	15,7
Konditionale Akzeptanz:* Ich begrüße den Bau der Anlage nur, wenn sichergestellt wäre, dass dadurch keine unangenehmen Begleiterscheinungen entstehen.	62,7	(51,2/75,3)	22,2	(33,8/9,6)	15,0

Symbolische ~/Gefälligkeitsakzeptanz:	69,9	(66,2/74,0)	11,8	(15,0/8,2)	18,3
Ich bin bisher mit den Landwirten immer gut klar gekommen, warum sollte ich ihnen jetzt Steine in den Weg legen.					

Quelle: Eigene Erhebung, n=154, * Unterschiede zwischen DN und EL signifikant: Chi^2-Test: $p < 0,01$.

Die Form der *opportunistischen Gelegenheitsakzeptanz* befürworteten 54,2 % der Befragten. Über die Hälfte der Landwirte würden demnach nichts gegen die Anlage unternehmen, weil sie die Befürchtung hätten, im Gegenzug bei eigenen Projekten behindert zu werden. Diese Art von Akzeptanz steht in keinerlei Verhältnis zum Akzeptanzobjekt. Daher kann sie als labil angesehen werden. Auf der einen Seite bedeutet das für Landwirte, die eine Biogasanlage planen, dass sie von der Mehrzahl der Landwirte aufgrund dieses Akzeptanztypus keine offenen Proteste befürchten müssen. Ändern sich hingegen Rahmenbedingungen, kann diese vermeintliche Akzeptanz leicht ins Gegenteil verfallen.

Der hohe Anteil an *nachgeschobener Akzeptanz* spricht dafür, dass es sich bei der Biogastechnologie um ein komplexes Themengebiet handelt, bei dem knapp ein Viertel der Befragten bereit waren, ihre ursprüngliche Meinung zu ändern. Dies zeigt, dass viele Menschen im Hinblick auf Biogas durchaus bereit sind, eine andere Meinung anzunehmen. Es wird deutlich, inwieweit die rasante Entwicklung der Biogaserzeugung (auch in der Gesetzgebung) die Ausgangssituationen verändert und zu anderen Beurteilungen führen kann. Auch dieser Sachverhalt lässt darauf schließen, dass die geäußerten Akzeptanzformen durchaus labil sind.

Immerhin 8,4 % der befragten Landwirte bestätigen eine Art von *imitierender Akzeptanz*. Sie bejahen, dass ihnen die Meinung ihres Umfeldes wichtig ist und sie sich bei ihrer Meinungsbildung danach richten. Diese Akzeptanzform ist ebenfalls ein Anzeichen für instabile Akzeptanzverhältnisse. Befragte mit diesem Akzeptanztypus schließen sich schnell den Meinungen anderer an. Falls sich demnach die Bezugsgruppe oder aber die Meinung innerhalb der Bezugsgruppe verändert, hat dies große Auswirkung auf die Akzeptanz der Befragten mit imitierender Akzeptanz.

Wie zu erwarten ist die *konditionale Akzeptanz* mit 62,7 % der Befragten eine der führenden Formen der Akzeptanz. Sie begrüßen den Anlagenbau, allerdings nur dann, wenn sichergestellt ist, dass keine negativen Begleiterscheinungen mit der Anlage verbunden sind. Sobald es seitens der Anlagenbetreiber gelingt, überzeugende Argumente und ein überzeugendes Konzept vorzulegen, scheinen diese 62,7 % grundsätzlich für eine Biogasanlage gewonnen werden zu können. Die konditionale Akzeptanz ist die einzige, die sich signifikant zwischen den beiden Untersuchungsregionen unterscheidet: Der höhere Anteil an verneinenden Antworten im Emsland (33 %) ist ein Anzeichen für die ausgeprägten extremeren Akzeptanzformen.

69,5 % in der Stichprobe weisen eine *symbolische bzw. Gefälligkeits-Akzeptanz* auf. Dieser hohe Prozentteil zeigt, dass die Landwirte grundsätzlich dazu neigen, zusammenzuhalten und sich nicht gegenseitig zu behindern. Sie befürworteten die Aussage: *Ich bin immer gut mit den Landwirten in meiner Umgebung klar gekommen, warum sollte ich ihnen beim Bau einer Biogasanlage Steine in den Weg legen.* Dieser hohe Anteil an grundsätzlichem Vertrauen gepaart mit dem hohen Anteil an konditionaler Akzeptanz zeigt für dieses Beispiel und sogar für die gesamte innere Akzeptanz, wie verhältnismäßig simpel innerlandwirtschaftliche Konflikte beim Großteil der Kollegen vermieden werden könnten. Außerdem zeigt es aber auch die Gefahr, die droht, wenn dieses Vertrauen durch unbedachtes Vorgehen beim Bau und der Planung einer Biogasanlage zerstört wird.

Des Weiteren wurde geprüft, inwieweit die Betriebsform, die Höhe des Gewinns, das Alter und die Ausbildung die vorgestellten Akzeptanzformen beeinflussen: Hierbei stellte sich heraus, dass sich überdurchschnittlich viele ältere Befragte zu einer konditionalen Akzeptanz bekennen. Ebenso scheint die Höhe der Ausbildung von Bedeutung: Diejenigen mit höherer Ausbildung waren unterdurchschnittlich bei der imitierenden Akzeptanz vorzufinden. Die übrigen Faktoren hatten keinen Einfluss auf die Akzeptanzarten.

Aufgrund der mehrdimensionalen Bezugsmöglichkeiten innerhalb der Items muss an dieser Stelle darauf hingewiesen werden, dass die genannten Ergebnisse nur Trendaussagen darstellen können. Dennoch wurde ihre Aussagekraft überprüft: So äußerten sich bspw. nur knapp 3 % der Befragten mit einer symbolischen Akzeptanz, dass sie aktiv etwas gegen den Bau einer Biogasanlage unternähmen. Ein weiteres Beispiel hierfür kann unter der Gruppe derjenigen, die sich zur Opportunistischen Gelegenheitsakzeptanz bekannten, angeführt werden: Landwirte, die einen Ausbau ihres Betriebes in der Zukunft planen, waren hier überdurchschnittlich häufig vorzufinden. Die genannten Sachverhalte untermauern die Aussagekraft der vorgenommenen Trendaussagen.

4.1.3 Akzeptanzrelevante und -bestimmende Faktoren: uni-/bivariate Analysen

Im Anschluss an die Akzeptanz von Biogasanlagen wurden die Determinanten analysiert, die die Akzeptanz beeinflussen. LUCKE unterscheidet zwischen akzeptanzrelevanten und -bestimmenden Faktoren. Zunächst werden die akzeptanzbestimmenden Faktoren beschrieben. Dazu gehören unmittelbar an die Biogastechnologie geknüpfte Erwartungen und Bewertungen („Expectations" und „Evaluations" des RREEMM-Modells). Daran anschließend folgt die Erläuterung akzeptanzrelevanter Faktoren, wie z. B. Einstellungen und soziodemografische Gegebenheiten.

4.1.3.1 Akzeptanzbestimmende Faktoren – die affektive Komponente

In diesem Kapitel werden akzeptanzbestimmende Faktoren für die Landwirtschaft vorgestellt. Im Sinne des Drei-Komponenten-Modells stellen die aufgeführten Einstellungen die affektive Komponente dar.

Folgende Gesichtspunkte werden in diesem Kapitel näher beschrieben:
- Allgemeine Einstellungen zu Biogas
- Assoziationen im Hinblick auf eine Biogasanlage in unmittelbarer Nähe
- Bereitschaft zum Bau einer Biogasanlage
- Bereitschaft zum Anbau von Energiepflanzen für eine Biogasanlage

4.1.3.1.1 Allgemeine Einstellungen zu Biogas

Um allgemeine Einstellungen über das Themengebiet Biogas zu ermitteln, wurden in Anlehnung an KECK[332] zehn Items entwickelt, denen folgende einführende Worte vorangestellt wurden:

Kreuzen Sie an, welche Eigenschaft Ihrer Meinung nach im Hinblick auf Biogasanlagen überwiegt! (Wenn Sie in der ersten Zeile „1" ankreuzen, halten Sie Biogas für sehr nützlich, bei „6" für sehr schädlich.)

Tabelle 7 zeigt die Verteilung der Ergebnisse. Bei Betrachtung der Verteilung fällt auf, dass der Großteil der Befragten die eher positiv besetzten Attribute auswählt. Negative Extremwerte (6) werden nur von den wenigsten Befragten angekreuzt. Alle Mittelwerte

---

[332] Vgl. Keck, G.: Einstellungsbildung zur Gentechnik bei Schülerinnen und Schülern unter dem Einfluss von Schule – Eine quantitative Querschnittsanalyse. Stuttgart 2000.

liegen auf der eher positiven Seite. Die höchsten Mittelwerte ergeben sich für die Attribute: risikoreich, negativ und überflüssig:

Tabelle 7: Allgemeine Einstellungen zum Thema Biogas (in %)

	1	2	3	4	5	6	Ø	
nützlich	23,6	31,1	17,6	17,6	6,8	3,4	2,6	schädlich
sicher	23,8	44,2	19,0	10,2	0,7	2,0	2,3	gefährlich
modern	23,3	37,7	21,9	6,8	6,2	4,1	2,5	altmodisch
sauber	20,5	34,4	24,0	15,8	4,8	0,7	2,5	schmutzig
risikoarm	17,1	27,4	19,9	19,2	11,6	4,8	3,0	risikoreich
positiv	23,1	17,8	19,9	15,8	16,4	6,8	3,1	negativ
vertraut	13,0	28,1	33,6	16,4	7,5	1,4	2,8	unheimlich
kontrollierbar	22,6	36,3	21,9	11,0	6,8	1,4	2,5	unkontrollierbar
natürlich	28,6	27,2	21,8	10,9	6,8	4,8	2,6	unnatürlich
notwendig	17,0	21,8	25,2	14,3	11,6	10,2	3,1	überflüssig

Quelle: Eigene Erhebung, n=146-148.

Die Reliabiliät der Skala wurde sichergestellt, Cronbachs Alpha hat einen Wert von 0,904. Es mussten keine Items entfernt werden. Vier der Items waren im Fragebogen entgegengesetzt kodiert, um die Aufmerksamkeit zu erhöhen.

Auf dem 0,01-Niveau besteht eine signifikante Korrelation zwischen den summierten Einstellungswerten und den Werten der Akzeptanzskala von -0,734 (Spearmans-Roh).[333] Die Korrelation zeigt das erwartete Vorzeichen. Die affektive Komponente scheint demnach eng mit der konativen verbunden zu sein. Die Nullhypothese *die Korrelation zwischen der allgemeinen Einstellung gegenüber Biogasanlagen und der Akzeptanz von Biogasanlagen ist Null* kann zurückgewiesen werden. Die allgemeinen Einstellungen zu Biogas stehen im Zusammenhang mit der Akzeptanz von Biogasanlagen.

Die Mittelwerte der Eigenschaften unterscheiden sich in den beiden Untersuchungsregionen. Die Befragten im Emsland haben bei allen Eigenschaften höhere Mittelwerte, d. h. sie empfinden im Hinblick auf Biogasanlagen eher schlechtere Ausprägungen als die Befrag-

---

[333] Da die Variable Akzeptanz nicht normalverteilt vorliegt, ist an dieser Stelle und im Folgenden, wenn von Korrelation die Rede ist, Spearmans-Roh (r_s) gemeint, und nicht Pearsons r.

ten in Düren. Nach dem Mann-Whitney-U-Test konnte für alle Attribute die Nullhypothese im Hinblick auf die zwei Untersuchungsregionen abgelehnt werden: Der durchschnittliche Rang der zu testenden Variablen unterscheidet sich nämlich in beiden Stichproben. Abbildung 20 zeigt die Mittelwerte der Attribute in den zwei Gebieten: Die Unterschiede sind v. a. bei den Eigenschaften nützlich-schädlich, positiv-negativ und notwendig-überflüssig vorzufinden. Hier spiegelt sich wider, dass die emsländischen Befragten eine niedrigere Akzeptanz haben. Die Ursachen für die negativeren Einstellungen und die niedrigere Akzeptanz werden im folgenden Kapitel deutlich.

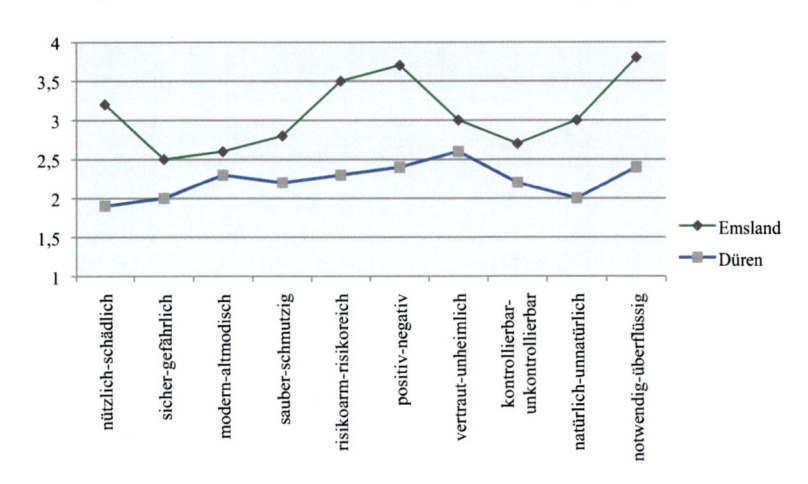

Abbildung 20: Mittelwerte der Attribute in den Untersuchungsregionen

Quelle: Eigene Erhebung. Unterschiede nach dem Mann-Whitney-U-Test auf dem 0,05-Niveau signifikant (Variablen 1, 5, 6, 9, 10 auf 0,000), n=146-148.[334]

4.1.3.1.2 Assoziationen im Hinblick auf eine Biogasanlage in unmittelbarer Nähe

In diesem Kapitel werden die Erwartungen und Befürchtungen der Landwirte vorgestellt, die sie mit dem Bau einer Biogasanlage in direkter Nähe verknüpfen. Vor der Äußerung von Zustimmung bzw. Ablehnung einzelner Assoziationen wurde mit folgenden Worten in die Thematik eingeführt, um die Befragten zu einer möglichst authentischen Beantwortung zu veranlassen:

---

[334] In dieser und in folgenden Darstellungen dieser Art wurde aus rein anschaulichen Gründen eine durchgezogene Linie gewählt, obwohl sie aus mathematischen Gründen nicht zulässig ist.

Stellen Sie sich bitte vor, in Ihrer unmittelbaren Umgebung wird eine Biogasanlage geplant – Woran denken Sie?

Darauf folgten Befürchtungen und Erwartungen, die mit den folgenden Antwortmöglichkeiten beurteilt werden konnten: „stimme voll zu", „stimme zu", „lehne ab" und „lehne völlig ab". Auf eine neutrale Mitte wurde bewusst verzichtet (siehe Kapitel 3.4.4 Pretest). Die Befürchtungen und Erwartungen wurden im Fragebogen in gemischter Reihenfolge positioniert, um die Aufmerksamkeit zu erhöhen. Im Folgenden werden sie sortiert dargestellt. Abbildung 21 stellt die Bedeutung der Befürchtungen von Landwirten dar:

Abbildung 21: Befürchtungen beim Bau einer Biogasanlage in der Umgebung

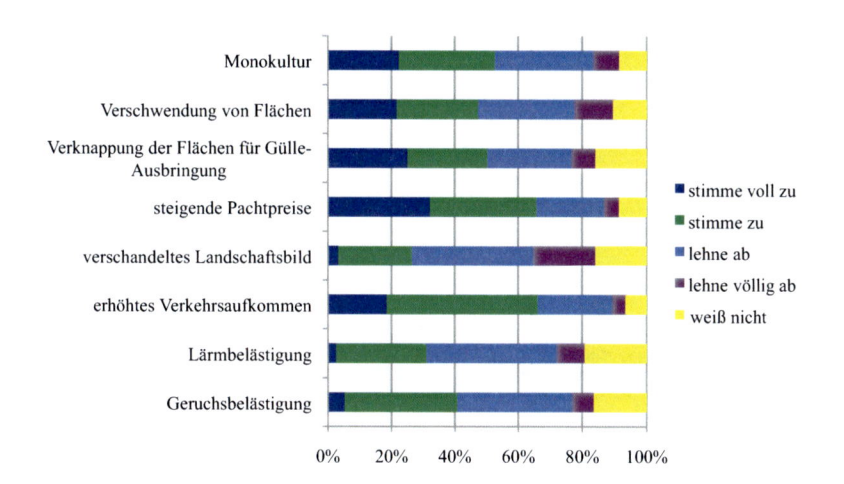

Quelle: Eigene Erhebung, n=151.

Die Befürchtungen gliedern sich in Belästigungen, die den landwirtschaftlichen Betrieb betreffen und in solche, die Landwirte in ihrer Rolle als Anwohner empfinden. Über 60 % der Befragten befürworteten („stimme voll zu" und „stimme zu"), dass sie steigende Pachtpreise durch die geplante Anlage befürchten. In einer anderen Studie äußern lediglich 40 % der Landwirte solche Bedenken, allerdings sind in der vorliegenden Untersuchung verhältnismäßig mehr Landwirte aus einer Veredelungsregion befragt worden, was die vorliegende Differenz erklären könnte.[335] Etwa die Hälfte der Landwirte äußerte, dass durch den Energiepflanzenanbau zunehmend Monokulturen vorherrschen werden. Knapp 50 % bestätigten die Verknappung der Flächen für die Gülleausbringung. Bei den Befürchtungen, die den Landwirt als Privatperson betreffen, sind Lärmbelästigung und ein verschandeltes Landschaftsbild[336] von geringerer Bedeutung (ca. 30 %). Geruchsbelästigung wird von 40 % und ein erhöhtes Verkehrsaufkommen sogar von über 60 % der befragten Landwirte befürchtet. Der Begriff Geruchsbelästigung ist negativ behaftet. Es ist überraschend, dass Landwirte dieser Assoziation zustimmen, denn die Geruchsentwicklung einer Biogasanlage ist bei ordnungsgemäßem Betrieb sehr gering (leichter Silagegeruch). Dieser Sachverhalt lässt auf Unwissenheit bzw. auf Misstrauen gegenüber dem Anlagenbetreiber schließen und zeigt die Auswirkungen der partiellen Akzeptanz. Diese ambivalente Ausprägung der Akzeptanz wird umso deutlicher, wenn im Gegensatz zu den Befürchtungen die Erwartungen im Hinblick auf den Bau einer Biogasanlage in der Nähe betrachtet werden. Abbildung 22 zeigt die überwiegend zustimmenden Bewertungen:

Abbildung 22: Erwartungen/positive Assoziationen beim Bau einer Biogasanlage in der Umgebung

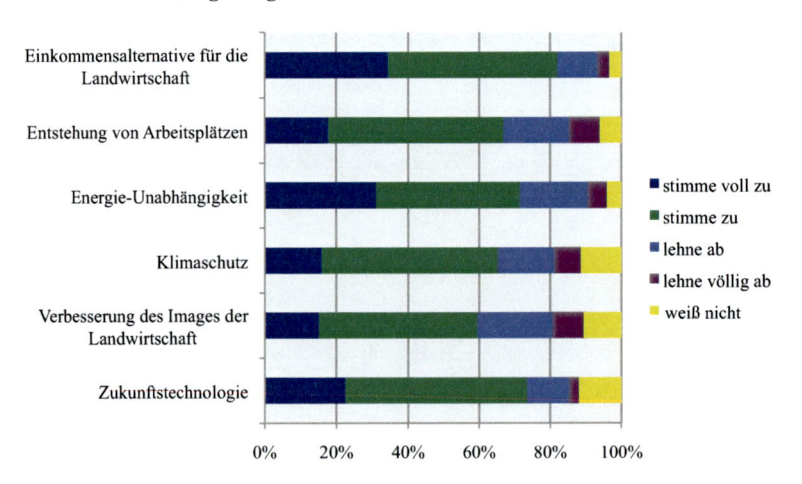

Quelle: Eigene Erhebung, n=151.

---

[335] Vgl. Pölking et al.: Bioenergie und Biogasförderung nach dem neuen EEG und ihre Auswirkungen auf Natur und Landschaft. Wolfenbüttel 2006, S. 57.
[336] Items wurden bewusst negativ formuliert: Einem „Verbrauch von Flächen" bzw. einem „veränderten Landschaftsbild" hätten u. U. viele Befragte zugestimmt. Die Formulierungen gehen zurück auf einen Landwirt, der im Rahmen des Pretests interviewt wurde.

Über 80 % der Befragten sehen die Biogasanlage als Einkommensalternative in der Landwirtschaft und denken, dass durch die Biogasanlage Arbeitsplätze entstehen und das Klima geschützt wird (jeweils ca. 65 %). 70 % der Landwirte sehen die Biogasanlagen als Möglichkeit, von anderen Ländern in der Energieversorgung unabhängiger zu werden. Die Hälfte der Stichprobe sieht durch die Biogastechnologie das Image der Landwirtschaft verbessert. Über 70 % beurteilen Biogas als Technologie der Zukunft.

In den beiden Untersuchungsgebieten bestehen Unterschiede hinsichtlich der Befürchtungen und Erwartungen, die im Hinblick auf Biogasanlagen bestehen. Während bei den Erwartungen die emsländischen Befragten zurückhaltender als die Dürener Landwirte sind, zeigt sich bei den Befürchtungen das Gegenteil: Hier scheinen die emsländischen Befragten skeptischer zu sein. Die größten Unterschiede zeigen sich hier bei den *steigenden Pachtpreisen* und der *Verknappung der Flächen zur Gärresteausbringung*. Abbildung 23 zeigt die Variablen, bei denen sich nach dem Mann-Whitney-U-Test herausstellt, dass die durchschnittlichen Ränge der zu testenden Variablen sich auf höchst signifikantem Niveau in beiden Stichproben voneinander unterscheiden.

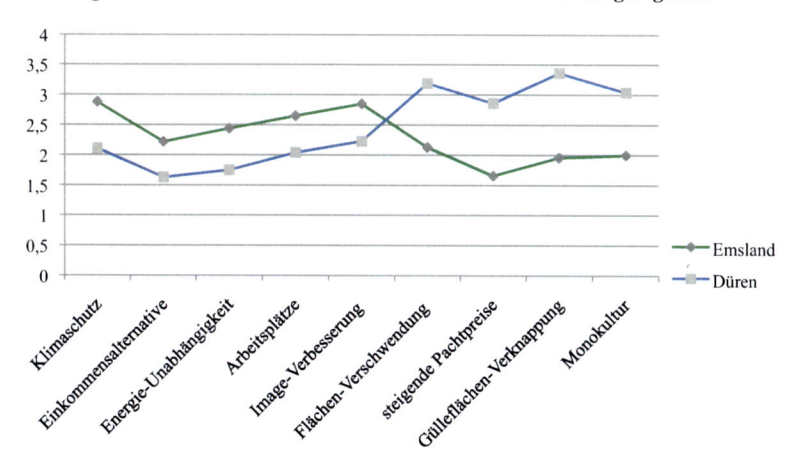

Abbildung 23: Mittelwerte der Assoziationen in den Untersuchungsregionen

Quelle: Eigene Erhebung, n=151.

Werden die Befürchtungen und Erwartungen miteinander verglichen, wird deutlich, dass viele Befragte positive Assoziationen zu Biogasanlagen haben, aber ebenso viele Befürchtungen vorliegen. Um diese Ambivalenzen zu analysieren, wurden zunächst zwei Skalen gebildet und auf Reliabilität geprüft. Die Skala „Befürchtungen" wurde durch Aufsummieren gebildet, Cronbachs Alpha beträgt 0,802. Die Skala „Erwartungen" wurde ebenso gebildet und hat eine ähnliche hohe Reliabilität (0,859). Die Korrelation zwischen den „Erwartungen" und den „Befürchtungen" ist signifikant ($p < 0,05$), aber schwach (-0,186). Der Zusammenhang weist in die richtige Richtung (je höher die Werte der Befürchtungen, desto geringer die Werte der Erwartungen); die Schwäche des Zusammenhangs deutet darauf hin, dass viele Befragte sowohl positive als auch negative Assoziationen gleichermaßen angegeben haben. Hier zeigt sich wieder die partielle Akzeptanz: Als Hauseigentümer wird Geruchsbelästigung befürchtet, als Unternehmer werden steigende Pachtpreise erwartet und grundsätzlich wird die Möglichkeit einer zusätzlichen Einkommensalternative u. U. begrüßt.

Um den Zusammenhang zwischen allen dargestellten Assoziationen und der Akzeptanz zu erstellen, wurden zunächst vier Variablen umgepolt und anschließend alle Werte summiert. Die Skala wurde auf Reliabilität getestet, es musste kein Item entfernt werden. Cronbachs Alpha beträgt 0,821.

Die Korrelation zwischen der Assoziationsskala (Minimum: 19, Maximum: 42) und der Akzeptanz beträgt 0,647 ($p < 0,01$; Spearmans-Roh). Somit konnte festgestellt werden, dass die Hypothese: *Es besteht ein Zusammenhang zwischen den Erwartungen und Befürchtungen der Landwirte im Hinblick auf deren Akzeptanz* befürwortet werden kann.

Tabelle 8 gibt einen Überblick über die wesentlichen Korrelationen der einzelnen Items mit der Akzeptanz:

Tabelle 8: Korrelationen der Befürchtungen und Erwartungen mit der Akzeptanz

	Spearmans-Roh (gesamte Stichprobe)	Spearmans-Roh (Emsland/Düren)	
Klimaschutz	-0,576**	-0,405**	-0,571**
Einkommensalternative	-0,633**	-0,534**	-0,586**
Image-Verbesserung	-0,433**	-0,348**	-0,380**
Energieunabhängigkeit	-0,569**	-0,473**	-0,500**
Entstehung Arbeitsplätze	-0,452**	-0,339**	-0,351**
Zukunftstechnologie	-0,565**	-0,552**	-0,522**
Flächen-Verschwendung	0,543**	0,511**	0,266*
Verschandeltes Landschaftsbild	0,254**	-	-
steigende Pachtpreise	0,529**	0,411**	-
Gülleflächen-Verknappung	0,431**	0,299**	-
Monokultur	0,490**	0,375**	-

Quelle: Eigene Erhebung, n=150; * auf dem 0,05-Niveau signifikant (zweiseitig); ** auf dem 0,01-Niveau signifikant (zweiseitig).

Belästigungen durch Geruchs-, Lärm- und Verkehrsbelästigung sind in der Stichprobe nicht korreliert mit der Akzeptanz. Bis auf das Item *verschandeltes Landschaftsbild* sind keine Faktoren für die Akzeptanz von Bedeutung, die die Landwirte als Privatperson betreffen. Nahezu alle signifikanten Korrelationen beziehen sich auf betriebliche Bedenken und Befürchtungen. Die meisten flächenbezogenen Probleme sind in Düren ebenfalls nicht mit der Akzeptanz korreliert, sie scheinen in der Region von untergeordneter Bedeutung.

Im Anschluss der Bewertung der Bedenken und Befürchtungen wurden die Befragten darum gebeten, den zuvor bewerteten Assoziationen Ränge zuzuordnen.
Durch diese eigenständige Bewertung soll gezeigt werden, welche Befürchtungen und Erwartungen für sie am wichtigsten sind. Rang 1 wurde der Wert Eins zugeordnet, Rang 2 der Wert Zwei, Rang 3 Drei und Rang 4 der Wert Vier. Wenn eine Assoziation nicht unter den vier wichtigsten Eigenschaften von den Befragten aufgeführt wurde, erhielt diese Antwort den Wert Fünf. Demnach sind Assoziationen umso bedeutender, desto geringer der Wert ist. Die Assoziationen *Lärmbelästigung* und *verschandeltes Landschaftsbild* haben hierbei mit Abstand die höchsten Werte erzielt, sind demnach in beiden Untersu-

chungsregionen nur von untergeordneter Bedeutung. Sie wurden daher in Abbildung 24, die die Verteilung der Ränge im Emsland und Düren darstellt, nicht berücksichtigt:

Abbildung 24: Verteilung der Rangwerte von Assoziationen im Emsland und Düren

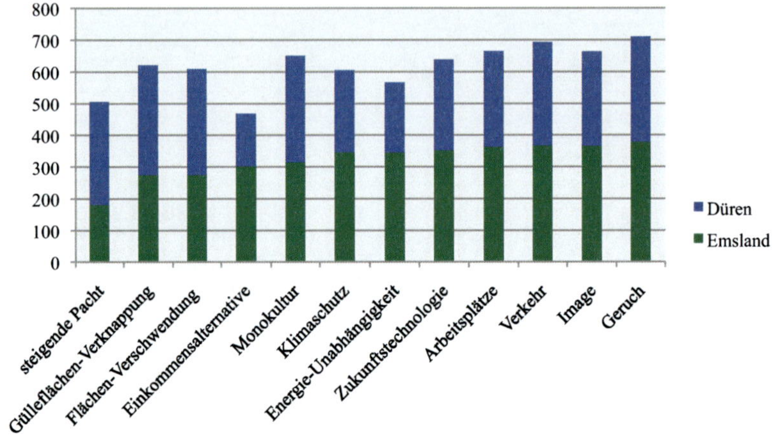

Quelle: Eigene Erhebung, n=147.

Die meisten emsländischen Landwirte befürchten steigende Pachtpreise und direkt anschließend die Verknappung von Flächen für die Gülleausbringung. Allerdings verbinden viele Landwirte auch positive Eigenschaften mit dem Bau einer Anlage, wie z. B. Biogas als Einkommensalternative, Klimaschutz und Energieunabhängigkeit. Bei den positiv besetzten Assoziationen wird die Einkommensalternative am häufigsten benannt. Bei den anderen gibt es keine Eigenschaft, die sich deutlich von anderen abhebt.

Allerdings ist zu beobachten, dass die positiven Attribute deutlich häufiger von den Dürener Landwirten mit einem Rang versehen wurden als von den emsländischen Befragten. Während sie bei diesen Eigenschaften Werte um 350 aufweisen, ist bei den Landwirten in Düren dieser Wert mindestens um 100 Punkte geringer und somit häufiger als bedeutend eingestuft worden. Dieser Trend findet sich auch bei den negativen Eigenschaften. Der Anteil der Dürener, die steigende Pachtpreise und Verknappung von Flächen befürchten, ist wesentlich geringer als im Emsland. Diese Tatsache ist nicht überraschend, wenn die unterschiedlichen Viehdichten in den Landkreisen berücksichtigt werden. Die meisten Dürener geben als bevorzugte Assoziation an, dass sie die Biogaserzeugung als Einkommensalternative betrachten, gefolgt von Energieunabhängigkeit und Klimaschutz.

Während die ersten drei Ränge im Emsland mit negativen Befürchtungen besetzt sind (*Pachtpreis, Verknappung und Verschwendung von Flächen*), weisen alle vier abgefragten Ränge in Düren positive Assoziationen auf.

Wird die gesamte Stichprobe analysiert, ist die *Einkommensalternative* das wichtigste Attribut für die Landwirte, dicht gefolgt von den Befürchtungen *steigender Pachtpreise*.

Abschließend zu diesem Themenkomplex wurden die Befragten mit folgender Aussage konfrontiert, die zur Analyse dienen soll, inwieweit sie Biogasanlagen die Möglichkeit einräumen, die Akzeptanz von Tierhaltungsanlagen seitens der anwohnenden Bevölkerung zu erhöhen (geringere Geruchsbelästigung der Gülle bei gleichzeitiger Errichtung einer Biogasanlage):

Konflikte um große Tierhaltungsanlagen werden abnehmen, wenn gleichzeitig Biogas produziert wird.

Die Befragten konnten durch die Antwortmöglichkeiten „ja" und „nein" ihre Meinung äußern: 22,2 % der Befragten stimmten dieser Aussage zu: 17,5 % im Emsland, 27,4 % in Düren. Durch einen Chi^2-Test wurden diese Unterschiede auf signifikantem Niveau bestätigt.

Diejenigen, die der Aussage zustimmten, haben eine signifikant höhere Akzeptanz (76) als diejenigen, die diese Aussage nicht befürworteten (54) (Mann-Whitney-U-Test).

4.1.3.1.3 Bereitschaft zum Bau einer Biogasanlage

Neben den allgemeinen Einstellungen und Assoziationen wurden die Landwirte, die keine Biogasanlage betreiben, nach den Motiven befragt, warum sie keine Biogasanlage errichten oder betreiben:

Warum bauen Sie keine Biogasanlage?

Den Landwirten wurden hierzu verschiedene Möglichkeiten aufgezeigt, die sie durch Ankreuzen der vier Kategorien „sehr große Bedeutung" bis „keine Bedeutung" bewerten sollten. Landwirte, die bereits eine Anlage betreiben oder an einer Anlage beteiligt sind, wurden darum gebeten, diese Frage zu überspringen. Direkt dem Akzeptanzobjekt zugeschriebene Ressourcen und Restriktionen (im Gegensatz zu den indirekten) werden bereits in diesem Kapitel vorweggenommen, da ihr Charakter der affektiven Komponente überwiegt, auch wenn sie gleichwohl den Ressourcen und Restriktionen (RREEMM-Modell, siehe Kapitel 4.1.3.3) zugeordnet werden könnten. Durch die Ermittlung soll deutlich werden, ob äußere Restriktionen zur Ablehnung von Biogasanlagen als weiteren Betriebszweig führen, wie z. B. fehlende Zeit und fehlendes Geld, oder ob intrinsische Ursachen zugrunde liegen. Tabelle 9 zeigt die zusammengefasste Verteilung der Antworten in den beiden Untersuchungsgebieten:

Tabelle 9: Verteilung der Motive für bzw. gegen den Bau einer Biogasanlage

	„sehr große und große Bedeutung" (Emsland/Düren)		„geringe und keine Bedeutung" (Emsland/Düren)	
fehlendes Wissen über Biogas	35,7	(27,5/45,0)	64,3	(82,5/55,0)
zu niedrige Gewinnerwartung	58,9	(56,5/61,7)	41,1	(43,5/38,3)
fehlende Flächen zur Ausbringung der Gärreste*	57,4	(75,4/36,7)	42,6	(24,6/63,3)
keine Zeit für den Betrieb einer Biogasanlage*	62,0	(79,7/41,7)	38,0	(20,3/58,3)
angespannte Finanzlage des Betriebes	41,9	(40,6/43,3)	48,1	(59,4/56,7)
negative Meinungen von Personen meines Umfeldes*	16,3	(23,2/8,3)	83,7	(76,8/91,7)
fehlende Hofnachfolge	36,4	(27,5/46,7)	63,6	(72,5/53,3)
zu viel Bürokratie (Genehmigungen etc.)	43,4	(33,3/55,0)	56,6	(66,7/45,0)
fehlende Bereitschaft, mit Landwirten zu kooperieren	27,9	(26,1/30,0)	72,1	(73,9/70,0)
fehlende Bereitschaft, Arbeitskräfte einzustellen	37,2	(36,2/38,3)	62,8	(63,8/61,7)
fehlende Nutzung für die anfallende Abwärme	72,1	(69,6/75,0)	27,9	(30,4/25,0)
zurzeit keine Investitionsentscheidung	52,7	(44,9/61,7)	47,3	(55,1/38,3)
Angst vor Konflikten (z. B. mit Berufskollegen)	13,2	(18,8/6,7)	86,8	(81,2/93,3)
Abhängigkeit von politischen Entscheidungen	63,6	(72,5/53,3)	26,4	(27,5/46,7)
Bedenken aufgrund fixer Erlöse für 20 Jahre	69,5	(73,5/65,0)	30,5	(26,5/35,0)

Quelle: Eigene Erhebung, n=129, * Unterschiede zwischen DN und EL signifikant: Chi^2-Test: p < 0,01.

Gut ein Drittel der Befragten gab an, ein Motiv gegen den Bau einer Anlage sei das fehlende Wissen über die Biogastechnologie. In Düren ist dieser Prozentsatz um etwa 17 % höher als im Emsland, was auf die geringe Vieh- und Biogasdichte im Kreis Düren zurückgeführt werden kann. Ebenfalls auf diesem Sachverhalt könnte die Befürchtung vor dem bürokratischen Aufwand eines Anlagenbetriebs beruhen. Da in einer viehreichen Region die Landwirte vermehrt mit Genehmigungsverfahren etc. in Berührung kommen, liegt dieser Prozentsatz in Düren mit 55 % um knapp 20 Prozentpunkte höher als bei den emsländischen Befragten (33,3 %). Ca. 60 % der befragten Landwirte würden keine Biogasanlage errichten, weil ihnen hierfür sowohl Fläche zur Ausbringung der Gärreste als auch die notwendige Zeit fehle. Bei beiden genannten Faktoren ist der Anteil der Bestätigungen im Emsland etwa doppelt so hoch. Dass die Begrenzung durch Flächen zur Gärresteausbringung in einer viehdichten Region problematischer gesehen wird als in einer Ackerbauregion, ist nicht überraschend. Der Faktor Zeit hingegen zeigt, dass die meisten der emsländischen Befragten bereits am zeitlichen Limit zu arbeiten scheinen. Zum Teil ist dies auf den hohen Anteil an viehhaltenden Betrieben zurückzuführen, da die Versorgung der Tiere einen großen Anteil an Sockelarbeitszeit pro Tag bindet. Vor dem Hintergrund, dass knapp 28 % grundsätzlich nicht zu einer Kooperation mit anderen Landwirten bereit wären und etwa 37 % grundsätzlich keine Mitarbeiter einstellen würden, wirkt diese Einstellung plausibel.

Die Flächenverfügbarkeit und die benötigte Arbeitszeit kann im Vergleich beider Regionen im Emsland als Restriktion und in Düren als Ressource verstanden werden. Hinsichtlich der kooperativen Bereitschaft unterscheiden sich die Regionen nicht wesentlich voneinander. Da jedoch bei der Errichtung und beim Betrieb von Biogasanlagen Kooperationen in den meisten Fällen notwendig sind (Maisanbau, finanzielle Beteiligung etc.) stellen sich diese Determinanten als eine Restriktion dar, die überwunden werden könnte. Als nicht zu überwinden hingegen könnten die sozialen Restriktionen bezeichnet werden, die sich auf mögliche Konfliktpunkte beziehen: Rund 16 % der Landwirte gaben an, ein Motiv gegen den Bau einer Biogasanlage wären negative Meinungen im persönlichen Umfeld. 12 % befürchten Konflikte mit Berufskollegen. Im Emsland erwarten etwa dreimal so viele Landwirte diese Differenzen wie im Kreis Düren. Aufgrund der bereits geäußerten mangelnden Flächenverfügbarkeit und des Pachtpreisniveaus scheinen diese Unterschiede plausibel.

Knapp 60 % führen an, dass sie keine Anlage bauen, weil sie Biogasanlagen im Hinblick auf die Gewinnerwartung für nicht attraktiv genug hielten. Die Hälfte der Befragten äußerte, dass ohnehin keine Investitionsentscheidung anstünde. Ungefähr 42 % betonen, eine Anlage aufgrund der unentspannten finanziellen Situation des eigenen Betriebes nicht verantworten zu können/wollen. In der Studie „Bioenergie und Biogasförderung nach dem neuen EEG und ihre Auswirkungen auf Natur und Landschaft" wird der Kapitaleinsatz von über 70 % Landwirten als problematisch eingeschätzt. PÖLKING ET AL. kommen zu dem Schluss, dass das Kapital die bedeutendste Determinante für die Entscheidung für oder gegen eine Biogasanlage ist.[337] Dieser These kann aufgrund der für diese Studie erhobenen Daten nicht bestätigt werden, allerdings sind abschließende Aussagen wegen der verschiedenen Erhebungsdesigns nur schwer möglich.

Etwa 36 % der Betriebe stehen vor dem Problem der ungeklärten Hofnachfolge und äußerten, deshalb keine langfristigen Investitionen zu tätigen. Die Bedenken, sich über eine lange Periode an eine Produktionsart zu binden, die stark von der Politik abhängig sei, äußerten rund 64 %. Etwa 70 % hatten darüber hinaus Befürchtungen im Hinblick darauf, dass die Erlöse aus dem EEG für 20 Jahre fix seien, und eine Prognose der Preisentwicklung auf den Agrarmärkten unvorhersehbar erschiene.

Diese Zahlen berücksichtigend scheinen ökonomische Gesichtspunkte die einflussreichsten Restriktionen im Hinblick auf den Bau von Biogasanlagen zu sein.

Über 70 % äußerten als Motiv gegen den Bau einer Anlage, keine Nutzung für die Abwärme zu finden. Dieser hohe Anteil lässt auf eine Mischung von sozialen und finanziellen Restriktionen schließen. Auf der einen Seite scheinen die Landwirte zu wissen, dass ein ökonomischer Betrieb ohne Wärmenutzung (KWK-Bonus) schwer möglich ist. Auf der anderen Seite erfordert ein schlüssiges Wärmekonzept hohe soziale und kommunikative Kompetenzen, um Wärmeabnehmer von der Abwärme der Biogasanlage überzeugen zu können.

Zur Bildung einer Skala wurden die einzelnen Items summiert. Die Reliabilität der Skala wurde geprüft (Cronbachs Alpha: 0,789). Es mussten keine Items entfernt werden. Zur Überprüfung der Hypothese *je mehr Bedenken individueller Determinanten gegen den Bau einer Biogasanlage bestehen, desto niedriger die Akzeptanz* wurde der Zusammenhang zwischen beiden Variablen ermittelt. Es wurde keine signifikante Korrelation festgestellt, also spielt die Vielzahl der individuellen Bedenken gegenüber dem Bau einer Biogasanlage keine Rolle im Hinblick auf die Höhe der allgemeinen Akzeptanz.

Signifikante Korrelationen (Spearmans-Roh) mit der Akzeptanz liegen hingegen bei folgenden isolierten Variablen unter Berücksichtigung der gesamten Stichprobe vor:

---

[337] Vgl. Pölking et al.: Bioenergie und Biogasförderung nach dem neuen EEG und ihre Auswirkungen auf Natur und Landschaft, a. a. O., S. 57.

- *fehlende Flächen zur Ausbringung der Gärreste:* $(-0,364; p < 0,01)$
- *keine Zeit:* $(-0,208; p < 0,05)$
- *negative Meinung des privaten Umfeldes:* $(-0,414; p < 0,01)$
- *Konflikte mit Berufskollegen:* $(-0,389; p < 0,01)$
- *Politikabhängigkeit:* $(-0,241; p < 0,01)$

Bis auf den Faktor *Zeit* sind alle signifikanten Faktoren eindeutig nachvollziehbar: Diese Determinanten beziehen sich über die individuelle (betriebliche) Akzeptanz hinaus auf die gesellschaftliche Ebene.

Nach der Beurteilung dieser verschiedenen Bedenken wurden die Befragten wiederum gebeten, den bewerteten Motiven Ränge zuzuweisen. Während im Emsland die *fehlende Fläche zur Gärresteausbringung* und die *fehlende Zeit* als wesentliche Kriterien genannt wurden, lagen die Bedenken in Düren im Wesentlichen bei den Faktoren *Hofnachfolgeproblemen, angespannten Finanzen* und *fehlendem Wissen*. Nach dem Mann-Whitney-U-Test konnten signifikante Unterschiede zwischen den Landkreisen bei den Variablen *fehlende Güllefläche, fehlende Zeit, fehlende Wärmenutzung, angespannte Finanzen* und *fehlende Hofnachfolge* nachgewiesen werden.

4.1.3.1.4 Bereitschaft zum Anbau von Energiepflanzen

Analog zu den eben genannten Bedenken im Hinblick auf den Bau einer Biogasanlage auf dem eigenen Betrieb, bestehen ähnliche Kriterien für den Anbau von Energiepflanzen für Biogasanlagen in der Nähe. Den Landwirten wurden hierfür wiederum mehrere Möglichkeiten vorgestellt, die Frage

Warum bauen Sie keine Energiepflanzen an?

zu beantworten. Die Landwirte, die bereits Energiepflanzen für eine Biogasanlage anbauen, wurden darum gebeten, mit der nächsten Frage fortzufahren. Auf einer Vierer-Skala („stimme voll zu" bis „lehne völlig ab") äußerten die Landwirte ihre Meinung zu folgenden Aussagen:

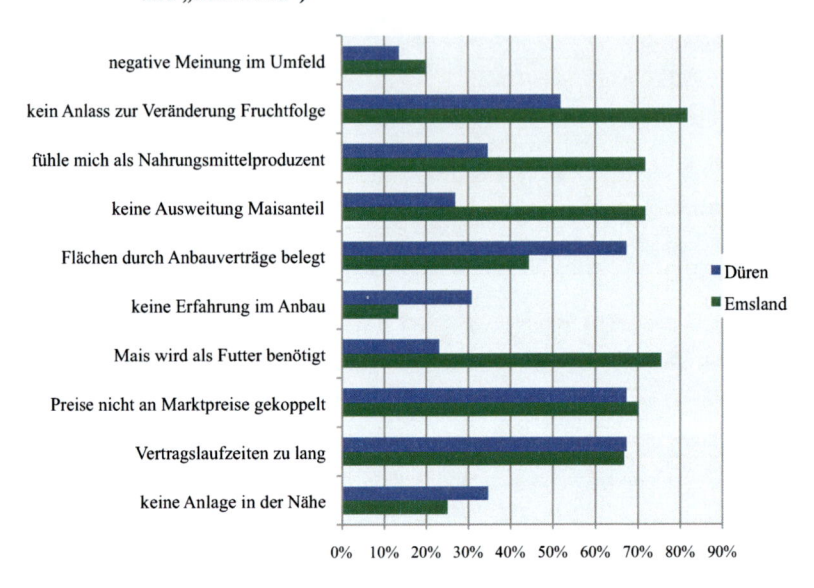

Abbildung 25: Determinanten für den Anbau von Energiepflanzen („stimme voll zu" und „stimme zu")

Determinante	Düren	Emsland
negative Meinung im Umfeld	~15%	~20%
kein Anlass zur Veränderung Fruchtfolge	~50%	~82%
fühle mich als Nahrungsmittelproduzent	~35%	~70%
keine Ausweitung Maisanteil	~28%	~70%
Flächen durch Anbauverträge belegt	~65%	~45%
keine Erfahrung im Anbau	~30%	~13%
Mais wird als Futter benötigt	~22%	~75%
Preise nicht an Marktpreise gekoppelt	~65%	~65%
Vertragslaufzeiten zu lang	~65%	~65%
keine Anlage in der Nähe	~35%	~25%

Quelle: Eigene Erhebung, n=113.

Auch beim Anbau von Energiepflanzen wird deutlich, dass große Unterschiede zwischen den Untersuchungsregionen bestehen.

Besonders erwähnenswert ist, dass die emsländischen Befragten v. a. Bedenken im Hinblick auf die Fruchtfolge haben: Über 80 % der Befragten gaben an, keinen Anlass zur Änderung der Fruchtfolge zu sehen, über 70 % möchten den Maisanteil nicht ausweiten. Vor dem Hintergrund, dass bereits knapp die Hälfte der Ackerflächen im Landkreis Emsland mit Mais bestellt werden, zeugt dies von dem Bestreben, Monokulturen nicht noch weiter auszubauen. Ebenfalls fühlen sich über zwei Drittel der emsländischen Landwirte nicht als „Energiewirte", sondern als Produzenten von Nahrungsmitteln und würden aus diesem Grund keine Energiepflanzen anbauen. Dieses Ergebnis korrespondiert mit der Tatsache, dass über 70 % der Befragten im Emsland Maisflächen für die Fütterung im eigenen Betrieb benötigen.

In Düren sind diese Bedenken aufgrund der geringen Viehdichte nicht von Bedeutung. Daher ist der Anteil der Dürener, die keine Erfahrung im Anbau von Energiepflanzen (Mais) haben, mit 30 % etwa doppelt so hoch wie im Emsland. In Düren scheinen die Zweifel eher in der ackerbaulichen Produktion begründet zu sein: Knapp 70 % der Landwirte stehen in Düren keine Flächen zur Verfügung, da sie bereits Anbauverpflichtungen unterliegen (Zuckerrübenanbau). Im Emsland stimmt dieser Aussage nur die Hälfte der Befragten zu (Anbau von Industriekartoffeln).

Die Bedingungen der Anbauverträge für Energiepflanzen überzeugen weder die emsländischen noch die Dürener Landwirte: Je 65 % beurteilen die Vertragslaufzeiten als zu lang und bemängeln die fehlende Bindung an Marktpreise, die insbesondere in älteren Verträgen nicht berücksichtigt wurde.

Nachdem die Befragten die aufgeführten Bedenken gegenüber dem Energiepflanzenanbau äußerten, wurden sie darum gebeten, die drei wichtigsten Gründe, die gegen den Anbau von Energiepflanzen sprechen, in einer Rangfolge aufzuführen. Die Ergebnisse entsprechen den zuvor dargestellten Ergebnissen: Während die Dürener die Hauptursache darin sehen, dass viele Flächen für den Zuckerrübenanbau verwendet werden, geben die emsländischen Befragten erstrangig an, die Flächen für die Fütterung des eigenen Viehbestandes zu benötigen.

Um die Hypothese *je mehr Bedenken im Hinblick auf den Anbau von Energiepflanzen, desto geringer die allgemeine Akzeptanz* zu überprüfen, wurde vor der Bildung der Skala die Reliabilität geprüft: Cronbachs Alpha beträgt 0,639 und liegt damit im akzeptablen Bereich. Dieser Wert wurde erst erreicht, nachdem das Item *Flächen durch Anbauverträge bereits belegt* entfernt wurde. Mit diesem Item in der Skala ergab sich nur ein Wert von 0,43.

Die Überprüfung der Hypothese zeigte eine Korrelation von 0,436 ($p < 0,01$). Demnach stehen die Bedenken, die gegen den Anbau von Energiepflanzen auf dem eigenen Betrieb sprechen, im Zusammenhang zur allgemein geäußerten Akzeptanz.

Interessant ist hierbei, dass dieser Zusammenhang nicht im Hinblick auf den Bau von Biogasanlagen besteht (siehe vorheriges Kapitel). Somit zeichnet sich als dominierende Restriktion ab, dass die Akzeptanz bei Landwirten weniger durch die Anlagen selbst bestimmt wird als vielmehr durch den damit verbundenen Anbau von Energiepflanzen. Dieser Zusammenhang wird ebenfalls durch die folgenden nennenswerten Korrelationen bestätigt, die zwischen den einzelnen Items und der geäußerten Akzeptanz festgestellt wurden (Spearmans-Roh):

- *kein Anlass zur Veränderung der Fruchtfolge:*   *0,309; (p < 0,01)*
- *keine Ausweitung des Maisanteils in der Fruchtfolge:*   *0,489; (p < 0,01)*
- *Mais wird als Futter benötigt:*   *0,325; (p < 0,01)*
- *Identität als Nahrungsmittelproduzent:*   *0,588; (p < 0,01)*
- *negative Meinungen im Umfeld:*   *0,329; (p <0,01)*

Die ersten drei Faktoren beziehen sich auf Aspekte der Flächenkonkurrenz und der Problematik der Monokultur Mais. Die letzten zwei Komponenten beziehen sich auf soziale Gesichtspunkte, die bei der Akzeptanz eine wesentliche Rolle als soziale Restriktion einzunehmen scheinen.[338]

Abschließend kann festgestellt werden, dass die aufgeführten affektiven Komponenten im Hinblick auf die Einstellung von Biogasanlagen eng mit den konativen Komponenten korrespondieren.

4.1.3.2 Akzeptanzbestimmende Faktoren – die kognitive Komponente

Inwieweit die kognitive Komponente von Bedeutung ist, wurde zunächst durch das Abfragen von Wissen ermittelt:

- *Was schätzen Sie: Wie viel ha Ackerfläche sind ungefähr notwendig, um eine Biogasanlage (Nawaro) durchschnittlicher Größe (0,5 MW_{el}) betreiben zu können?*
- *Was vermuten Sie: Wie viele Biogasanlagen gibt es in Ihrem Landkreis?*[339]

Zur ersten Frage wurden vier Kategorien zum Ankreuzen vorgegeben (30 ha, 80 ha, 200 ha, 500 ha), die zweite Frage wurde offen gestellt. Den Antworten wurden in Abhängigkeit vom Abweichen zu den richtigen Antworten Schul-Noten (Eins bis Fünf) zugewiesen. Anschließend wurde gleichgewichtet aus den beiden zu erreichenden Noten eine einzige gebildet. Es stellte sich folgendes Ergebnis ein:

Insgesamt scheinen die Landwirte sich gut mit dem Thema Biogas auszukennen. Sowohl aus fachlicher Sicht (Flächenverbrauch) als auch auf lokaler Ebene (Anlagenanzahl im Kreis) kennen sich die meisten Befragten gut aus. Zwischen dem Emsland und Düren bestehen keine signifikanten Unterschiede. In beiden Regionen erreichten die Landwirte die Note zwei (arithmetische Mittel: Düren 1,9; Emsland: 2,0). Knapp die Hälfte der Landwirte konnte ein sehr gutes Wissen über Biogas nachweisen, 30 % verfügten über ein gutes Wissen, 16 % wiesen ein befriedigendes Wissen auf. Nur 4 % der Befragten hatten ein

---

[338] Multikollineare Effekte wurden nicht berücksichtigt, vgl. Kapitel 4.1.4 dieser Arbeit.
[339] Richtige Antwort: 200 ha; sechs Biogasanlagen in Düren, 51 im Emsland.

mangelhaftes Wissen über Biogas. Die Frage nach dem Flächenverbrauch beantworteten 70 % der Befragten richtig und war somit leichter zu beantworten als die Frage nach der Anzahl der Biogasanlagen im Kreisgebiet.

Zwischen dem Wissen und der Akzeptanz von Biogasanlagen konnte kein signifikanter Zusammenhang nachgewiesen werden. Die These, dass *die Akzeptanz von Biogasanlagen abhängig vom Wissen ist,* muss daher abgelehnt werden.

Ein weiteres Indiz, dass die kognitive Komponente keinen Einfluss auf die Akzeptanz (konative Komponente) zu haben scheint, bestätigt die Auswertung folgenden Items (Vierer-Skala „Stimme voll zu" bis „lehne völlig ab"):

Für eine Beurteilung der Biogastechnologie habe ich einfach zu wenig Wissen.

22,2 % stimmten dieser Aussage zu. Es konnte kein signifikanter Unterschied zwischen den Regionen nachgewiesen werden. Auch diese Aussage korreliert nicht mit der Akzeptanz. Des Weiteren ist interessant, dass die Selbsteinschätzung der Befragten über ihr Wissen als schlecht bezeichnet werden kann. Die Korrelation der eigenen Wissenseinschätzung mit der Note aus der Wissensabfrage beträgt nur -0,173 (Spearmans-Roh; $p < 0,05$). Abschließend wurde der Einfluss der kognitiven Komponente auf die affektive Komponente geprüft. Es konnten keine signifikanten Zusammenhänge nachgewiesen werden.

Für die Landwirte kann demnach geschlussfolgert werden, dass die Akzeptanz kaum durch Wissensvermittlung beeinflusst werden kann. Das Wissen der Landwirte ist überwiegend gut bis sehr gut. Die Handlungsabsichten (konativ) werden ausschließlich von den affektiven Komponenten beeinflusst. Für (potenzielle) Biogasanlagenbetreiber bedeutet das, dass Wissensvermittlung keine bedeutsame Akzeptanzsteigerung bewirken kann.

4.1.3.3 Akzeptanzrelevante Faktoren

Im Folgenden werden die nach LUCKE abgeleiteten Determinanten zur Akzeptanz im Hinblick auf ihre Relevanz untersucht. Sie stellen im Rahmen des RREEMM-Modells die Logik der Situation dar. Die folgenden Einflussfaktoren stellen die indirekten Ressourcen und Restriktionen dar, anhand derer die befragten Individuen ihre Handlungsalternative bestimmen. Neben der Erstellung deskriptiver Statistiken werden auch bivariate Analysen durchgeführt, um den Einfluss der jeweiligen Variable auf den geäußerten Akzeptanzwert zu bestimmen. Diese Vorgehensweise muss kritisch betrachtet werden: Einander bedingende Korrelationen der unabhängigen Variablen werden hierbei vernachlässigt (Multikollinearität). Um aber die Variablen mit anderen fachspezifischen Studien vergleichen zu können, die eine abweichende Art und Kombination von Variablen aufweisen, ist dieses Vorgehen für die vorliegende Studie gewählt worden. Für die Ermittlung des exakten Zusammenhangs der Akzeptanz mit den jeweiligen Variablen unter Berücksichtigung der Multikollinearität sei hier auf Kapitel 4.1.4 verwiesen, in dem die Ergebnisse der regressionsanalytischen Auswertung betrachtet werden.

4.1.3.3.1 Biografieebene

Die akzeptanzrelevanten Faktoren, die durch die Biografieebene beschrieben werden, beziehen sich in dieser Untersuchung sowohl auf die soziostrukturellen Zugehörigkeiten der Landwirte (Geschlecht, Alter, Bildungsabschluss) als auch auf deren Betriebe (Bewirtschaftungsform, Höhe des Gewinns, Betriebszweige). Die meisten deskriptiven Angaben zu diesen Aspekten sind bereits ausführlich in Kapitel 4.1.1 dieser Arbeit beschrieben.

Keinen Einfluss[340] auf die Akzeptanz hatten die folgenden soziostrukturellen Zugehörigkeiten:

- *Geschlecht*
- *Alter*
- *Schul-/Ausbildungsabschluss*
- *Haupt-/Nebenerwerbsbetrieb*[341]
- *konventionelle/ökologische Bewirtschaftungsweise*
- *Höhe des Gewinns (alle Betriebe sowie getrennt nach Betriebszweigen)*

Bei den Variablen Geschlecht und ökologische Bewirtschaftungsweise muss darauf hingewiesen werden, dass aufgrund der niedrigen Anzahl der Befragten in einzelnen Untergruppen der Stichprobe nicht eindeutig gesagt werden kann, dass kein Unterschied im Hinblick auf die Akzeptanz zwischen männlichen und weiblichen bzw. ökologisch und konventionell wirtschaftenden Landwirten besteht.

Die Thesen, *dass jüngere/gebildetere/finanziell besser ausgestattete Betriebsleiter eine höhere Akzeptanz gegenüber Biogasanlagen haben*, können nicht bestätigt werden.

---

[340] Mithilfe von Mann-Whitney-U-Test, Kruskal-Wallis-H-Test und Korrelation geprüft: p > 0,05)
[341] In der gesamten Stichprobe wurde zwar ein signifikanter Unterschied zwischen Haupt- und Nebenerwerbslandwirten festgestellt. Da aber in der emsländischen Stichprobe kaum Nebenerwerbslandwirte vertreten sind, wurde die Stichprobe getrennt nach Regionen betrachtet. Nach der Trennung konnte kein signifikanter Unterschied in beiden Regionen nachgewiesen werden. Der ursprünglich aufgetretene Unterschied lag also darin begründet, dass in Düren ohnehin eine höhere Akzeptanz vorlag.

Tabelle 10 gibt einen Überblick über die Landbewirtschaftung und die Viehhaltung in den beiden Untersuchungsregionen und zeigt die entsprechenden Akzeptanzwerte: Neben den prozentualen Anteilen wird die durchschnittliche Landbewirtschaftung der jeweiligen Kategorien dargestellt. Daneben wurden die verschiedenen Höhen der Akzeptanz ermittelt sowie die Korrelation zwischen der Höhe der Akzeptanz und dem Ausmaß der jeweiligen Flächennutzung herausgestellt.

Tabelle 10: Akzeptanz in den verschiedenen Betriebszweigen

	Anteil der Befragten	EL/DN (in %)	∅ ha	Akzeptanz (∅ 62)	Korrelation
Landbewirtschaftung	96,7 %	96,2/97,2	65	**63**	-
- Getreide	91,3 %	93,0/84,5	32	**63**	-
- Mais	68,8 %	92,2/33,8	36	**57**	0,212*
- Kartoffeln	40,6 %	40,3/35,2	36	**63**	-
- Zuckerrüben	43,5 %	3,4/80,3	19	**79**	-
- Grünland	57,2 %	63,6/42,3	16	**59**	-0,307**
	Anteil der Befragten	EL/DN (in %)	zentrales Standbein (in %)	Akzeptanz Halter/ Nichthalter	Unterschied Halter/ Nichthalter
Viehhaltung	61,6 %	87,0/25,3	44,0	**54/76**	
- Milchvieh	23,3 %	29,1/16,9	16,7	**56/65**	-
- Rindermast	30,0 %	50,6/7,0	12,7	**52/67**	**
- Schweinehaltung	30,7 %	58,2/0,0	20,0	**45/70**	**
- Geflügelmast	4,7 %	7,6/1,4	4,0	**76/62**	-
- Legehennen	2,0 %	1,3/2,8	0,7	**84/62**	-

Quelle: Eigene Erhebung, n=138; Signifikanzniveau ** p < 0,01; * p < 0,05 (Korrelation Spearmans-Roh; Viehhaltung: Mann-Whitney-U-Test).

Anbauer von Zuckerrüben haben eine deutlich höhere Akzeptanz im Hinblick auf Biogasanlagen als Landwirte, die keine Zuckerrüben in der Fruchtfolge haben. Dies kann aber auf die höhere Akzeptanz im Kreis Düren zurückgeführt werden, da die emsländischen Befragten kaum Zuckerrüben anbauen. Es sind Zusammenhänge beim Maisanbau und der Grünlandwirtschaft nachgewiesen worden. Je mehr Mais ein Landwirt anbaut, umso höher die Akzeptanz (schwacher Zusammenhang). Die Erfahrung im Maisanbau scheint sich demnach leicht positiv auf die Akzeptanz auszuwirken. Je mehr Grünland bewirtschaftet wird, umso geringer die Akzeptanz. Die negative Korrelation zur Akzeptanz ist vermutlich begründet durch die zum Grünland komplementäre Viehhaltung (Milchviehhaltung, Rindermast).

Bei den Rindermästern ergibt sich ein höchstsignifikanter Unterschied in der Akzeptanz von 15 Punkten im Vergleich zu den Nicht-Rindermästern; bei den Milchviehhaltern besteht ein Unterschied von neun Punkten. Hier konnte jedoch keine Signifikanz nachgewiesen werden. Die höchste Differenz besteht bei den schweinehaltenden Betrieben: Ihre Akzeptanz ist um 25 Punkte niedriger als bei den Nicht-Haltern. Sie stellen die Gruppe dar, die die niedrigste Akzeptanz gegenüber Biogasanlagen äußert. Dies ist begründet durch die Ängste der Gärresteausbringung und der steigenden Pachtpreise (ebenfalls höchstsignifikante Unterschiede zwischen Haltern und Nicht-Haltern, Mann-Whitney-U-Test).

In diesem Zusammenhang erscheint es interessant, dass die Geflügelhalter (Mast und Hennen) – bei denen ähnliche Ängste wie bei den anderen Viehhaltern vermutet werden könnten – eine höhere Akzeptanz gegenüber Biogasanlagen äußern. Aufgrund der geringen Anzahl an Geflügelhalter konnten diese Unterschiede jedoch nicht statistisch bestätigt werden. Diese höhere Akzeptanz bei den Geflügelhaltern könnte daraus resultieren, dass die Geflügelmäster über eine bessere finanzielle Ausstattung verfügen (Median > 100.000 € Gewinn/Jahr, Schweinehaltung: Median 60-100.000 €/Jahr) und somit steigende Pachtpreise für diese Gruppe weniger relevant erscheinen. Ferner sind die Heizkosten bei den Hähnchenmästern von großer Bedeutung und Geflügelmist stellt ein besonders energiereiches Substrat für eine Biogasanlage dar, sodass eine Kombination von Geflügelmast und Biogaserzeugung ideal erscheint.

Etwa 59 % der milchviehhaltenden Betriebe in der Stichprobe planen, ihre Milchviehhaltung zu erweitern. Bei diesen Landwirten liegt die Akzeptanz bei 46 (knapp 20 Punkte unter den Nicht-Milchviehhaltern, zehn Punkte niedriger als Milchviehhalter, die keine Erweiterung planen). Die gleiche Tendenz ist bei denen zu beobachten, die angeben, dass die Milchviehhaltung das zentrale Standbein des Betriebes sei.

34 % der Rindermäster planen eine Erweiterung ihrer Mast, 57 % der schweinehaltenden Betriebe planen ebenfalls eine Vergrößerung ihrer Kapazitäten. Bei diesen beiden Gruppen ist der Akzeptanzwert allerdings genauso hoch wie bei ihren Kollegen, die keine Erweiterung dieser Betriebszweige planen. Auch hier sind die aufgezeigten Tendenzen analog bei den Landwirten zu beobachten, die die genannten Betriebszweige als zentrales

Standbein beurteilten. Durch die genannten Werte wird deutlich, dass viele Landwirte, die sich an der Befragung beteiligt haben, eine Erweiterung ihres Betriebes planen. Die Milchviehhalter, die eine Vergrößerung ihrer Kapazitäten planen, weisen demnach zusammen mit der Gruppe der Schweinehalter die niedrigsten Akzeptanzwerte auf.

Aus allen dargelegten Informationen lässt sich folgern, dass die Erhebung der Akzeptanz mithilfe der Akzeptanzskala als valide bezeichnet werden kann (Konstruktvalidität). Alle genannten Zusammenhänge sind verständlich zu deuten und waren zu erwarten (vgl. Kapitel 4.1.2.1).

Anteil der Pachtflächen

Nur 3,2 % der Betriebe in der Stichprobe haben keine Flächen dazugepachtet. Etwa ein Drittel der Betriebe pachtet bis zu einem Drittel ihrer Eigentumsfläche von anderen Landwirten, ein weiteres Drittel pachtet bis zu zwei Drittel ihrer Eigentumsfläche hinzu; abschließend verfügt das letzte Drittel der Landwirte über Pachtflächen bis zur gleichen Höhe ihrer Eigentumsflächen.

Da die Befürchtung der steigenden Pachtpreise geäußert wurde, liegt es nahe, dass diejenigen mit höherem Pachtanteil über eine niedrigere Akzeptanz verfügen. Dieser Zusammenhang konnte jedoch weder in der gesamten noch in der aufgeteilten Stichprobe (Emsland/Düren) nachgewiesen werden. Ferner konnte kein Zusammenhang zwischen der Pachtfläche und der Höhe des Gewinns bestätigt werden. Ebenfalls besteht keine Korrelation zwischen der Anzahl der Pachtflächen und der Befürchtung vor steigenden Pachtpreisen. Für weitere Untersuchungen wäre interessant zu ermitteln, welcher Anteil der gesamten Produktionskosten im Verhältnis zum Gewinn auf die Pachtflächen entfallen.

Heizsituation als weitere ökonomische Komponente

Zwei Drittel der Betriebe im Emsland heizen ihren Betrieb mit Erdgas, in Düren sind dies lediglich 18 %. Mit Heizöl heizen etwa ein Drittel der emsländischen Befragten und zwei Drittel der Dürener. Nahezu alle Landwirte heizen mit mehreren Quellen, um ihr Wohnhaus und ihre Stallungen zu erwärmen. Ungefähr ein Drittel aller Landwirte verwendet Holz für das Heizen im Wohnhaus. 14 % der Emsländer und 25 % der Dürener verfügen über eine strombetriebene Heizmöglichkeit. Erdwärme findet so gut wie keine Anwendung (lediglich im Emsland von 1,3 % der Befragten). Flüssiggas wird von 15 % der Befragten im Emsland und von 4,2 % der Dürener zum Heizen benutzt; Sonnenenergie von 4 % der Emsländer und 1,4 % der Dürener. In der Stichprobe befinden sich 7,6 % der emsländischen Landwirte, die Abwärme von einer Biogasanlage nutzen, in Düren beträgt dieser Anteil 1,4 %.

Bei den Anwendern der erneuerbaren Energiequellen Sonne, Erdwärme und Biogas finden sich erhöhte Akzeptanzwerte für Biogas, die aufgrund der geringen Anzahl der Nutzer in der Stichprobe nicht als signifikant bezeichnet werden können. Ansonsten lässt sich zwischen bisheriger Heizart und der Akzeptanz kein Unterschied festmachen.

Das Alter der Heizungsanlagen beträgt in der Stichprobe zwischen einem und 40 Jahren. In Düren beträgt das durchschnittliche Alter der Heizungsanlagen 13,3 Jahre und im Emsland 10,5. Die durchschnittlichen Heizkosten betragen mit 12.353 € im Emsland knapp das Fünffache der Dürener Kosten (2.545 €). Während die viehstarken Betriebe im Emsland oft bis zu 50.000 €/Jahr für Heizkosten aufbringen müssen (Ausreißerwert: 250.000 €/Jahr), liegen die Heizkosten in Düren selten über 5.000 €.

Ein Drittel aller Befragten gab an, Handlungsbedarf zu sehen, um die Heizkosten dauerhaft zu senken. Diejenigen, die Handlungsbedarf äußerten, verfügen über keine signifikant höhere Akzeptanz von Biogasanlagen als diejenigen, die keinen Handlungsbedarf sehen. Weder das Alter der Heizung noch die Höhe der Heizkosten stehen in einem signifikanten Zusammenhang mit der Akzeptanz.

Allerdings wurden von drei Landwirten unter „Sonstiges" positive Erfahrungen mit der Verwendung von Abwärme aus Biogasanlagen geäußert. Ein Beispiel aus der emsländischen Stichprobe: „Bevor wir die Wärme aus der Biogasanlage genutzt haben, mussten wir für die Beheizung unserer Hähnchenmastställe 50.000 €/Jahr bezahlen. Nachdem wir unsere Anlage in Betrieb genommen haben, sparen wird die und bekommen obendrein noch den KWK-Bonus. Betriebe mit hohem Wärmebedarf sollten über eine Anlage nachdenken."

4.1.3.3.2 Situations- und Problemebene

Die Situations- und Problemebene differenziert sich in die Aspekte: Problemrelevanz, Betroffenheit und Beeinflussbarkeit der Situation.

Problemrelevanz

Um die Relevanz des Themengebietes Biogas abzufragen, wurde zunächst das Interesse auf einer Vierer-Skala ermittelt:

Interessieren Sie sich für Biogasanlagen?

68 % der Befragten äußerten, dass sie sich für Biogas interessieren („ja" und „eher ja"), davon 56 % im Emsland und 82 % der Dürener Befragten. Die Korrelation mit der Akzeptanz beträgt 0,646 (Spearmans-Roh; $p < 0,01$), somit kann die Hypothese *je größer das Interesse, desto höher die Akzeptanz* für richtig erklärt werden. Dennoch sei an dieser Stelle darauf hingewiesen, dass eine eindeutige Interpretation von Ursachen-Wirkungsbeziehung nicht vorgenommen werden kann.

Neben dem Interesse wurde nach der Konfrontationshäufigkeit gefragt:

Wie häufig werden sie mit dem Thema Biogas konfrontiert?

40 % aller Landwirte werden „oft" mit dem Thema Biogas konfrontiert (47 % im Emsland, 33 % in Düren); 48 % „manchmal", 10 % „selten" und „nie" nur 2 % der Befragten. Spearmans-Roh beträgt -0,194 ($p < 0,05$), somit ist nur ein schwacher Zusammenhang vorzuweisen; werden nur die Dürener betrachtet, ergibt sich eine Korrelation von -0,442 ($p < 0,01$). Die Konfrontation allein scheint sich daher nur in Gebieten mir einer niedrigen Anlagendichte auf die Akzeptanz auszuwirken: In Gebieten, in denen Biogasanlagen nicht häufig vorhanden sind, werden nur diejenigen mit Biogas konfrontiert, die der Thematik aufgeschlossen gegenüberstehen bzw. die Konfrontation Einfluss auf die Höhe der Akzeptanz hat. In biogasdichten Regionen hingegen ist der Thematik nur schwer auszuweichen.

Betroffenheit

Die persönliche Betroffenheit und der Bezug zu Biogasanlagen wurde über Statements gemessen. Tabelle 11 zeigt die verschiedenen Varianten des Bezugs zu Biogasanlagen der Landwirte (Mehrfachantworten möglich):

Tabelle 11: Bezug zu Biogasanlagen in den Untersuchungsregionen

	„ja"	(EL/DN) in %	∅ Akzeptanz-wert (62)
Ich besitze eine Biogasanlage.	2 %	(3,8/0)	86,7
Ich bin Miteigentümer einer Biogasanlage.*	13,1 %	(6,2/20,5)	89,2
Ich kenne einen Biogasanlagenbetreiber.*	73,9 %	(86,2 /60,3)	58,8
Ich baue Pflanzen für eine Biogasanlage an.**	21,4 %	(23,5/19,2)	74,1
Ich kenne Landwirte, die Rohstoffe liefern.*	73,2 %	(75,0/71,2)	59,3
Ich habe schon einmal eine Anlage besichtigt.	55,6 %	(67,5/42,5)	59,1
Ich liefere Gülle zu einer Anlage.	5,8 %	(11,1/0)	62,0
In der Nähe steht eine Anlage.	82,5 %	(88,9/75,3)	61,0
Es soll in der Nähe eine Anlage gebaut werden.	20,3 %	(75,0/15,1)	56,7
Ich habe keinen Bezug zur Biogastechnologie.	5,9 %	(2,5/9,6)	71,3

Quelle: Eigene Erhebung, n=153, Akzeptanz-Unterschiede zwischen den Antwortmöglichkeiten „ja" und „nein": * signifikante Unterschiede auf dem 0,05-Niveau; ** auf dem 0,01-Niveau (Mann-Whitney-U-Test).

2 % der Befragten sind Eigentümer einer Biogasanlage (drei Landwirte), alle stammen aus dem Emsland. Ihre Akzeptanz ist mit 86,7 dementsprechend höher als das arithmetische Mittel aller Befragten (62). Dennoch ist diese Zahl überraschend, nur einer der drei Anlagenbetreiber äußerte eine Akzeptanz von 100. Ein weiterer hatte einen Akzeptanzwert von nur 70. Ähnlich verhält es sich auch bei den Miteigentümern einer Anlage. Der Akzeptanzwert liegt mit 89,2 weit über dem Durchschnitt, dennoch gaben einige der Miteigentümer Werte zwischen 60 und 70 an. Es zeigt sich, dass wiederum die partielle Akzeptanz von Bedeutung ist: Als Geldanlage wird die Biogasanlage in vollem Maße akzeptiert, in einer anderen Rolle bestehen Bedenken gegenüber einer Anlage.

Der Anteil der Miteigentümer ist in Düren besonders hoch. Dieser Sachverhalt liegt darin begründet, dass eine sich in der Nähe befindliche Anlage (Titz-Ameln) aus einem Maschinenring hervorgegangen ist und dementsprechend viele Landwirte jeweils geringe Anteile gezeichnet haben. Für jeden erworbenen finanziellen Anteil besteht die Verpflichtung zur Lieferung von Energiepflanzen, wodurch sich der ebenfalls hohe Anteil an Landwirten, die Energiepflanzen anbauen, erklärt.

Im Hinblick auf den Anbau von Energiepflanzen und Güllelieferung konnten keine signifikanten Korrelationen zwischen Lieferumfang und Akzeptanzhöhe festgestellt werden. In der Stichprobe befinden sich neun Landwirte, alle aus dem Emsland, die Gülle zu einer Anlage liefern. Vier davon liefern zwischen 500 und 1000 m^3, die übrigen bis zu 9000 m^3/Jahr.

Insgesamt bauen 33 Landwirte der Stichprobe Energiepflanzen an, davon 19 emsländische und 14 Dürener. Im Emsland bestellen die meisten Landwirte Flächen um die 15 ha, in Düren um vier Hektar. Die Spannbreite lag in Düren zwischen drei und 20 ha, im Emsland zwischen zwei und 120 ha.

Mit einem Akzeptanzwert von 74 liegen die Energiepflanzenanbauer zwar über dem arithmetischen Mittel, aber nicht weit davon entfernt. Ein Landwirt, der 23 ha Energiepflanzen anbaut, wies einen Akzeptanzwert von nur 38 auf.

Hier scheint sich ebenfalls zu bestätigen, dass Handlungen, die auf eine hohe Akzeptanz hindeuten, aufgrund der partiellen Akzeptanz nicht ausschlaggebend für die Höhe der Akzeptanz von Biogasanlagen sind. Sie werden als ökonomische Alternative betrachtet.

25 % der Landwirte gaben an, im Umkreis von zwei Kilometern Entfernung zu einer Biogasanlage zu wohnen, 65 % aller Befragten wohnten in einer Entfernung bis zu fünf Kilometern. 95 % der Betriebe finden in der Umgebung von zwölf Kilometern eine Biogasanlage vor. Die Entfernung hat ebenfalls keinen Einfluss auf die Akzeptanz, es konnte keine signifikante Korrelation nachgewiesen werden. Es scheint daher, dass die akzeptanzbestimmenden Bedenken, wie z. B. die Befürchtung steigender Pachtpreise, zur Zeit noch nicht eingetreten sein könnten, und sich eher auf die Zukunft beziehen.

Diejenigen, die keine rohstoffliefernden Landwirte kennen, weisen eine um zehn Punkte höhere Akzeptanz auf als die Landwirte, die Energiepflanzenanbauer persönlich kennen. Ähnliches ist bei den Befragten vorzufinden, die bereits eine Biogasanlage besichtigt haben. In dieser Gruppe war ebenso eine um zehn Punkte niedrigere Akzeptanz festzustellen. Diese Aussagen untermauern die Tatsache, dass die Landwirte, die keinen Bezug zu Biogasanlagen haben, eine wiederum um zehn Punkte größere Akzeptanz aufweisen als die, die einen Bezug nachweisen. Nur knapp 6 % der Befragten äußerten, keinen Bezug zur Biogastechnologie zu haben.

Die Landwirte, die wenig Bezug zu Biogas haben, scheinen eine höhere Akzeptanz aufzuweisen. Werden die Untersuchungsgebiete getrennt voneinander betrachtet, ist vermutlich wiederum die höhere Akzeptanz im Kreis Düren und der geringere Bezug zu Biogasanlagen in dieser Region hierfür ausschlaggebend.

Die Landwirte in den Untersuchungsregionen stehen in vielfältigen Beziehungen zu Biogasanlagen, sodass die Thematik von Interesse ist. Über die Hälfte der Landwirte hat bereits eine Anlage besichtigt. Diese Gruppe hat allerdings keine besondere Abweichung vom Mittelwert hinsichtlich der Akzeptanz. Es wird insgesamt deutlich, dass die Betroffenheit eher von untergeordneter Bedeutung ist.

Beeinflussbarkeit

Das Selbstwirksamkeitskonzept nach BANDURA befasst sich mit Annahmen über die Bedeutung von Selbstkompetenzen. In diesem Zusammenhang werden für diese Studie Elemente angewendet, die sich mit Kompetenzen befassen, Situationen realistisch bewerten und sich selbst motivieren zu können.[342] Für die Erhebung der Akzeptanz von Biogasanlagen ist hierfür bedeutend, inwieweit die Befragten davon überzeugt sind, durch eigenständiges Handeln etwas verändern zu können. Sehen die Befragten sich eher ohnmächtig, wählen sie eher gleichgültige Haltungen. Sehen sie hingegen Möglichkeiten, Situationen durch persönliches Engagement zu verändern, seien extreme Akzeptanzwerte zu erwarten. Die Landwirte wurden in diesem Zusammenhang mit folgenden Items konfrontiert, die sie auf einer Vierer-Skala bewerten sollten („stimme voll zu" bis „lehne völlig ab"):

- *Ein Einzelner, der etwas gegen den Bau von Biogasanlagen unternimmt, kann die Entwicklung doch nicht aufhalten.*
- *Ich glaube nicht, dass mein Engagement gegen Biogasanlagen Gewicht hat.*
- *Durch Engagement kann man ohnehin nichts gegen die Behörden erreichen.*

Aus diesen Items wurde eine Skala gebildet, Cronbachs Alpha beträgt 0,705. Die Skala verfügt zwischen drei und zwölf Punkten, wobei niedrige Punktzahlen eine niedrige Selbstwirksamkeit bedeuten. In der Stichprobe verfügen 36 % über eine niedrige Selbstwirksamkeit (3-6 Punkte), 42,6 % über eine mittlere (7-8 Punkte) und 21,4 % über eine hohe Selbstwirksamkeit (9-12 Punkte, n=153). Es bestanden keine signifikanten Unterschiede zwischen den Untersuchungsregionen. Ebenfalls konnten keine signifikanten Akzeptanzunterschiede in den drei Selbstwirksamkeitsklassen nachgewiesen werden. Die Hypothese *je höher die Selbstwirksamkeit, desto extremer die Akzeptanz* konnte nicht bestätigt werden.

Die Zahl derer, die durch eigenes Engagement Veränderungen zu bewirken glaubt, ist als recht hoch zu betrachten. Die Befragten scheinen sich nicht ohnmächtig zu fühlen: Selbst bei überwiegend standardisierten Genehmigungsverfahren – wie im Bereich der Biogasanlagen (siehe Kapitel 2.2.1) – scheint ihre Akzeptanz nicht davon betroffen zu sein.

---

[342] Bandura, A.: Self-efficacy in changing societies. Cambridge 1999, S. 160 ff.

Abschließend fällt auf, dass die Situations- und Problemebene insgesamt keinen besonders hohen Einfluss auf die Akzeptanz zu scheinen hat.

4.1.3.3.3 Akteursebene

Die Akzeptanz ist neben der Einstellung zum Akzeptanzobjekt von den Akteuren abhängig. Vertrauen zu entscheidenden Akteursgruppen kann die Akzeptanz nachhaltig beeinflussen. Bestehen negative Einstellungen gegenüber der Biogastechnologie, kann dennoch durch Vertrauen gegenüber den Anlagenbetreibern und Genehmigungsbehörden die Akzeptanz beeinflusst werden. Akzeptanzsubjekte und Situationskontext sind in diesem Zusammenhang von Bedeutung (siehe Kapitel 3.2.1 und 3.4). Akzeptanzsubjekte sind im Hinblick auf diesen Teil der Erhebung die Landwirte und Anlagenbetreiber, für den Situationskontext sind die Akteure aus der Politik und den Landwirtschaftskammern ausgewählt.

Eine Vertrauensskala in Anlehnung an AMELANG UND BARTUSSEK[343] sollte überprüfen, inwieweit ein Zusammenhang zwischen allgemeiner Vertrauensseligkeit und der objektspezifischen Akzeptanz vorliegt. Die Skala wurde aus folgenden Aussagen zusammengesetzt, die die Befragten mithilfe einer Vierer-Skala bewerten sollten („stimme voll zu" bis „lehne völlig ab"; Cronbachs Alpha beträgt 0,61):

- *Von den meisten Menschen kann man annehmen, dass sie das, was sie sagen, auch tun werden.*
- *Im Umgang mit Fremden kommt man besser voran, wenn man so lange vorsichtig ist, bis diese den Nachweis erbracht haben, dass man ihnen trauen kann.*
- *Bei den Äußerungen unserer Mitmenschen muss man gewöhnlich aufpassen, das herauszuhören, was sie wirklich meinen.*

Knapp 20 % der Befragten können als skeptisch gegenüber ihren Mitmenschen bezeichnet werden (3-6 Punkte), 14 % hingegen als vertrauensvoll (9-12 Punkte). Zwei Drittel der Landwirte weisen eine mittlere Vertrauensseligkeit auf. Ein Zusammenhang zwischen der allgemeinen Vertrauensseligkeit und der Akzeptanz konnte nicht nachgewiesen werden. Die Hypothese *je höher die Vertrauensseligkeit, umso höher die Akzeptanz* konnte somit nicht angenommen werden.

---

[343] Vgl. Amelang, M.; Bartussek, D.: Zwischenmenschliches Vertrauen. In: Glöckner-Rist, A. (Hrsg.): ZUMA-Informationssystem. Elektronisches Handbuch sozialwissenschaftlicher Erhebungsinstrumente. ZIS Version 10.00. Mannheim: Zentrum für Umfragen, Methoden und Analysen 2006.

Um das direkte Vertrauen zu Anlagenbetreibern zu überprüfen, wurde ein Item überprüft, das bereits im Zusammenhang mit LUCKES Akzeptanzskala Verwendung fand. Im genannten Kontext war es ein Indiz für die Gefälligkeitsakzeptanz, hier wird es im Hinblick auf die Akzeptanz überprüft:

Ich bin bisher mit den Landwirten gut klar gekommen, warum sollte ich ihnen jetzt (beim Anlagenbau) Steine in den Weg legen.

Immerhin stimmten knapp 70 % der Befragten dieser Aussage zu. Während die Befürworter dieser Aussage eine durchschnittliche Akzeptanz in Höhe von 71,6 aufwiesen, hatten die Ablehner eine durchschnittliche Akzeptanz von nur 38,3. Der Mann-Whitney-U-Test bestätigte die Vermutung, dass sich beide Gruppen in dieser Hinsicht signifikant voneinander unterscheiden ($p < 0{,}01$). Aufgrund der Mehrdimensionalität der zu bewertenden Aussage ist nur eine Tendenz ableitbar: Ein Vertrauensverhältnis zwischen Anlagenbetreiber und umliegenden Landwirten scheint zumindest auf die äußere Akzeptanz einen bedeutenden Einfluss zu haben.

Um das Vertrauen gegenüber den Akteuren im Situationskontext von Biogasanlagen zu ermitteln, wurden die Befragten darum gebeten, ihr Vertrauen gegenüber folgenden Personengruppen auf einer Fünfer-Skala („ja" bis „nein") zu äußern:

- *Ich vertraue den lokalen Politikern.*
- *Ich vertraue der Beratung der Landwirtschaftskammern bzw. der Beratung der Beratungsringe und des Landvolkes.*
- *Ich vertraue den Bundespolitikern.*

Den lokalen Politikern vertrauten ca. 45 % der befragten Landwirte („ja" und „eher ja"). Die Bundespolitiker schnitten schlechter ab, ihnen vertrauten nur 22 % der Stichprobe. Die Landwirtschaftskammern (bzw. Beratungsringe und Landvolk) genießen mit knapp 81 % ein hohes Vertrauen bei den Landwirten. Signifikante Unterschiede zwischen den beiden Untersuchungsregionen konnten in diesem Zusammenhang nicht nachgewiesen werden.

Nach Addition der Itemwerte wurde geprüft, inwieweit ein Zusammenhang zwischen den Akteuren im Situationskontext und der Akzeptanz besteht. Die Reliabilität der Skala wurde geprüft (Cronbachs Alpha: 0,680). Es konnte keine Korrelation nachgewiesen werden. Die These *je höher das Vertrauen zu den Akteuren im Situationskontext, desto höher die Akzeptanz* musste abgelehnt werden.

Bei Betrachtung der einzelnen Items wurde klar, dass das Vertrauen in die lokale Politik (Bauleitplanung) und die Bundespolitik (EEG) in keinem Zusammenhang zur Akzeptanz stehen. Lediglich das Item: *Ich vertraue der Beratung der Landwirtschaftskammer* ergab eine schwache, aber auf dem 0,01-Niveau signifikante Korrelation von 0,217 zur Akzeptanz.

Es bleibt festzuhalten, dass die Beziehung zu den Akteuren vor Ort von Bedeutung ist. Insbesondere wenn bereits Kontakte zwischen den Landwirten bestehen, scheinen Möglichkeiten vorhanden zu sein, die Akzeptanz positiv zu beeinflussen. Ebenfalls von Bedeutung scheint die Beratung durch die entsprechenden landwirtschaftlichen Institutionen. Im Gegensatz zu den Politikern fühlen sich die Landwirte durch sie gut beraten. Bei möglichen Konflikten könnten sie als anerkannte Institution als Vermittler agieren.

4.1.3.3.4 Legitimationsebene

Eine weitere Determinante, die die Akzeptanz beeinflussen kann, ist die Rechtfertigungsfähigkeit eines Akzeptanzobjektes. In diesem Zusammenhang gilt es zu ermitteln, inwieweit Betroffene grundsätzlich die Legitimation nachhaltiger Energieerzeugung anerkennen. Hierfür wurden in dieser Untersuchung die Befragten darum gebeten, auf einer Vierer-Skala („stimme voll zu" bis „lehne völlig ab") folgende Aussagen zu bewerten:

- *Ich meine, die Auswirkungen des Klimawandels werden überbewertet.*
- *Ich interessiere mich für Erneuerbare Energien.*
- *Mir machen die steigenden Gas- und Ölpreise Angst.*

Die Auswertung der Variablen zeigt Folgendes: 43,7 % der Befragten befürworten die Aussage, dass die Auswirkungen des Klimawandels überbewertet werden. 92,7 % bekunden ihr Interesse an Erneuerbaren Energien und 86 % äußern, dass ihnen die steigenden Gas- und Ölpreise Angst machen. Hinsichtlich dieser Angaben unterscheiden sich die Untersuchungsregionen nicht.

Aus diesen Variablen sollte eine Skala zur grundsätzlichen Rechtfertigungsfähigkeit von Biogasanlagen erstellt werden. Es konnte allerdings keine Reliabilität nachgewiesen werden, daher wurden die Items separat ausgewertet:
Zwischen der Akzeptanz und dem *Interesse an Erneuerbaren Energien* ergab sich eine schwache Korrelation von -0,282 (Spearmans-Roh, $p < 0,01$). Die Korrelation lag bei differenzierter Betrachtung beider Untersuchungsregionen in vergleichbarer Höhe. In der

Dürener Stichprobe konnte darüber hinaus ein schwacher, aber signifikanter (p < 0,01) Zusammenhang zwischen der Akzeptanz und der *Angst vor steigenden Gas- und Ölpreisen* nachgewiesen werden, Spearmans-Roh betrug -0,292. Ebenfalls korrelierten das Item *Angst* und das *Interesse an Erneuerbaren Energien* auf dem 0,01-Niveau in Höhe von 0,229 in der gesamten Stichprobe.

Es konnten keine signifikanten Unterschiede im Hinblick auf die Akzeptanz zwischen den Landwirten, die die Auswirkungen des Klimawandels als überbewertet betrachten und denen, die diese Aussage ablehnen, festgestellt werden.

Es wird deutlich, dass unter den Landwirten die Rechtfertigungsfähigkeit nicht von großer Bedeutung ist. Die Akzeptanz von Biogasanlagen scheint nicht wesentlich durch die Meinung über Erneuerbarer Energien berührt zu werden.

4.1.3.3.5 Verhaltens-, Norm- und Werteebene

Unter diesen Aspekten fasst LUCKE die akzeptanzrelevanten Faktoren zusammen, die in der Persönlichkeit der Akzeptanzsubjekte begründet liegen. Auf der einen Seite sind dies Verhaltensmuster, auf der anderen Wert- und Moralvorstellungen im Hinblick auf ein Akzeptanzobjekt. Für den Bereich der Biogastechnologie wurden in diesem Zusammenhang das Protest-, Risiko- und Umweltverhalten näher betrachtet. Ferner wurden ethische Aspekte berücksichtigt, die sich insbesondere auf die Verwendung von potenziellen Nahrungspflanzen zur Energiegewinnung beziehen.

Protestverhalten

Das Protestverhalten kann einen Einfluss auf die Akzeptanz haben. Einige Menschen fühlen sich bei gleicher Belastung früher gestört als andere und ergreifen ebenfalls schneller Handlungen gegen eine Belastungsquelle. In diesem Zusammenhang wurde eine Skala zum Protestverhalten in Anlehnung an BARNES UND KAASE entworfen.[344] Den Befragten wurden verschiedene Protest-Handlungen vorgestellt. Sie wurden darum gebeten, anzukreuzen, wie häufig und unter welchen Umständen ein entsprechendes Handeln für sie von Bedeutung sein könnte. Tabelle 12 zeigt die Verteilung der Antworten in der gesamten Stichprobe:

---

[344] Vgl. Barnes, S.; Kaase, M.: Protestattitüden/Protestverhalten. In: Glöckner-Rist, A. (Hrsg.): ZUMA-Informationssystem. Elektronisches Handbuch sozialwissenschaftlicher Erhebungsinstrumente. ZIS Version 10.00. Mannheim: Zentrum für Umfragen, Methoden und Analysen 2006.

Tabelle 12: Verteilung des Protestverhaltens

Teilnahme an:	Das habe ich schon einmal gemacht.	Würde ich machen, wenn mich eine Sache stören würde.	Würde ich nur unter ganz außergewöhnlichen Umständen machen.	Würde ich unter keinen Umständen machen.
- Unterschriftensammlungen	18,4 %	30,3 %	37,5 %	13,8 %
- Demonstrationen	14,5 %	27, 6 %	40,1 %	17,8 %
- Bürgerinitiativen	6,6 %	35,5 %	36,2 %	21,7 %
Prozess vor Gericht führen	1,3 %	15,1 %	57,2 %	26,3 %

Quelle: Eigene Erhebung, n=152.

Die Reliabilität der Skala beträgt 0,839 und ist somit gewährleistet. Nach Aufsummierung wurde folgende Hypothese überprüft: *Je höher das angegebene Protestverhalten, umso niedriger die Akzeptanz.* Eine Korrelation für die gesamte Stichprobe konnte nicht nachgewiesen werden, bei der Unterteilung der Stichprobe lag im Emsland eine schwache Korrelation (0,233; $p < 0,05$; Spearmans-Roh) vor.

Signifikante Unterschiede zwischen den Untersuchungsgebieten im Hinblick auf das Protestverhalten konnten ebenfalls nicht festgestellt werden.

Daneben wurden die Befragten im Zusammenhang auf das Protestverhalten mit folgender Aussage konfrontiert (Vierer-Skala: „stimme voll zu" bis „lehne völlig ab"):

Wenn ich eine Biogasanlage oder einen Stall etc. bauen würde, würde mir sofort eine bestimmte Person in meiner Umgebung einfallen, die sich beschweren würde.

Diese Aussage bezieht sich nicht nur auf den Bau einer Biogasanlage, es soll ermittelt werden, inwieweit Proteste im Umfeld aus Sicht der Landwirte nur wegen des Protestes allein entstehen. Über die Hälfte der Befragten hat eine konkrete Persönlichkeit vor Augen, die sich im Fall eines baulichen Engagements eines Landwirtes beschweren würde (55 %). 15,3 % stimmten dieser Aussage sogar *voll* zu.

Demnach bleibt zu vermuten, dass ein bestimmter, erheblicher Anteil von Protesten der anwohnenden Bevölkerung im Hinblick auf landwirtschaftliche Investitionen aus Sicht der Landwirte unbegründet sind und in den Charakteren der protestierenden Personen begründet sind.

Risikoverhalten

Das Risikoverhalten wurde im Hinblick auf zwei Gesichtspunkte untersucht. Zum einen sollte festgestellt werden, inwieweit das Risikoverhalten einen Einfluss auf die Akzeptanz im Sinne von Investitionsbereitschaft hat und zum anderen, inwieweit eine höhere Risikobereitschaft die Akzeptanz von Biogasanlagen beeinflusst.

Zunächst wurden folgende zwei Items in Anlehnung an KECK abgefragt:[345]

- *Ohne persönliche Risikobereitschaft gibt es keinen Fortschritt.*
- *Risiken zu übernehmen ist notwendig, um den erreichten Lebensstandard zu halten.*

Knapp 43 % der Befragten stimmten der ersten Aussage *voll* zu, über 50 % stimmten zu. Somit äußern sich über 90 %, Risiken für den Fortschritt in Kauf zu nehmen.

Der zweiten Aussage stimmten knapp 20 % der Befragten *voll* zu, über 60 % stimmten zu, sodass etwa 80 % grundsätzlich anerkennen, dass Risiken zum Halten des Lebensstandards notwendig sind.

Die Aussagen wurden zu einer Skala gebündelt, die Reliabilität wurde getestet (Cronbachs Alpha: 0,656). Die Dürener und Emsländer unterscheiden sich signifikant in der Höhe der Risikobereitschaft (Mann-Whitney-U-Test; $p < 0,01$). Die Dürener Landwirte haben eine um ca. 15 % niedrigere geäußerte Risikobereitschaft als die emsländischen Kollegen. Dieser Unterschied könnte darin begründet sein, dass emsländische Landwirte aufgrund der Tierhaltung und der niedrigeren Flächenausstattung traditionell risikoreiche Finanzierungen im Gegensatz zu den Dürener Landwirten gewohnt sind. Ferner wäre es möglich, dass die Differenz der angegebenen Risikobereitschaft in den unterschiedlichen Betriebszweigen begründet ist: Während ein Großteil der Dürener Landwirte Zuckerrüben anbaut und somit in den vergangenen Jahrzehnten abhängig von Marktordnungen war/ist, sind bspw. emsländische Schweinemäster an eine Preisbildung auf dem freien Markt gewöhnt. Der Unterschied könnte ebenfalls damit zusammenhängen, dass im Emsland bereits viele innovative, risikobehaftete Industrien ohne größere Probleme in der Vergangenheit angesiedelt wurden (z. B. Kernkraftwerk, Chemieunternehmen, Transrapid).

Ein Zusammenhang zwischen der selbst eingeschätzten *Risikobereitschaft* und der Akzeptanz konnte in der gesamten Stichprobe nicht nachgewiesen werden, die Hypothese *je risi-*

---

[345] Vgl. Keck, G.: Einstellungsbildung zur Gentechnik bei Schülerinnen und Schülern unter dem Einfluss von Schule, a. a. O., S. 82 ff.

kobereiter die Akzeptanzsubjekte sind, umso höher ist deren Akzeptanz musste daher für die gesamte Stichprobe abgelehnt werden.

In Düren konnte hingegen ein schwacher Zusammenhang von -0,286 ($p < 0{,}05$) zwischen der Akzeptanz und der angegebenen *Risikobereitschaft* festgestellt werden. Da dieser Zusammenhang nur in Düren auftritt, könnte gemutmaßt werden, dass die Dürener die Biogasanlagen als risikoreiches Nimby-Gut auffassen. Im Emsland scheint den Landwirten die Errichtung der Anlage selbst risikolos, hier werden nur Probleme im Zusammenhang mit dem Flächenverbrauch gesehen. Diese Vermutung wird gestützt durch die Entfernungen, die sich die Landwirte zu den Biogasanlagen wünschten. Während die Dürener Werte angaben, die auf eine Bewertung als Privatperson schließen lassen, geben die Emsländer Werte an, die nur die betriebliche Ebene berücksichtigen (siehe hierzu Kapitel 4.1.3.3.6 Bezugsgruppenebene – räumliche Entfernung).

Um die unternehmerische Risikobereitschaft zu ermitteln, wurde folgende Aussage zur Bewertung in Anlehnung an das SOEP/IZA gestellt:[346]

Stellen Sie sich vor, Sie würden im Lotto 100.000 € gewinnen! Wie viel % dieser Summe würden sie riskant investieren?

Dieser Indikator könnte abhängig von der Finanzsituation der Betriebe sein: Daher wurde geprüft, ob sich Landwirte, die keine Biogasanlage aufgrund der angespannten Finanzlage ihres Betriebes planten, signifikant von denen ohne finanziellen Probleme im Hinblick auf die unternehmerische Risikobereitschaft unterscheiden. Da keine signifikanten Unterschiede nachgewiesen werden konnten, scheint die Beantwortung dieser Frage nicht wesentlich von der betrieblichen Finanzsituation abhängig zu sein, und kann demnach als Trendaussage weiter betrachtet werden:
Über 40 % der Landwirte geben an, keinen Anteil eines Lottogewinnes riskant zu investieren. Der Mittelwert derjenigen, die zu risikobereiten Investitionen bereit wären, beträgt 19 % der gewonnenen Summe.
Es konnten keine signifikanten Unterschiede zwischen beiden Untersuchungsregionen nachgewiesen werden. Für die gesamte Stichprobe konnte keine Korrelation zwischen der Akzeptanz und der Höhe der riskanten Investition festgestellt werden. Im Emsland ergab

---

[346] Item übernommen aus dem Sozio-oekonomischen Panel aus den Jahren 2000-2005, Bereich Risikoeinstellung von Unternehmern in Zusammenarbeit mit dem Institut zur Zukunft der Arbeit (IZA-Arbeitsgruppe): Vgl. Richter P.: Themenheft „Psychologie des Unternehmertums". In: Wirtschaftspsychologie 2/2005.

sich jedoch eine schwache Korrelation in Höhe von 0,244 (Spearmans-Roh, p < 0,05). Ein Grund, dass in Düren trotz niedrigerer grundsätzlicher Risikobereitschaft keine Korrelation zur Akzeptanz vorzufinden ist, könnte sein, dass die Dürener Befragten im Umfeld einer Biogasanlage wohnen, die das ökonomische Risiko auf eine Vielzahl von Landwirten verteilt, während im Emsland das ökonomische Risiko meistens von Einzelunternehmern bzw. wenigen Kooperationspartnern getragen wird.

Moral

Moralische Bedenken haben einen besonderen Einfluss auf die Akzeptanz. Bei gesellschaftlich-sozialen Akzeptanzobjekten sind diese Bedenken häufig Antrieb für extreme Akzeptanzformen. Bei technischen Anlagenbauten werden oftmals moralische Bedenken vorgebracht – diese sind allerdings häufig vorgeschobene Argumente, denen Nimby-Motive zugrunde liegen. SPILLER UND GERLACH stellte im Hinblick auf die Akzeptanz eines Schweinemaststalls fest, dass einige Anwohner moralische Bedenken hinsichtlich einer artgerechten Tierhaltung äußerten. Bei der Analyse ergab sich, dass diese Bedenken teils vorgeschoben waren, um die eigentlichen Konfliktfelder, wie befürchtete Geruchs- und Lärmbelästigungen, zu untermauern (Trittbrettfahrer).[347]

Im Hinblick auf die Biogaserzeugung treten ethische Probleme auf, wenn es darum geht, potenzielle Nahrungsmittelpflanzen zur Energieerzeugung zu verwenden. In dieser Untersuchung wurden die Befragten darum gebeten, folgende Fragen mit den Kategorien „ja", „eher ja", „eher nein", „nein" zu beantworten:

Getreide kann aus technischer Sicht zum Heizen verbrannt werden. Einige Menschen finden das gut, weil durch den Einsatz nachwachsender Rohstoffe das Klima geschützt wird. Andere haben moralische Bedenken. Wie stehen Sie dazu –
- *Finden Sie es in Ordnung, wenn Getreide zum Heizen verbrannt wird?*
- *Finden Sie es in Ordnung, wenn Mais zur Stromgewinnung in Biogasanlagen eingesetzt wird?*

Etwa die Hälfte der Befragten findet es in Ordnung, wenn Getreide zum Heizen verbrannt wird („ja" und „eher ja"). Die Verstromung von Mais in Biogasanlagen befürworten ca. 70 % der Landwirte. Es wird deutlich, dass die Skepsis im Hinblick auf die Verbrennung von Getreide stärker ausgeprägt ist. In beiden Fällen unterscheiden sich die Untersuchungsregionen höchst signifikant voneinander (Mann-Whitney-U-Test): In Düren befür-

---

[347] Vgl. Spiller, A.; Gerlach, S.: Stallbaukonflikte bei landwirtschaftlichen Stallbauten, a. a. O., S. 26.

worten fast doppelt so viele Befragte die Verwendung von Energiepflanzen zur Energieerzeugung als im Emsland. Abbildung 26 zeigt die Verteilung der Bewertungen:

Abbildung 26: Meinung über energetische Nutzung potenzieller Nahrungspflanzen

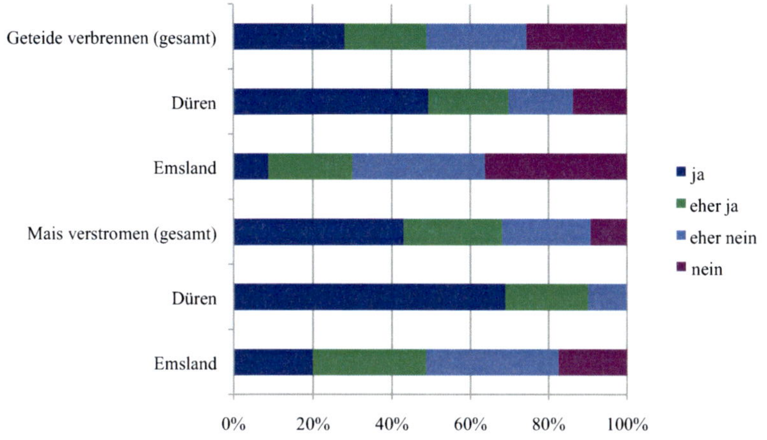

Quelle: Eigene Erhebung, n=152.

Aus beiden Items wurde eine Skala gebildet. Die Reliabilität wurde geprüft (Cronbachs Alpha: 0,833). Die Korrelation zwischen der Akzeptanz und der *Ethik* betrug für die gesamte Stichprobe -0,69 (p < 0,01; Spearmans-Roh). Im Emsland betrug sie -0,625 und lag somit höher als in Düren mit 0,494 (beide p < 0,01). Die Hypothese *je höher die Akzeptanz, desto geringer sind die ethischen Bedenken hinsichtlich des Einsatzes potenzieller Nahrungsmittelpflanzen zur Energiegewinnung* konnte somit bejaht werden.

Die ethischen Bedenken scheinen eine herausragende Rolle im Hinblick auf die Erklärung der Akzeptanz von Biogasanlagen darzustellen. Dieser Aspekt bestätigt die bisher ermittelten Ergebnisse, dass die Akzeptanz von Biogasanlagen bei Landwirten wesentlich durch den Energiepflanzenanbau bestimmt wird.

Der hohe Zusammenhang ist darüber hinaus ein weiteres Indiz für die Kriteriumsvalidität der Akzeptanzskala.

Inwieweit die ethischen Bedenken der Landwirte vorgeschobene Argumente sind, um eigentliche Bedenken (*steigende Pachtpreise, Verknappung der Gülleflächen*) zu stärken, wird abschließend in der multikollineraren Untersuchung in Kapitel 4.1.4 untersucht.

Es bestehen Indizien, die diese Argumentation nicht stützen:

Da der Zusammenhang zwischen der Akzeptanz und den ethischen Bedenken auch in Düren besteht (Region ohne extreme Flächenkonkurrenz), bleibt zu vermuten, dass moralische Bedenken eine große Erklärungskraft haben und nicht nur als „Trittbrettfahrer-Argument" geäußert werden.

Die starke Korrelation zwischen dem Item *Ich fühle mich als Nahrungsmittelproduzent, nicht als Energiewirt* (siehe Kapitel 4.1.3.1.3) und der *ethischen Bedenken* bestätigt diese Vermutung ebenso (-0,562, Spearmans-Roh; $p < 0,01$).

Ein weiterer Anhaltspunkt hierfür stellt die starke Korrelation zwischen der *Getreideverbrennung* und der *Maisverstromung* dar. Zwischen beiden Variablen besteht ein enger Zusammenhang, die höchst signifikante Korrelation beträgt 0,739 (Spearmans-Roh).

Die besondere Emotionalität dieser Thematik lassen Angaben erahnen, die neun Landwirte unter dem Punkt „Sonstiges" vermerkten: Teilweise mit drastischen Worten wurde geäußert, dass vor dem Hintergrund der Welthungerproblematik keine Nahrungspflanzen zu energetischen Zwecken entfremdet werden dürften.

Aus theologischer und philosophischer Sicht besteht hierzu keine einheitliche Meinung: Während die einen die Verbrennung von Weizen strikt ablehnen, befürworten andere Wissenschaftler die energetische Nutzung, da Energie in der heutigen Zeit einen Stellenwert wie das „täglich Brot" innehabe. Ferner dürfte in diesem Kontext nicht nur die Energiegewinnung aus Pflanzen kritisiert werden. Denn auch der übermäßige Fleischkonsum führe zur Verschwendung von Kalorien. Die Welthungerproblematik ließe sich nicht ausschließlich durch ein Verbot energetischer Pflanzennutzung lösen.[348]

---

[348] Vgl. hierzu u. a.: Juchem, R.: Darf man mit Weizen heizen? In: Kirchenbote – Wochenzeitung für das Bistum Osnabrück. Nr. 12 vom 26. März 2006, S. 1. Vgl. ferner: Schaak, T.: Stellungnahme zum Thema: Thermische Verwertung von Getreide. Nordelbische Kirche, o. J., S. 1-4.

4.1.3.3.6 Bezugsgruppenebene

Der soziale und räumliche Bezug der Akzeptanzsubjekte untereinander und gegenüber dem Akzeptanzobjekt ist bedeutsam für die Akzeptanzforschung. Die Bezugsgruppenebene beschreibt die für diese Erhebung relevanten Bereiche soziale und räumliche Nähe.

Soziale Nähe

Unter diesem akzeptanzrelevanten Konstrukt wird die Integration der Befragten innerhalb der Dorfgemeinschaft und der Berufskollegen ermittelt. Hierzu wurden die Befragten darum gebeten, die folgenden Aussagen auf einer Vierer-Skala zu bewerten („stimme voll zu" bis „lehne völlig ab"):

- *Ich fühle mich in meinem Wohnort wohl.*
- *In meinem Wohnort herrscht großer Zusammenhalt.*
- *Ich habe ein gutes Verhältnis zu meinen Berufskollegen.*

Es wird deutlich, dass die Landwirte sehr gut in ihrem Umfeld integriert sind. 98 % der Landwirte fühlen sich in ihrem Wohnort wohl (61 % stimmten *voll zu*, 37 % stimmten *zu*). Rund 88 % meinten, in ihrem Dorf herrsche großer Zusammenhalt (18 % stimmten *voll zu*, 70 % stimmten *zu*).

Ebenfalls 98 % haben darüber hinaus ein gutes Verhältnis zu ihren Berufskollegen (36 % stimmten *voll zu*, 62 % stimmten *zu*). Die vorgestellten Ergebnisse weisen positive Werte auf, HILGERS[349] sowie KUTSCH, NOLTEN UND PIECHACZEK[350] berichten in ihren Studien ebenfalls von ähnlich positiven Äußerungen.

Die Untersuchungsregionen weisen geringe, aber signifikante Unterschiede im Hinblick auf den Zusammenhalt auf: Im Emsland liegen die arithmetischen Mittel der vorgestellten Items um etwa 5 % niedriger (höheres Zusammengehörigkeitsgefühl) als in Düren (Mann-Whitney-U-Test, $p < 0{,}05$).

Die Reliabilität der gebildeten Skala beträgt 0,677. Es konnten keine signifikanten Korrelationen zwischen der Akzeptanz und der *Höhe der Integration* nachgewiesen werden. Zwischen den jeweiligen Items und der Akzeptanz konnten ebenfalls keine Zusammenhänge festgestellt werden. Zwischen den Untersuchungsregionen bestanden in dieser Hin-

---

[349] Vgl. Hilgers, Y.: Regionale Akteursnetzwerke in ländlichen Räumen – Eine Untersuchung bei kleinen und mittelständischen Unternehmen in der Region Aachen. Bonner Studien zur Wirtschaftssoziologie Band 32. Aachen 2008, S. 88.
[350] Vgl. Kutsch, T.; Nolten, R.; Piechaczek, J.: Vereinbarkeit der Ziel-, Indikatoren- und Handlungssysteme von Landwirten mit landwirtschaftsbezogenen gesellschaftlichen Rollenerwartungen, a. a. O., 121-148.

sicht keine großen Unterschiede, abgesehen von einer höchstsignifikanten Korrelation in der Dürener Stichprobe in Höhe von -0,407 zwischen der Akzeptanz und dem *Wohlfühlen im Wohnort*. Da die Biogasanlage in Düren von vielen Landwirten gemeinsam betrieben wird, könnte vermutet werden, dass diejenigen, die sich im Ort wohlfühlen, integriert sind und daher eher Kontakte zu einem Netzwerk, wie es der Betrieb der Biogasanlage darstellt, haben.

Abschließend bleibt festzuhalten, dass die Integration im Wohnort und der Kontakt zu Berufskollegen einen geringen Einfluss auf die Akzeptanz haben. Lediglich bei gemeinsam initiierten Projekten scheint sich das Wohlfühlen im Wohnort positiv auszuwirken.

Des Weiteren wurden die Befragten im Hinblick auf ihr soziales Umfeld gebeten, anzugeben, in welchen und in wie vielen Vereinen und Organisationen sie Mitglied sind. Es wurden verschiedene Institutionen aufgeführt. Die Befragten konnten äußern, ob sie Mitglied sind. Tabelle 13 zeigt die Verteilung der Mitgliedschaften mit den entsprechenden Mittelwerten der Akzeptanz:

Tabelle 13: Verteilung der Mitgliedschaften und die entsprechenden Akzeptanzwerte

Mitgliedschaft im	„ja"	∅ Akzeptanzwert der Mitglieder (62 in gesamter Stichprobe)
Erzeugerring	49,0 %	54,4
Maschinenring	52,3 %	72,4
Bezugs- und Absatzgenossenschaften	63,3 %	58,3
Bauernverband/Landvolk	81,4 %	58,5
Hegering	34,2 %	59,3
politische Partei/Vereinigung	40,7 %	65,1
Pfarrgemeinderat/Kirchenvorstand etc.	48,6 %	64,0
Heimat-/Wanderverein	28,0 %	58,7

Quelle: Eigene Erhebung, n=150.

Alle Vereinigungen, die sich auf den landwirtschaftlichen Betrieb beziehen (bis einschließlich Bauernverband), verzeichnen signifikante Unterschiede zwischen den Mitgliedern und den Nicht-Mitgliedern im Hinblick auf die Akzeptanz von Biogasanlagen ($p < 0,05$; Mann-Whitney-U-Test). Unterschiede ließen sich bei den privaten Vereinen nicht nachweisen. Befragte mit Engagement in der Kirche oder im Hegering haben demnach die gleiche Akzeptanz gegenüber Biogasanlagen wie Nicht-Mitglieder, obwohl solche Zusammenhänge vorstellbar wären (Hegering: Angst vor Maismonokultur; Kirche: ethische Bedenken hinsichtlich Energiepflanzennutzung). Die Unterschiede, die sich aus den betriebsgebundenen Mitgliedschaften ergeben, lassen sich durch die damit verbundenen Betriebstypen begründen, die bereits zu Beginn der akzeptanzrelevanten Faktoren erörtert wurden.

Die Anzahl der Mitgliedschaften selbst hatte keinen Einfluss auf die Akzeptanz, sodass im Kontext von Vereinen und Organisationen die Hypothese, dass *Befragte mit größeren (verbandlichen) Netzwerken eine höhere Akzeptanz aufweisen*, nicht bestätigt werden konnte.

Räumliche Nähe

Neben der sozialen Nähe ist die räumliche Nähe insbesondere für die Akzeptanz von Biogasanlagen von besonderer Wichtigkeit. Die Entfernung einer Biogasanlage ist entscheidend dafür, inwieweit Ängste und Befürchtungen zu extremen Akzeptanzäußerungen führen. Hierbei ist für die Landwirte zu berücksichtigen, dass sich die räumliche Nähe auf zwei Aspekte bezieht: Zum einen hat die Entfernung eine Bedeutung für den Landwirt als Privatperson (*Geruchsbelästigung* etc.), zum anderen als landwirtschaftlicher Unternehmer (*Steigerung der Pachtpreise* etc.).

In diesem Zusammenhang wurden die folgenden Aspekte ermittelt:

- *Was denken Sie – ab welcher Entfernung einer Biogasanlage zu Ihrem Betrieb hätten Sie Bedenken?*
- *Ab welcher Entfernung wäre es Ihnen total gleichgültig, ob eine Anlage gebaut wird?*
- *Wie weit ist die nächste Wohnbebauung von Ihrem Betrieb ungefähr entfernt?*
- *Wenn es nach Ihnen ginge: Wie viele Biogasanlagen sollte es höchstens in Ihrem Landkreis geben?*

Tabelle 14 veranschaulicht die Bedeutung der räumlichen Nähe der Akzeptanzsubjekte. Die Verteilungen sämtlicher Entfernungsangaben liegen nicht normalverteilt vor (Kolmogorov-Smirnov-Test), daher sind neben den arithmetischen Mittelwerten die Mediane angegeben:

Tabelle 14: Verteilung der Mittelwerte hinsichtlich der Faktoren räumlicher Nähe in den beiden Untersuchungsregionen

	Emsland*** (Median)*	Düren (Median)*	Gesamt (Median)*	Korrelation: Akzeptanz und ...
Entfernung Bedenken (n=124)	8,1 km (1 km)	2,0 km (1 km)	**5,3 km (1 km)**	-0,618**
Entfernung Gleichgültigkeit (n=125)	25,9 km (5 km)	4,4 km (2 km)	**15,2 km (4 km)**	-0,560**
nächste Wohnbebauung (n=146)	1,3 km	0,4 km	**0,9 km**	-0,341**
Anzahl Biogasanlagen (n=53)	26,1 (5)	14,4 (8)	**22,1 (8)**	0,562**

Quelle: Eigene Erhebung, * angegebene Werte: arithmetisches Mittel, Werte in Klammern: Median; ** p < 0,01; Spearmans-Roh;*** In der emsländischen Stichprobe wurden in der Variable *Bedenken* zwei Ausreißerwerte (150 km und 200 km), in der Variable *Gleichgültigkeit* ebenfalls zwei Ausreißerwerte (300 km und 600 km) ausgeschlossen.

Die Befragten äußerten, dass sie ab einer Mindestentfernung zur Biogasanlage von 5,3 km (arithmetisches Mittel) keine Bedenken hätten. Der Median beträgt hingegen nur einen Kilometer. Zwei extreme Werte wurden aus der Stichprobe entfernt, dennoch wird durch etwa 40 % der Befragten das arithmetische Mittel nach rechts verschoben (60 % der Befragten gaben Entfernungen bis zu einem Kilometer an).

Ab 15,2 km ist den Landwirten die Errichtung einer Anlage gleichgültig. Auch hier ist der Median mit vier Kilometern deutlich niedriger.

Im Emsland wurden deutlich höhere Entfernungen als in Düren genannt. Die Entfernungen in Düren lassen – nach einem Abgleich mit den geäußerten Erwartungen und Befürchtungen in Kapitel 4.1.3.1.2 – darauf schließen, dass im Wesentlichen die Befürchtungen für den Landwirt als Privatperson im Vordergrund standen, im Emsland wurden die Entfernungen in einem solchem Größenbereich genannt, dass hier betriebliche Bedenken vorrangig waren.

Die Flächenproblematik wird nicht befürchtet, wenn die Anlage in einer Entfernung über 15,2 km vom Betrieb entfernt entsteht. Die Differenz zwischen diesen Punkten (Bedenken und Gleichgültigkeit) scheint eine Art Grauzone zu sein, in der gemischte Emotionen zwischen Gleichgültigkeit und Bedenken auftreten können. In dieser Zone könnte die Akzeptanz stark von den potenziellen Anlagenbetreibern und Betreiberkonzepten abhängig sein.

Die Unterschiede zwischen den Regionen sind nur bei der Variable *Gleichgültigkeit* signifikant (p < 0,01; Mann-Whitney-U-Test), was auch an den Werten der Mediane deutlich wird.

Beide angegebenen Entfernungen korrelieren hochsignifikant mit der Akzeptanz, die Entfernung scheint von großer Bedeutung. Ein Anzeichen dafür, dass die Akzeptanz nicht nur von globalen Aspekten (Welthunger, Identität als Nahrungsmittelproduzent etc.) geprägt wird, sondern auch von privaten und betrieblichen Bedenken.

Die Entfernung des Betriebes zur nächsten Wohnbebauung steht ebenfalls in einen signifikanten Zusammenhang zur Akzeptanz. Diejenigen, die nah an der Wohnbebauung wohnen, könnten eine niedrigere Akzeptanz aufweisen, da sie als Landwirt und potenzieller Biogasanlagenbetreiber Konflikte mit Anwohnern befürchten. Da hier hingegen ein Zusammenhang in nicht erwarteter Richtung besteht (*je geringer die Entfernung zur Wohnbebauung, desto größer die Akzeptanz*), wurden die beiden Untersuchungsgebiete getrennt voneinander betrachtet. Getrennt voneinander bestehen in keinem Landkreis signifikante Korrelationen. Da in Düren die Entfernung zur nächsten Wohnbebauung aufgrund der anderen Siedlungsstruktur signifikant geringer ist ($p < 0,01$; Mann-Whitney-U-Test) als im Emsland (viele Betriebe befinden sich in Düren mitten im Dorf) und in Düren die Akzeptanz signifikant höher als im Emsland ist, scheint die signifikante Korrelation durch diesen Sachverhalt und nicht durch Kausalbeziehungen begründet zu sein.

Im Emsland sehen die Befragten eine Anzahl von etwa 26 Anlagen als Höchstanzahl an, in Düren ist diese Anzahl mit ca. 14 Anlagen niedriger. Obwohl die Emsländer eine niedrigere Akzeptanz als die Dürener haben, scheint es, als würden sie mehr Anlagen in ihrer Umgebung tolerieren. In dieser Hinsicht muss allerdings die Tatsache berücksichtigt werden, dass der Landkreis Emsland flächenmäßig etwa dreimal so groß ist wie der Kreis Düren. Somit wäre auf die Fläche bezogen die Höchstanzahl von Biogasanlagen im Emsland geringer (26) als in Düren (42) und bestätigt damit wiederum die geringere Akzeptanz der Emsländer.

Die geduldete Anzahl von Biogasanlagen im Landkreis korreliert signifikant mit der Akzeptanz. Werden die Landkreise getrennt voneinander betrachtet, stellt sich heraus, dass diese Variable im Emsland signifikant mit 0,730 korreliert, in Düren hingegen keine Korrelation vorliegt. Da sich diese Frage indirekt auch mit der Flächenkonkurrenz befasst, ist es nicht überraschend, dass bei den Dürenern kein Zusammenhang nachgewiesen werden konnte.

Bei der Frage nach der subjektiv als ideal empfundenen Anzahl erwünschter Anlagen konnte nur ein Drittel der Landwirte eine Antwort geben, die übrigen wählten die Kategorie „weiß nicht". Eine große Zahl der Befragten fühlte sich demnach nicht imstande, eine Beurteilung vorzunehmen. Diese Tatsache lässt auf eine hohe Unsicherheit schließen, aber auch auf eine ernsthafte Beantwortung des Fragebogens, bei der keine Protestantworten verwendet wurden.

4.1.3.3.7 Wahrnehmungs- und Einstellungsebene

Die Wahrnehmungs- und Einstellungsebene versucht zu ermitteln, mit welchem Blickwinkel das Akzeptanzobjekt von den Akzeptanzsubjekten betrachtet wird. Für diese Erhebung ergeben sich hierfür die folgenden Aspekte: bereits bekannte Konflikte um Biogasanlagen in der Umgebung, Informationsmedien zum Thema Biogas und Einstellungen über die Umwelt.

Wahrnehmung: Konflikte in der Umgebung

Um zu sehen, inwieweit konkrete Konflikte um Biogasanlagen die Befragten im Hinblick auf ihre Akzeptanz beeinflussen, wurden sie Folgendes gefragt (Antwortmöglichkeiten: „ja", „nein"):

Sind Ihnen Konflikte durch Errichtung und Betrieb von Biogasanlagen in ihrem persönlichen Umfeld bekannt?

38,8 % der Befragten gaben an, dass ihnen solche Konflikte in ihrer persönlichen Umgebung bekannt sind. 45 % der Emsländer bestätigten diese Aussage, bei den Dürener waren es etwa 30 %. Die Unterschiede zwischen den Regionen sind signifikant (asymptotische Signifikanz (zweiseitig), Chi-Quadrat-Test: 0,02). Der Zusammenhang kann als mäßig stark bezeichnet werden, Cramers-V beträgt 0,228.

Mithilfe des Mann-Whitney-U-Tests wurde ein signifikanter Unterschied im Hinblick auf die Akzeptanz nachgewiesen: Während diejenigen, denen Konflikte bekannt sind, eine durchschnittliche Akzeptanz von 57 aufweisen, sind es 64 bei denen, die keine Konflikte in ihrem Umfeld vorfinden.

Sobald Konflikte um eine Biogasanlage auftreten, werden die Landwirte vermutlich mit den Problemen, die mit dem Betrieb einer Biogasanlage auftreten können, konfrontiert und weisen daher eine niedrigere Akzeptanz auf.

Wahrnehmung: Informationsmedien Biogas

67 % der Befragten informieren sich durch die örtliche Tageszeitung. 95 % der Befragten beziehen landwirtschaftliche Fachzeitschriften und informieren sich so über die Biogastechnologie. Ein Fünftel der Landwirte in der Stichprobe benutzt das Internet für die Recherche biogasrelevanter Themenbereiche. 82 % sprechen gezielt Berufskollegen an, um über Biogasanlagen zu sprechen.

Bei allen genannten Informationsquellen konnte kein signifikanter Unterschied zwischen den Erhebungsregionen festgestellt werden. Ebenfalls wurden keine Unterschiede im Hinblick auf die Akzeptanz nachgewiesen. Lediglich die Tageszeitungsleser weisen eine auf dem 0,05-Niveau signifikant höhere Akzeptanz (67) als die Nicht-Zeitungsleser (54) auf.

Da nur 5 % der Befragten die Berichterstattung über Biogas in der örtlichen Tageszeitung als „negativ" betrachten, demgegenüber jedoch 25 % als positiv und 38 % als neutral (Übrige: „weiß nicht"), könnte die höhere Akzeptanz der Tageszeitungsleser durch die positive Berichterstattung zu begründen sein. Gegen diese Vermutung spricht, dass den Fachzeitschriften ebenfalls eine eher positive Berichterstattung bescheinigt wird (53 % positiv, 28 % neutral, 2 % negativ), hier aber keine signifikanten Unterschiede zwischen Leser und Nicht-Leser beobachtet werden können.[351]

Umwelteinstellung

Die Fülle möglicher akzeptanzbestimmender Faktoren lässt es im Rahmen dieser Untersuchung nicht zu, ausführliche Itemboxen zu jedem Aspekt zu erstellen. Um den Fragebogen aufgrund der Rücklaufquote möglichst kurz zu gestalten, musste ein Kompromiss zwischen zeitlicher Beanspruchung der Befragten und wissenschaftlicher Genauigkeit gefunden werden. Im Rahmen der Umwelteinstellung wurde in Anlehnung an RAU[352] die folgende Aussage zur Bewertung (Vierer-Skala) gestellt:

In der landwirtschaftlichen Ausbildung sollten Umweltthemen stärker berücksichtigt werden.

Dieser Aussage stimmen 83 % der Befragten zu („stimme zu" und „stimme voll zu"). Es konnte eine schwache, aber signifikante ($p < 0,05$; Spearmans-Roh) Korrelation zur Akzeptanz in Höhe von -0,165 nachgewiesen werden. Die generelle Umwelteinstellung hat einen schwachen Einfluss auf die Akzeptanz von Biogasanlagen.

---

[351] Die Vermutung, dass der Bezug von Tageszeitungen auf sozioökonomische Aspekte zurückzuführen ist, die wiederum Auswirkungen auf die Höhe der Akzeptanz haben, wurde untersucht. Es konnten allerdings keine Beziehungen in dieser Hinsicht ermittelt werden.
[352] Rau, T.: Umweltprobleme und umweltorientierte Landbewirtschaftung. Münster-Hiltrup 1989, S. 24.

Konkret auf die Biogaserzeugung bezogen wurden die Befragten um die Bewertung folgender Aussagen gebeten:

Auf einer Skala von 1-4, wie stark würde es Sie stören, wenn mehr als die Hälfte der Ackerflächen mit vier Meter hohem (Energie-)Mais bestellt wäre?

Über die Hälfte der Befragten (56,7 %) würde dieses Szenario stören, ein Drittel der Befragten würde es sogar sehr stark stören. Interessanterweise besteht in dieser Hinsicht kein signifikanter Unterschied zwischen dem Emsland und dem Kreis Düren, obwohl im Emsland bereits auf etwa 40 % der Flächen Mais angebaut wird. Es konnte eine auf dem 0,01-Niveau signifikante Korrelation zur Akzeptanz von 0,344 (Spearmans-Roh) nachgewiesen werden. Da die genannte Aussage nicht mit dem Item zu *Umweltthemen in der Berufsausbildung* korreliert, kann davon ausgegangen werden, dass die Störung durch den hohen Maisanteil nicht aus naturschutzfachlichen Gesichtspunkten erfolgt, sondern eher durch die Veränderung des Landschaftsbildes. Diese Vermutung wird bestätigt durch die Korrelation mit der Erwartung, dass durch Biogasanlagen das *Landschaftsbild verschandelt* würde (0,227; p < 0,01; Spearmans-Roh).

4.1.4 Akzeptanzrelevante und -bestimmende Faktoren: Regressionsanalyse

Um die zum Teil bereits beschriebenen Zusammenhänge in ihrer Gesamtheit zu untersuchen, wurden die Daten regressionsanalytisch ausgewertet. Durch diese Analysemethoden sollten multikollineare Effekte herausgefiltert und darüber hinaus die wesentlichen Faktoren ermittelt werden. Unter Berücksichtigung der bereits gewonnen Erkenntnisse und des theoretischen Rahmens wurden in einem iterativen Prozess Faktoren gebildet, die in der Regressionsanalyse berücksichtigt wurden. Nacheinander wurden zahlreiche Regressionsmodelle berechnet, bis sich belastbare Faktoren und Ergebnisse einstellten. Die Faktoren, die in der Regressionsanalyse berücksichtigt wurden, setzen sich aus folgenden Items zusammen:[353, 354]

---

[353] Alle Faktoren wurden durch Addition gebildet. Sie wurden gleichgewichtet in die Analyse einbezogen und auf Reliabilität getestet. Cronbachs Alpha liegt bei allen Faktoren > 0,7.

[354] Insbesondere bei sozialwissenschaftlichen Erhebungen gestaltet es sich bei einigen Faktoren schwierig, die Belastbarkeit und Aussagekraft dieser Faktoren sicherzustellen. Die allgemeinen Einstellungen zur Biogastechnologie wurden daher nicht in die Analyse einbezogen (z. B. Beurteilung von Items wie: Biogas positiv-negativ). Insbesondere die *Assoziationen* und die *Entfernung* könnten „Trittbrettfahrer-Argumente" darstellen. Da aber in diesem Zusammenhang der Einfluss der *Geruchsbelästigung* erwartet werden könnte, aber nicht eintrat, wurden Faktoren ab einer Plausibilitätsgrenze berücksichtigt, wie sie SPILLER in seiner Untersuchung vorgenommen hat (vgl. Spiller, A.; Gerlach, S.: Stallbaukonflikte bei landwirtschaftlichen Stallbauten, a. a. O., S. 26).

Faktor Flächenproblematik
- *Befürchtung: steigende Pachtpreise*
- *Befürchtung: Verknappung der Fläche für die Gülle-Ausbringung*
- *Befürchtung: Mais-Monokultur*

Faktor Ethik
- *Ich fühle mich als „Nahrungsmittelproduzent", nicht als Energiewirt (umgepolt)*
- *Ethik: Getreideverbrennung zum Heizen*
- *Ethik: Maiseinsatz zur Verstromung in einer Biogasanlage*

Faktor Entfernung
- *Mindestentfernung Biogasanlage, ohne dass ein Protest stattfindet*
- *Mindestentfernung Biogasanlage, dass Anlagenbau gleichgültig ist*

Faktor Konflikte
- *Kein Bau einer Biogasanlage, weil negative Meinungen von Personen im Umfeld befürchtet werden*

Faktor Einkommensalternative
- *Erwartung Biogas: Einkommensalternative für Landwirte*

Es wurde für jeden Landkreis ein Modell erstellt, da Abweichungen zwischen den Landkreisen bestehen. Beide Modelle erfüllen die Anforderungen an ein Regressionsmodell. Die Bestimmtheitsmaße liegen in akzeptablen Bereichen, die nicht-standardisierten und standardisierten Residuen haben einen Mittelwert von 0. Die Störgrößen liegen normalverteilt vor (Kolmogorov-Smirnov-Test).[355] Es liegen keine Autokorrelationen vor (Durbin-Watson-Test Emsland: 2,302; Düren: 1,815), die auch nicht zu erwarten waren (keine Zeitreihendaten). Zwischen den erklärenden Variablen bestehen keine linearen Abhängigkeiten, der höchste VIF-Wert liegt bei 1,327 und liegt somit im akzeptablen Bereich.

---

[355] Vgl. Backhaus, K; Erichson, B.; Plinke, W.; Weiber, R.: Multivariate Analysemethoden. Berlin 2003, S. 78 ff.

Emsland

Im Emsland ist die *Flächenproblematik* der entscheidende Faktor zur Erklärung des Zusammenhangs. Die Flächenproblematik ist als akzeptanzbestimmender Faktor zu bezeichnen, da es sich direkt auf das Akzeptanzsubjekt bezieht. Die weiteren wesentlich Einfluss nehmenden Faktoren auf das Regressionsmodell sind folgende akzeptanzrelevante Faktoren: *Ethik* stellt für die emsländischen Befragten einen wichtigen Beitrag zur Erklärung der Akzeptanzhöhe dar, was sich bereits in der hohen Zahl an Äußerungen im Fragebogen unter dem Punkt „Sonstiges" ableiten ließ. Die Variable *Entfernung* ist in ähnlicher Höhe bedeutsam.

Aufgrund der übersichtlicheren Darstellung werden nur die signifikanten Faktoren aufgeführt. An dieser Stelle sei darauf hingewiesen, dass alle zuvor beschriebenen Faktoren, darunter auch die soziodemografischen Variablen, in diesem Modell und in allen nachfolgenden regressionsanalytischen Modellen zunächst berücksichtigt wurden, aufgrund nicht signifikanter Ergebnisse aber ausgeschlossen wurden. Tabelle 15 zeigt die Ergebnisse des Regressionsmodells:

Tabelle 15: Regressionsmodell zur Akzeptanz (Emsland)

	Beta	T-Wert	Signifikanz	VIF
Konstante	-	2,449	0,020	-
Faktor 1: Flächenproblematik	**0,408**	4,336	0,000	1,043
Faktor 2: Ethik	**-0,363**	-3,423	0,002	1,327
Faktor 3: Entfernung	**-0,352**	-3,374	0,002	1,279
Faktor 4: Konflikte	**0,211**	2,221	0,034	1,067

Quelle: Eigene Berechnung, abhängige Variable: Akzeptanz; $R^2=0{,}737$; $F=21{,}707$ ($p < 0{,}001$).

Düren

In Düren hat die Flächenproblematik erwartungsgemäß keinen großen Einfluss. Da in Düren die Flächenkonkurrenz nicht derart ausgeprägt ist wie im Emsland, ist hier ebenso der Faktor *Konflikte* nicht von Bedeutung. In Düren konnten nur drei Faktoren ermittelt werden: Wie im Emsland spielen hier die Aspekte *Entfernung* und *Ethik* eine Rolle, die *Entfernung* ist in der Dürener Stichprobe sogar der bedeutendste Faktor. Die genannten Entfernungen lassen darauf schließen (siehe Kapitel 4.1.3.3.6 – Räumliche Entfernung), dass betriebliche Bedenken von untergeordneter Bedeutung sind. In Tabelle 16 ist das Regressionsmodell für den Kreis Düren zusammenfassend dargestellt:

Tabelle 16: Regressionsmodell zur Akzeptanz (Düren)

	Beta	T-Wert	Signifikanz	VIF
Konstante	-	16,1444	0,000	-
Faktor 1: Entfernung	**-0,501**	-3,743	0,001	1,087
Faktor 2: Einkommensalternative	**-0,293**	-2,167	0,040	1,114
Faktor 3: Ethik	**-0,279**	-2,010	0,050	1,168

Quelle: Eigene Berechnung, abhängige Variable: Akzeptanz; R^2=0,539; F=11,921 ($p < 0,001$).

Ackerbauregionen und Veredelungsregionen haben gemeinsam, dass *Entfernung* und *ethische Bedenken* von Bedeutung sind, in Ackerbauregionen leistet darüber hinaus die *Einkommensalternative* einen Beitrag zur Erklärung des Zusammenhangs, in Veredelungsgebieten der Faktor *Flächenproblematik*. In beiden Modellen scheinen somit akzeptanzbestimmende und -relevante Faktoren von Bedeutung. Sowohl im Emsland als auch in Düren sind die Bezugsgruppen- und die Werteebene als entscheidende Restriktion/Ressource zu bezeichnen.

Um die Akzeptanz zu erhöhen, sollte die Erzeugung von Energiemais vom Gesetzgeber eingeschränkt werden und Zwischenfrüchte verstärkt gefördert werden. So ließen sich die Flächenproblematik und die ethischen Bedenken vermindern. Damit keine Ressourcen verschwendet werden, sollten nur Anlagen genehmigt werden, die ein schlüssiges Wärmekonzept vorweisen können. Detailliertere Empfehlungen, die sich in Verbindung mit den Ergebnissen der Anwohner-Untersuchung ableiten lassen, werden in Kapitel 5 vorgestellt.

4.2 Anwohner

Insgesamt wurden in den vier Ortschaften 630 Fragebögen verteilt (Bourheim: 150 Fragebögen, in allen anderen Ortschaften 160). Die Erhebung fand im Oktober und November 2008 statt. Insgesamt wurden 106 Fragebögen zurückgesendet. Die Rücklaufquote betrug somit 16,8 %. Für andere postalische Erhebungen sind in der Literatur Werte von 5-15 % beschrieben.[356] Die hohe Rücklaufquote zeigt zum einen, dass die Thematik für die Zielgruppe von Interesse war, zum anderen wird deutlich, dass die Konzeption des Fragebogens insbesondere für Menschen, die nicht oft mit Fragebögen konfrontiert sind, als gelungen bezeichnet werden kann.

4.2.1 Beschreibung der Stichprobe

Um einen kurzen Überblick über die vier Ortschaften zu erhalten, werden zunächst die wesentlichen soziodemografischen Daten vorgestellt. 57,5 % der Befragten stammen aus dem Emsland. In dieser Region scheint die Thematik auf etwas größeres Interesse gestoßen zu sein als in Düren. Ameln (Düren) und Holthausen (Emsland) verzeichneten als Ortschaften mit einer Biogasanlage ähnliche Rücklaufquoten wie Bourheim (Düren) und Tinnen (Emsland), in denen keine Biogasanlage in der Umgebung vorzufinden ist. Die Nähe zu einer Biogasanlage scheint dabei keinen Einfluss auf die Rücklaufquote zu haben. In der Dürener Stichprobe befinden sich etwas mehr Frauen als in der emsländischen. Insgesamt sind über zwei Drittel der Befragten männlich. Bereits im Pretest deutete sich diese Tendenz an: Da pro Haushalt nur ein Fragebogen verteilt wurde, füllten tendenziell, insbesondere bei den älteren Befragten, die Männer den Fragebogen in ihrer Funktion als Hausvorstand aus: Beim Pretest wurde deutlich, dass die männlichen Befragten oft den Fragebogen in Absprache mit der Partnerin ausfüllten. Bei der Abfrage nach Vereinszugehörigkeiten stellten sich aus diesem Grund zunächst Zweifel an der Zuverlässigkeit der Beantwortung ein, die jedoch anschließend im Gespräch ausgeräumt werden konnten: Viele männliche Teilnehmer gaben bspw. (für ihre Partnerinnen) an, Mitglied in der Frauengemeinschaft zu sein.

Die Verteilung des Alters ist in beiden Regionen ähnlich – das Durchschnittsalter (arithmetisches Mittel) der Stichprobe liegt im Emsland bei 49, in Düren bei 50 Jahren. Vergli-

---

[356] Vgl. Porst, R.: Wie man die Rücklaufquote bei postalischen Befragungen erhöht. Zentrum für Umfragen, Methoden und Analysen – ZUMA how-to-Reihe, Nr. 09. Mannheim 2001, S. 1.

chen mit den repräsentativen Werten aus den Kreisen (Emsland 39, Düren 42 Jahre)[357] zeigt sich, dass ältere Befragte in der Stichprobe relativ stark vertreten sind. Zum großen Teil dürfte diese Differenz durch die Beantwortung des Fragebogens durch die Hausvorstände zu erklären sein, die in der Regel nicht unter 18 Jahre alt sind. Verglichen mit den Durchschnittswerten des Kreises zeigt sich darüber hinaus, dass überproportional viele Befragte Abitur als höchsten Bildungsabschluss angaben. Während in beiden Kreisen etwa 22 % über die Hochschulreife verfügen,[358] ist der Wert in der Stichprobe in Düren mehr als doppelt so groß, im Emsland um rund die Hälfte höher. Zum einen könnte das belegen, dass bei Personen mit Abitur die Bereitschaft für die Beantwortung der Fragebögen höher ist. Zum anderen ist zumindest ein Teil der erhöhten Abiturquote auf die Ortschaft Bourheim zurückzuführen, in der die Abiturquote der Bevölkerung 49 % beträgt, was mit der Nähe zum Forschungszentrum Jülich begründet sein könnte.

Hinsichtlich des Einkommens bestehen keine nennenswerte Unterschiede: Die meisten Haushalte verfügen über monatliche Netto-Einkünfte zwischen 2300 und 2800 €.

Alle soziodemografischen/-ökonomischen Daten wurden mithilfe nicht-parametrischer Tests auf Unterschiede überprüft: Zwischen den Landkreisen und zwischen den vier Ortschaften konnten keine signifikanten Unterschiede in den dargestellten Variablen nachgewiesen werden.

Abschließend zeigt Tabelle 17 eine zusammenfassende Darstellung über die soziodemografischen Merkmale in der Stichprobe:

---

[357] Vgl. Bertelsmann-Stifung: Wegweiser Kommune. Datenblatt Emsland 2006, Datenblatt Düren 2006, unter www.wegweiser-kommune.de, zuletzt am 3.3.2009.
[358] Ebenda.

Tabelle 17: Soziodemografische Merkmale der befragten Anwohner

	Landkreis Emsland	Landkreis Düren	gesamt
befragte Anwohner	57,5 %	42,5 %	100 %
Geschlecht			
männlich	75,4 %	68,9 %	72,6 %
weiblich	24,6 %	31,1 %	27,4 %
Alter			
< 20 Jahre	5,1 %	2,2 %	3,8 %
20-30 Jahre	6,8 %	8,9 %	7,7 %
30-40 Jahre	15,2 %	15,6 %	15,6 %
40-50 Jahre	28,8 %	31,1 %	29,8 %
50-60 Jahre	22,1 %	8,9 %	16,4 %
> 60 Jahre	22,0 %	32,3 %	26,8 %
Schulabschluss			
Hauptschulabschluss	23,7 %	38,6 %	22,1 %
Realschulabschluss	37,3 %	9,1 %	32,7 %
Abitur	33,9 %	47,7 %	38,5 %
sonstiger Abschluss	5,1 %	5,0 %	6,8 %
Ausbildung			
Lehre/Ausbildung	32,8 %	38,6 %	35,3 %
Meister	25,9 %	9,1 %	18,6 %
(Fach-)Hochschulstudium	32,8 %	47,7 %	39,2 %
sonstiger Abschluss	8,6 %	4,5 %	6,9 %
Netto-Einkünfte/Monat*			
< 800 €	0,0 %	4,4 %	1,9 %
800-1300 €	11,7 %	4,4 %	8,6 %
1300-1800 €	10,0 %	11,1 %	10,5 %
1800-2300 €	16,7 %	15,6 %	16,2 %
2300-2800 €	18,3 %	24,4 %	21,0 %
2800-3300 €	13,3 %	4,4 %	9,5 %
3300-3800 €	6,7 %	8,9 %	7,6 %
3800-4300 €	5,0 %	11,1 %	7,6 %
> 4300 €	6,7 %	2,2 %	4,8 %
keine Angabe	11,7 %	13,3 %	12,4 %

Quelle: Eigene Erhebung, n=104-106; * pro Haushalt.

4.2.2 Akzeptanz

Analog zu der Vorgehensweise bei der Erhebung der Landwirte werden beide Ebenen der Akzeptanz (Einstellungen und Handlungen) unter Berücksichtigung des Drei-Komponenten-Modells und des RREEMM-Modells im Folgenden vorgestellt.

4.2.2.1 Erscheinungsformen von Akzeptanz nach HOFINGER – die konative Komponente

Wie bereits bei den Landwirten beschrieben, wurde auch bei den Anwohnern die Akzeptanz ermittelt. Zu den ausführlichen Beschreibungen der Vorgehensweise zur Ermittlung der Akzeptanz siehe Kapitel 4.1.2.1. Zunächst wurden die Anwohner mithilfe von 17 Items gefragt, wie sie reagieren würden, wenn in ihrer unmittelbaren Nähe (noch) eine Anlage gebaut werden würde. Die Items lassen sich den Haltungen Ablehnung, Gleichgültigkeit und Zustimmung zuordnen. Tabelle 18 zeigt die Verteilung der Antworten sortiert nach den genannten Kriterien:

Tabelle 18: Verteilung der Reaktionen im Hinblick auf den Bau einer Biogasanlage

bejahende Antworten („ja", „eher ja") in %	Tinnen	Holt-hausen	Bour-heim	Ameln	alle*
Ich würde mich vielleicht finanziell an der Anlage beteiligen.	7,4	24,2	31,8	21,7	**21,0**
Ich werde mich darüber informieren, ob die Möglichkeit besteht, die günstige Abwärme in meinem Wohngebiet zu nutzen.	59,3	66,7	81,8	69,6	**68,6**
Wenn der Anlagenbetreiber auf mich zukäme, wäre ich zu einem Gespräch über Wärmekauf für mein Haus bereit.	66,7	66,7	86,4	69,6	**71,4**
In Gesprächen werde ich mich positiv über Biogasanlagen äußern.	63,0	51,5	63,6	52,2	**57,1**
Ich sehe den Bau der Anlage mit Wohlwollen.	37,0	48,5	68,2	65,2	**53,3**
Wenn ich zu einem Informationsabend über die Nutzung von Wärme eingeladen würde, würde ich auch teilnehmen.	77,8	93,9	86,4	87,0	**86,7**
Mir ist das völlig egal, ob eine Anlage gebaut wird oder nicht.	18,5	9,1	4,5	26,1	**14,3**
Ich werde den Bau dulden, ohne dass ich etwas unternehmen werde.	55,6	69,7	68,2	78,3	**67,6**

Ich werde meine Unzufriedenheit im Freundes- und Bekanntenkreis äußern.	29,6	24,2	9,1	21,7	**21,9**
Ich werde meine Einwände gegen die Biogasanlage beim Landwirt vortragen.	22,2	12,1	4,5	13,0	**13,3**
Ich werde Einwände gegen die Biogasanlage bei der Genehmigungsbehörde vortragen.	18,5	12,1	4,5	17,4	**13,3**
Ich würde Leserbriefe gegen die Biogasanlage schreiben.	18,5	6,1	0,0	0,0	**6,7**
Ich würde Unterschriften gegen die Biogasanlage sammeln.	14,8	12,1	0,0	8,7	**9,5**
Ich würde an einer Bürgerinitiative gegen die Biogasanlage teilnehmen.	25,9	12,1	0,0	8,7	**12,4**
Ich würde einen Anwalt einschalten, um die Biogasanlage zu verhindern.	18,5	12,1	4,5	13,0	**12,4**
Ich würde eine Bürgerinitiative gegen die Anlage gründen.	3,7	9,1	0,0	0,0	**3,8**

Quelle: Eigene Erhebung, n=105; Tinnen: n=27; Holthausen: n=33; Bourheim: n=22; Ameln: n=23.

Mehr als die Hälfte der Befragten sieht den Bau einer Anlage in der Umgebung mit Wohlwollen, knapp 60 % würden ihre Zustimmung in Gesprächen äußern. Etwa ein Fünftel der Anwohner wäre darüber hinaus bereit, sich finanziell an einer Anlage zu beteiligen, die demonstrative Akzeptanz kann als hoch bezeichnet werden. Ca. 87 % Befragte der Stichprobe würden an einem Informationsabend teilnehmen, in dem es um die Nutzung der Abwärme geht.

Diese Kennzahlen zeugen von einem hohen Grad an Zustimmung. Die Differenz zwischen den 60 % der Befragten, die ihre Zustimmung äußerten und den 86 %, die an einem Informationsabend über Wärmenutzung teilnähmen, verdeutlicht die partielle Akzeptanz: Als Anwohner wird die Anlage nicht begrüßt, als günstige Wärmequelle hingegen u. U. akzeptiert.

Nur 14 % der Befragten sind die Errichtung einer Anlage vollkommen gleichgültig. Dieser Anteil scheint niedrig, viele Befragte im ländlichen Raum haben sich eine Meinung über Biogasanlagen gebildet. Allerdings muss eingeräumt werden, dass die Befragung einem Bias unterliegt und davon auszugehen ist, dass Anwohner mit einer gleichgültigen Meinung gegenüber Biogasanlagen sich verhältnismäßig seltener zur Beantwortung des Fragebogens entschlossen haben dürften als diejenigen, die eine extreme Haltung vertreten.

Nur 3,8 % der Anwohner, davon niemand im Kreis Düren, würden eine Bürgerinitiative gegen eine Anlage gründen. Von den potenziellen Gründern einer Bürgerinitiative stammt der größte Anteil aus der Ortschaft Holthausen. Die extremste Form der demonstrativen Nicht-Akzeptanz ist somit – abgesehen von der Ortschaft Holthausen – kaum ausgeprägt. Ähnlich verhält es sich mit den anderen Formen der Protestäußerung: Die Ortschaften im Kreis Düren, v. a. die Ortschaft Bourheim, weisen in fast allen Items niedrigere Protestbereitschaften auf als die Bewohner Tinnens und Holthausens:

Etwa 22 % Befragte der gesamten Anwohner-Stichprobe würden ihren Unmut gegenüber der Biogasanlage im Umfeld äußern, ungefähr 13 % würden ihre Einwände bei der Genehmigungsbehörde und dem Landwirt vortragen, ebenso viele wären bereit, einen Anwalt einzuschalten und an einer Bürgerinitiative teilzunehmen.

Da auch in der Stichprobe der Anwohner die partielle Akzeptanz bedeutsam ist und somit kein Akzeptanz-Indikator aus der beschriebenen Item-Box erstellt werden soll, wurden die Befragten gebeten, ebenfalls mithilfe eines Akzeptanzzahlenstrahls (0-100), ihre subjektiv subsumierte Akzeptanz zum Ausdruck zu bringen (vgl. Kapitel 4.1.2.1 der Landwirte für weitere methodische Erläuterungen). Die Verteilung der Akzeptanz wird in Abbildung 27 aufgezeigt:

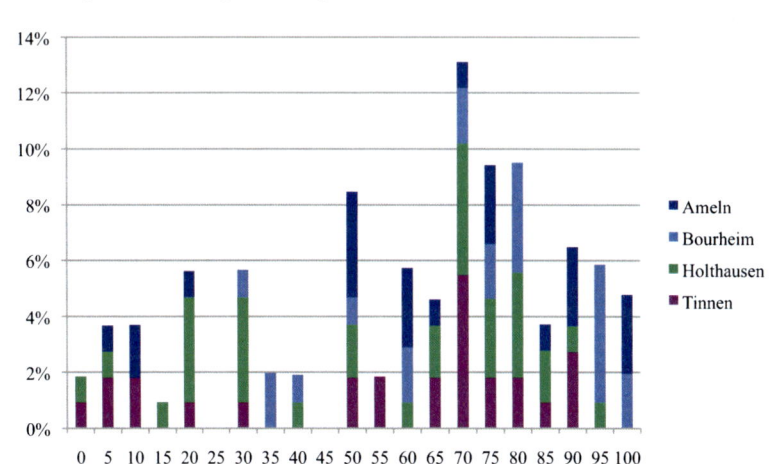

Abbildung 27: Verteilung der Akzeptanz in den vier Ortschaften

Quelle: Eigene Darstellung, n=106, die einzelnen Werte wurden für diese Darstellung der besseren Übersichtlichkeit wegen in Schritten von je fünf zusammengefasst (0, 0-5, 5-10,..., 95-100).

Die Verteilung der gesamten Stichprobe ist nach dem Kolmogorov-Smirnov-Test nicht normalverteilt (p=0,029). Die Akzeptanzwerte der vier Ortschaften sowie der Landkreise getrennt voneinander betrachtet liegen hingegen normalverteilt vor. Tabelle 19 zeigt die arithmetischen Mittel:

Tabelle 19: Akzeptanz in den Untersuchungsgruppen

Ort/Kreis	Akzeptanzhöhe
Tinnen	54
Holthausen	54
Bourheim	72
Ameln	62
Emsland (Tinnen und Holthausen)*	54
Düren (Bourheim und Ameln)*	67
Orte ohne Anlage (Tinnen und Bourheim)	57
Orte mit Anlage (Holthausen und Ameln)	62

Quelle: Eigene Darstellung, n=106; * Akzeptanz in Landkreisen unterscheidet sich signifikant (p < 0,01).

In der gesamten Stichprobe beträgt das arithmetische Mittel 59, der Median liegt bei 66 und der Modus bei 70. Die Akzeptanzwerte liegen im Emsland mit 54 gleich hoch in den beiden Ortschaften. Alle vier Ortschaften unterscheiden sich nicht signifikant voneinander. Signifikant auf dem 0,05-Niveau unterscheiden sich lediglich die Ortschaften Holthausen und Tinnen von der Ortschaft Bourheim. Ebenfalls unterscheiden sich die Ortschaften ohne Anlage nicht signifikant von denen mit einer Anlage im Dorf. Es scheint, als hätten Nähe und Vertrautheit zu Biogasanlagen keinen positiven, aber auch keinen negativen Einfluss auf die Akzeptanz. Wird zudem bedacht, dass Tinnen zwar nicht direkt durch eine Anlage vor Ort mit der Biogastechnologie in Berührung tritt, hier wohl aber ein Meinungsklima über Biogasanlagen herrscht (Lokalpresse, Bekannte in benachbarten Dörfern mit Biogasanlage), kann vermutet werden, dass in Ortschaften ohne jeglichen Bezug (wie z. B. Bourheim) die Akzeptanz höher ist als in Ortschaften mit Bezug.

Die beiden Landkreise unterscheiden sich zwar signifikant voneinander (in Düren ist die durchschnittliche Akzeptanz um 16 Punkte höher als im Emsland), mit dieser Vermutung muss jedoch vorsichtig umgegangen werden, da die erhöhten Akzeptanzwerte der Bourheimer die Ergebnisse im gesamten Kreis Düren beeinflussen.

Dieses Ergebnis widerspräche den von SPILLER genannten Ergebnissen, dass Menschen in einer Nicht-Veredelungsregion eine niedrigere Akzeptanz gegenüber Tierhaltungsanlagen etc. aufweisen.[359] Da nicht zu vermuten ist, dass sich Biogasanlagen wesentlich von Tierhaltungsanlagen im Hinblick auf Befürchtungen unterscheiden (siehe dazu Kapitel 4.2.3.1.2), könnte dies ein Indiz dafür sein, dass nicht allein die befürchteten Belästigungen ausschlaggebend für die Höhe der Akzeptanz sind. Denkbar wäre, dass ethische Aspekte der Tierhaltung den Unterschied zur Akzeptanz von Biogasanlagen bedingen. Ferner könnten die zu SPILLER gegensätzlichen Ergebnisse dafür sprechen, dass die Dichte an landwirtschaftlichen Anlagen (Tierhaltung und Biogas) im Emsland als Veredelungsregion an eine Grenze gestoßen ist. Möglich wäre ein Akzeptanzverlauf, der sich in Veredelungsregionen exponentiell verhält, d. h. viele Anlagen werden ohne größere Proteste geduldet. Sobald der Leidensdruck durch zu viele Anlagen ansteigt, sind hingegen Konflikte zu erwarten.

Die Verteilung der Akzeptanz entspricht in den extremen Kategorien ungefähr den Werten aus der Item-Box. So gaben 2 % der Befragten einen Wert von Null an (4 % von 1 bis 5), zum Vergleich waren 3,8 % bereit, eine Bürgerinitiative zu gründen. Über 20 % der Befragten befürworteten, sich vielleicht finanziell an einer Anlage zu beteiligen, etwa 17 % äußerten eine Akzeptanz über 90.

Um die Reliabilität zu untersuchen, wurde aus der Item-Box eine Skala gebildet, um anschließend den Zusammenhang zwischen beiden Akzeptanzskalen zu untersuchen. Das Item *völlige Gleichgültigkeit* wurde aufgrund des fehlenden Pols entfernt, die ersten sieben Items wurden umgepolt. Die Reliabilität der Skala der Item-Box ist gewährleistet (Cronbachs Alpha beträgt 0,937). Die Korrelation zwischen beiden Akzeptanz-Skalen ist auf dem 0,01-Niveau signifikant (zweiseitig) und beträgt 0,846 (Spearmans-Roh). Die Reliabilität der Akzeptanzskala, bei der die Befragten selbst ihre Akzeptanz zusammenfassten, kann demnach als hoch bezeichnet werden. Sie entspricht den Werten der Erhebung bei den Landwirten. Da die Akzeptanzskala reliabel ist, wird diese im Folgenden verwendet. Die Validität der Akzeptanzskala wird in den folgenden Kapiteln erläutert.[360] Der Vorteil der Akzeptanzskala, die auf dem Zahlenstrahl beruht, liegt darin, dass Verzerrungen, die

---

[359] Vgl. Spiller, A.; Gerlach, S.: Stallbaukonflikte bei landwirtschaftlichen Stallbauten, a. a. O., S. 26.
[360] An dieser Stelle sei bereits darauf hingewiesen, dass die Skala als valide bezeichnet werden kann. Zu näheren Informationen hinsichtlich der Vorgehensweise zur Messung der Validität siehe Kapitel 4.1.2.1 (Landwirte).

aufgrund partieller Akzeptanzäußerungen in der Item-Box entstehen, ausgeschlossen werden können (z. B. gleichzeitige *Bereitschaft der Wärmenutzung* **und** *Verfassen von Leserbriefen*). Folgende Abbildung zeigt zusammenfassend die Akzeptanz in den Untersuchungsgebieten nach den Angaben auf der Akzeptanzskala (0-33: ablehnende Haltung; 34-66: gleichgültige Haltung; 67-100 zustimmende Haltung):

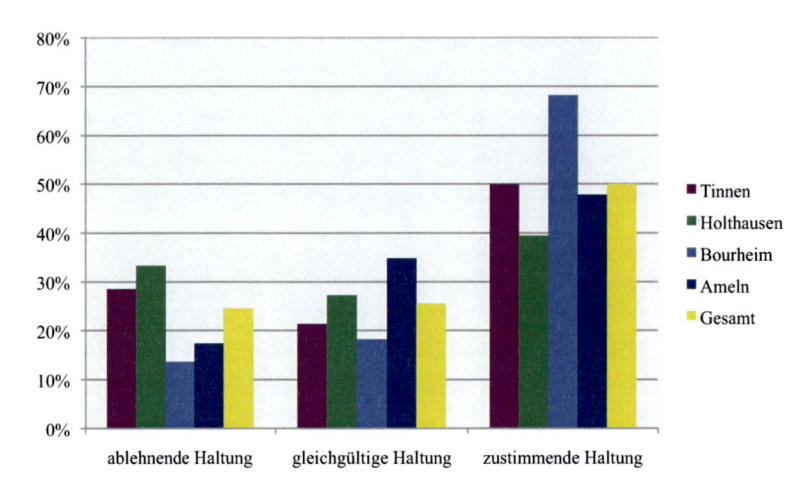

Abbildung 28: Verteilung der Akzeptanz in den Ortschaften

Quelle: Eigene Darstellung, n=106.

Jeweils ein Viertel der Befragten hat eine ablehnende und eine gleichgültige Haltung gegenüber Biogasanlagen, die Hälfte der Befragten hat eine zustimmende Haltung. Die ablehnende Haltung in den emsländischen Ortschaften ist knapp doppelt so hoch wie in den Ortschaften im Kreis Düren. Die Ortschaft Bourheim zeichnet sich durch einen besonders hohen Anteil an zustimmender Haltung aus. Die Akzeptanzwerte der Anwohner weisen somit ähnliche Tendenzen wie die der Landwirte auf.

4.2.2.2 Erscheinungsformen von Akzeptanz nach LUCKE

Während die äußere Akzeptanz durch HOFINGER beschrieben wird, versucht LUCKES Ansatz, die innere Akzeptanz, d. h. die Motive, die hinter der Akzeptanz stehen, zu beschreiben. Da die Akzeptanz ein vielschichtiges Konstrukt ist, sind hierbei Mehrfachantworten möglich (nähere Angaben siehe Kapitel 4.1.2.2). Tabelle 20 zeigt verschiedene, bewusst mehrdimensionale Aussagen, die die Befragten mit „ja", „nein" oder „weiß nicht" beantworten sollten:

Tabelle 20: Akzeptanzverteilung nach LUCKE (Antwort „ja" in %)

Kreuzen Sie bitte an, ob folgende Aussage auf Sie zutrifft! („ja")	Tinnen	Holthausen	Bourheim	Ameln	alle
Nachgeschobene Akzeptanz/Nichtakzeptanz: Ich habe meine Meinung im Hinblick auf Biogasanlagen im Laufe der Zeit geändert.	29,6	27,3	4,5	19,0	21,4
Imitierende Akzeptanz: Ich lege sehr viel Wert auf die Meinung meines persönlichen Umfeldes (Nachbarn, Familie, Freunde). Wenn ich eine andere Meinung im Hinblick auf Biogas als mein Umfeld hätte, würde ich mich vermutlich deren Meinung anschließen.	11,1	6,1	4,5	4,8	6,8
Partielle Akzeptanz: Ich weiß noch nicht genau, was ich davon halten soll, es gibt positive und negative Seiten.	48,1	36,4	36,4	56,5	43,8
Konditionale Akzeptanz:* Ich begrüße den Bau der Anlage, aber nur, wenn sichergestellt wäre, dass dadurch keine unangenehmen Begleiterscheinungen entstehen.	60,7	48,5	72,7	63,6	60,6
Symbolische ~/Gefälligkeitsakzeptanz: Ich bin bisher mit den Landwirten immer gut klar gekommen, warum sollte ich ihnen jetzt Steine in den Weg legen.	48,1	54,5	59,1	76,2	58,3
Opportunistische Gelegenheitsakzeptanz: Ich gönne diesen Landwirten keine Einnahmen, die ja letztlich auf meine Kosten gehen.	18,5	6,1	0,0	0,0	6,8
Nimby-Effekt:* Grundsätzlich habe ich nichts gegen Biogasanlagen, aber bitte nicht in der Nähe meines Hauses.	40,7	33,3	40,9	66,7	43,7

Quelle: Eigene Darstellung, n=103; * Der Nimby-Effekt geht nicht auf die Ausführungen von LUCKE zurück, wird der Vollständigkeit halber aber in diesem Zusammenhang aufgelistet.

Über 21 % der Befragten gaben an, ihre Meinung über Biogasanlagen im Laufe der Zeit geändert zu haben. Dieser hohe Anteil, insbesondere in der Ortschaft Tinnen (knapp 30 %), lässt darauf schließen, dass die Biogastechnologie bei diesen Befragten von besonderem Interesse war und eine bewusste Auseinandersetzung stattgefunden hat.

Der Anteil der *imitierenden Akzeptanz* ist mit 6,8 % als niedrig zu bezeichnen, Stimmungen gegen oder für den Anlagenbau scheinen von dieser Gruppe nicht wesentlich verstärkt bzw. vermindert werden zu können.

Mit etwa 44 % ist die *partielle Akzeptanz* von besonderer Bedeutung: Die Befragten in dieser Gruppe haben sich abschließend keine Meinung bilden können. Sie sehen gute und schlechte Seiten und sind somit durch vertrauensbildende und partizipative Maßnahmen grundsätzlich zu erreichen. Vor dem Hintergrund des großen Interesses der Wärmenutzung wird deutlich, dass demnach knapp die Hälfte der Befragten im Hinblick auf Biogasanlagen beeinflusst werden kann. Da darüber hinaus etwa 60 % der Anwohner grundsätzliches Vertrauen zu den Landwirten in der Nähe haben und ihnen *keine Steine in den Weg legen möchten*, sollten Anlagenbetreiber dieses hohe Akzeptanzpotenzial nicht durch unüberlegtes Verhalten gefährden, sondern es als Ressource begreifen, auf der die Akzeptanzarbeit basieren kann.

Die *konditionale Akzeptanz* ist mit 60 % die größte Akzeptanzgruppe. Falls der Anlagenbetreiber ein schlüssiges Konzept vorlegen kann und darüber hinaus mögliche Bedenken ausräumt, könnte dieser Anteil der Bevölkerung für eine geplante Biogasanlage gewonnen werden.

Diejenigen, die den Landwirten *keine Einnahmen gönnen*, sind in der Ortschaft Tinnen mit 18,5 % als hoch zu bezeichnen. Da in den anderen Ortschaften der Anteil der Befragten an dieser Akzeptanzgruppe gering bzw. nicht vorhanden ist, liegt die Vermutung nahe, dass bereits bestehende Konflikte zwischen Landwirten und Bürgern in Tinnen die Ursache hierfür sein könnten.

Der *Nimby-Effekt* scheint bei über 40 % der Befragten vorzuliegen, wobei dieser Anteil in Ameln doppelt so hoch ist wie in Holthausen. Beide Ortschaften verfügen über eine Biogasanlage im Dorf. Es kann davon ausgegangen werden, dass Erfahrungen mit Belästigungen des Anlagenbetriebs hierfür ursächlich sind. In den Gemeinden, in denen keine Erfahrungen mit Biogasanlagen bestehen, ist der Nimby-Anteil mit je ca. 40 % genauso hoch. Es wird deutlich, dass durch einen Anlagenbau scheinbar Vorurteile abgebaut, aber auch bestätigt werden können. Konzepte, die mögliche Bedenken der Anwohner berücksichtigen, sind daher von großer Bedeutung, v. a. für den Bau von weiteren Anlagen.

4.2.3 Akzeptanzbestimmende und -relevante Faktoren: uni-/bivariate Analysen

Wie bei der Auswertung der Befragung der Landwirte, wird auch bei der Auswertung der Anwohnerbefragung nach LUCKE vorgegangen. Zunächst werden direkt dem Akzeptanzsubjekt zugeordnete (akzeptanzbestimmende) Faktoren erörtert, daran anschließend folgt die Darstellung der Einflüsse übergeordneter Einstellungen und Verhaltensweisen (akzeptanzrelevante Faktoren).

4.2.3.1 Akzeptanzbestimmende Faktoren – die affektive Komponente

Nach dem Drei-Komponenten-Modell wurde in den vergangenen Kapiteln die konative Komponente im Zusammenhang mit der Logik der Selektion/Aggregation erläutert. Um die Logik der Situation näher zu beleuchten, wird die affektive Komponente mithilfe folgender Dimensionen ermittelt:

- *Allgemeine Einstellungen über Biogas*
- *Assoziationen im Hinblick auf den Bau einer Biogasanlage in unmittelbarer Nähe*
- *Bewertung von Biogasanlagen im Vergleich zu anderen landwirtschaftlichen Zweigen*

4.2.3.1.1 Allgemeine Einstellungen zu Biogas

Die Einstellungen wurden, wie bei der Erhebung der Landwirte auch, in Anlehnung an KECK erhoben (vgl. zur detaillierten Vorgehensweise Kapitel 4.1.3.1.1). Tabelle 21 zeigt die Mittelwerte sowie die Verteilung der Bewertungen:

Tabelle 21: Allgemeine Einstellungen über Biogas (in %)

	1	2	3	4	5	6	∅	
nützlich	21,2	33,7	25,0	11,5	5,8	2,9	**2,6**	schädlich
sicher	19,2	37,5	26,0	12,5	2,9	1,9	**2,5**	gefährlich
modern	21,4	31,1	21,4	10,7	12,6	2,9	**2,7**	altmodisch
sauber	17,3	26,9	24,0	16,3	10,6	4,8	**2,9**	schmutzig
risikoarm	16,3	37,5	26,9	8,7	7,7	2,9	**2,6**	risikoreich
positiv	14,4	23,1	22,1	20,2	10,6	9,6	**3,2**	negativ
vertraut	4,8	29,8	31,7	20,2	9,6	3,8	**3,1**	unheimlich
kontrollierbar	20,2	32,7	23,1	11,5	7,7	4,8	**2,7**	unkontrollierbar
natürlich	25,0	22,1	26,0	11,5	9,6	5,8	**2,6**	unnatürlich
notwendig	18,4	25,2	23,3	14,6	9,7	8,7	**3,0**	überflüssig

Quelle: Eigene Darstellung, n=103.

Die Einstellungen sind insgesamt eher positiv (arithmetisches Mittel < 3), lediglich die Items *positiv-negativ* und *vertraut-unheimlich* sind auf der negativen Seite zu finden. Dennoch liegen die Mittelwerte alle nah an der Mitte, sodass die positiven Assoziationen zwar überwiegen, aber nicht deutlich. Die Mittelwerte der Anwohner unterscheiden sich nicht wesentlich von denen der Landwirte, allerdings sind fast alle Werte bei den Anwohnern um etwa 0,2 negativer ausgeprägt als bei den Landwirten (abgesehen von dem Item *sauber-schmutzig*).

Es wurde eine Einstellungsskala durch Summieren gebildet. Die Reliabilität wurde geprüft, Cronbachs Alpha beträgt 0,872. Die Korrelation zwischen den *Einstellungen* und der Akzeptanz beträgt in der gesamten Stichprobe -0,651 (Spearmans-Roh; zweiseitige Signifikanz auf dem 0,01-Niveau). Bei getrennter Betrachtung der Ortschaften zeigten die Befragten aus Ameln in diesem Zusammenhang keine signifikante Korrelation. Da in Ameln der Nimby-Anteil vergleichsweise hoch ausgeprägt war, könnte auch der fehlende Zusammenhang zwischen Akzeptanz und *Einstellungen* darin begründet sein, dass Unzufriedenheit mit bestimmten Bedenken, die sich nur auf die Biogasanlage vor Ort beziehen, bestehen. Die Befragten in Tinnen und Holthausen weisen eine signifikant negativere Einstellung auf als die des Ortes Bourheim (einfaktorielle Anova, post hoc Test, Signifikanzniveau ≤ 0,01). Dieses Ergebnis korrespondiert mit der ebenfalls unterschiedlichen Akzeptanz dieser Ortschaften.

4.2.3.1.2 Assoziationen im Hinblick auf eine Biogasanlage in unmittelbarer Nähe

Um Befürchtungen und Erwartungen zu ermitteln, die die Befragten gegenüber einer geplanten Anlage in ihrer Nähe empfinden, wurden ihnen verschiedene Assoziationen mit der Bitte um Bewertung vorgelegt (vgl. zur ausführlichen Beschreibung der Vorgehensweise Kapitel 4.1.3.1.2, Erhebung der Landwirte).
Abbildung 29 zeigt zusammenfassend die Verteilung der Bewertungen:

Abbildung 29: Bedenken der Anwohner im Hinblick auf einen geplanten Anlagenbau in der Nähe

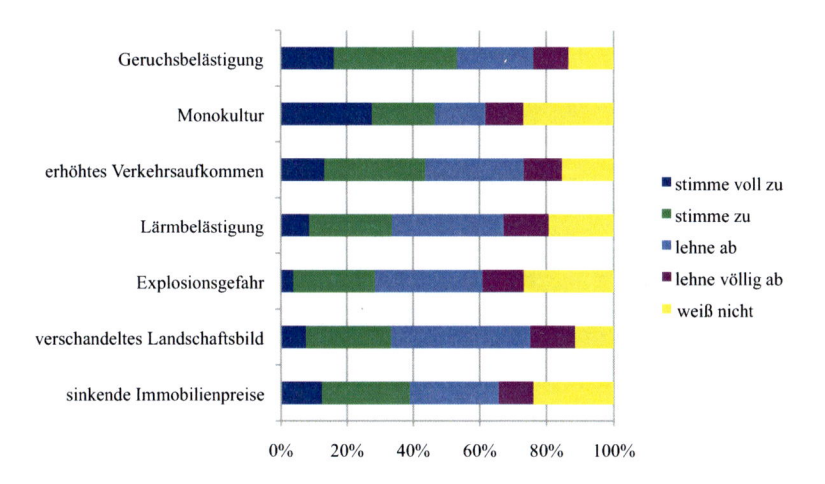

Quelle: Eigene Darstellung, n=105.

Über die Hälfte der Befragten befürchten Geruchsbelästigungen von einer Anlage in der Nähe. Diese Art der Belästigung stellt hiermit die von den meisten Befragten geäußerte negative Assoziation dar. Über 40 % der Befragten äußerten Bedenken im Hinblick auf die Monokulturen und ein erhöhtes Verkehrsaufkommen. Lärmbelästigung, Explosionsgefahr und ein verschandeltes Landschaftsbild befürchtet je ein Drittel der befragten Anwohner.

Über 20 % der Befragten in der Stichprobe gaben an, eine geplante Biogasanlage hinsichtlich Monokultur, Explosionsgefahr und sinkender Immobilienpreise nicht beurteilen zu können („weiß nicht").

Neben den Befürchtungen wurden ebenfalls die Erwartungen, die an eine Biogasanlage in der Nähe gestellt werden, ermittelt. Knapp 80 % der Befragten verbinden mit dem Bau einer Anlage in der Umgebung Energie-Unabhängigkeit und die Erzeugung sauberen Stroms. Etwa 70 % gaben an, im Hinblick auf die Biogasanlage an Klimaschutz zu denken. Die Hälfte der Befragten verknüpft mit dem Anlagenbau die Entstehung von Arbeitsplätzen. Die Mehrheit der Anwohner assoziiert mit Biogasanlagen positive Eigenschaften. Abbildung 30 zeigt die Verteilung der Erwartungen der Anwohner:

Abbildung 30: Erwartungen der Anwohner im Hinblick auf einen Anlagenbau in der Nähe

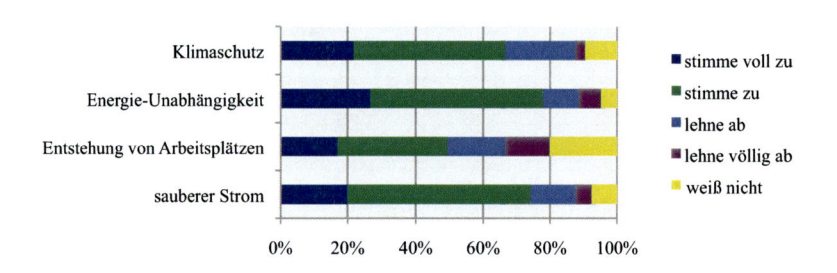

Quelle: Eigene Darstellung, n=105.

Aus den *Befürchtungen* und *Erwartungen* wurden Skalen gebildet. Die Reliabilität ist gewährleistet (Cronbachs Alpha: *Befürchtungen*: 0,811; *Erwartungen*: 0,785). Es mussten keine Items entfernt werden. Zwischen den Erwartungen und den Befürchtungen besteht keine Korrelation. Wie bei der Erhebung der Landwirte kann davon ausgegangen werden, dass demnach die partielle Akzeptanz eine bedeutende Rolle spielt: Während Biogasanlagen als Beitrag zum Klimaschutz begrüßt werden, werden sie in direkter Nachbarschaft abgelehnt.

Aus den *Befürchtungen* und *Erwartungen* wurde darüber hinaus eine einzige Skala gebildet, die alle Assoziationen umfasst (Umpolungen wurden vorgenommen, Cronbachs Alpha: 0,802). Diese korreliert mit der Akzeptanz in der gesamten Stichprobe in Höhe von 0,549 (Spearmans-Roh (0,01-Niveau)): Der Hypothese *je positiver die Assoziationen im*

Hinblick auf eine Biogasanlage, umso höher die Akzeptanz kann demnach zugestimmt werden.

Um die Hypothese zu prüfen, inwieweit Vorurteile im Hinblick auf Biogasanlagen bestehen, wurden die Ortschaften mit Biogasanlage mit den Ortschaften ohne Biogasanlage verglichen. Hier konnten keine signifikanten Unterschiede im Hinblick auf die genannten Erwartungen und Befürchtungen nachgewiesen werden (t-Test).
Überraschenderweise gaben in den Ortschaften ohne Biogasanlage genauso viele Befragte wie in den Ortschaften mit Anlage an, Bedenken bei einem Anlagenbau in der Nähe hinsichtlich Geruchsbelästigungen zu haben. Die Anwohner in den Ortschaften ohne Biogasanlage scheinen demnach keine unbegründeten Vorurteile gegenüber Biogasanlagen hinsichtlich der Geruchsbelästigung zu haben.

Ebenfalls wurde geprüft, inwieweit die Assoziationen von der Region abhängig sind. In Veredelungsgebieten bestehen bereits viele Tierhaltungs- und Biogasanlagen, die thematisiert werden. In Ackerbauregionen findet diese Thematisierung nicht in einem solchen Ausmaß statt. Zwischen der Ackerbau- und Veredelungsregion konnte jedoch kein signifikanter Unterschied hinsichtlich der Assoziationen nachgewiesen werden (t-Test).

Weder die Viehdichte noch die Nähe zu Biogasanlagen scheint somit einen Einfluss auf die Assoziationen zu haben. Vorurteile bzw. Vieh- und Biogasdichte in einer Region sind demnach nicht entscheidende Determinanten für die Bildung von Assoziationen.
Diese Tatsache wurde auch durch das Vergleichen der Ränge deutlich: Die Befragten wurden gebeten, die genannten Erwartungen und Befürchtungen in eine Rangfolge der Wichtigkeit zu bringen. In allen vier Ortschaften ergab sich eine ähnliche Rangfolge:[361]

   1. Klimaschutz

   2. Geruchsbelästigung

   3. Sauberer Strom

   4. Energieunabhängigkeit

Drei positive Assoziationen befinden sich unter den ersten Rängen, nur die Geruchsbelästigung zielt auf die Nimby-Problematik ab. Inwieweit die einzelnen Items darüber hinaus

---

[361] Lediglich in Holthausen wurde anstelle der Energieunabhängigkeit das Problem der Monokultur an vierter Stelle angegeben.

im Zusammenhang mit der Akzeptanz stehen, zeigen die auf 0,01-Niveau signifikanten Korrelation (Spearmans-Roh) folgender Items:

- *Entstehung von Arbeitsplätzen:*   *-0,708*
- *Klimaschutz:*   *-0,692*
- *sauberer Strom:*   *-0,656*
- *Energieunabhängigkeit:*   *-0,489*

Bei allen übrigen Items konnte kein signifikanter Zusammenhang nachgewiesen werden, sodass auch die Geruchsbelästigung in keinem nachweisbaren Zusammenhang zur Akzeptanz steht. Diese scheint zwar befürchtet zu werden, sie hat aber keinen Einfluss auf die Höhe der Akzeptanz und ist damit nicht ausschlaggebend für ein Engagement gegen eine Biogasanlage.

4.2.3.1.3 Bewertung von Biogasanlagen im Vergleich zu anderen landwirtschaftlichen Betriebszweigen

Um eine Einschätzung darüber zu erhalten, wie die Anwohner Belästigungen im Verhältnis zu anderen landwirtschaftlichen Bauvorhaben beurteilen, wurden die Befragten um ihre Einschätzung zu folgendem Sachverhalt gebeten:

Neben den Belästigungen durch eine Biogasanlage gibt es andere landwirtschaftliche Betriebszweige, die Unbehagen bei den Anwohnern verursachen. Bitte geben Sie der Wichtigkeit nach geordnet an, welche der folgenden landwirtschaftlichen Investitionen Sie am ehesten (Rang 1) und welche Sie am wenigsten (Rang 4) in der Nachbarschaft akzeptieren würden:

- *Schweinemast-Stallungen*
- *Milchvieh-Stallungen*
- *Biogasanlagen*
- *Hähnchenmast-Stallungen*

Die Bewohner aller vier Ortschaften gaben ähnliche Tendenzen an, die gleiche Platzierungen zur Folge hatten: Die meisten Anwohner (42 %) würden sich am wenigsten durch Milchviehstallungen gestört fühlen, gefolgt von Biogasanlagen (38 %). Nur 16 % wählten eine Schweinemast-Stallung auf den ersten Rang. Als unbeliebtester Nachbar gelten somit

Hähnchenmast-Stallungen: Lediglich 5 % aller Befragten würden diesen Betriebszweig allen anderen Bauten bevorzugen.[362]
Biogasanlagen sind als Nachbar somit nicht wesentlich unbeliebter als Milchvieh-Stallungen und das Image von Biogasanlagen in der Nachbarschaft kann im Verhältnis zu Schweine- und Hähnchenmaststallungen durchaus als überraschend positiv bezeichnet werden. Vor diesem Hintergrund besteht weiterer Forschungsbedarf, aus welchem Grund dennoch – trotz des vergleichsweise guten Rankings – viele Konflikte um Biogasanlagen entstehen. Mögliche Gründe wären, dass neu geplante Hähnchen- und Schweinemastanlagen weit entfernt von benachbarter Bebauung (und Hofstelle) verwirklicht werden, Biogasanlagen direkt auf den Hofstellen mit anwohnender Bevölkerung gebaut werden, um kurze Wege für Gülle- und Wärmetransporte zu ermöglichen.

Abschließend kann gesagt werden, dass die konative und die affektive Komponente der Einstellungen in Zusammenhang miteinander stehen, so wie es auch bei den Landwirten vorzufinden war.

4.2.3.2 Akzeptanzbestimmende Faktoren – die kognitive Komponente

Neben der konativen und affektiven Komponente ist die kognitive Komponente von Bedeutung. Hierzu wurden den Anwohnern Wissensfragen gestellt, die durch Ankreuzen vorgegebener Kategorien zu beantworten waren:

Im folgenden Abschnitt möchten wir mehr über Ihre Kenntnisse im Bereich Biogas erfahren (Antwortmöglichkeiten: „ja", „nein", „weiß nicht"):

Biogas kann hergestellt werden
- *....durch Verbrennung.*
- *...durch Vergärung.*
- *...aus Mais.*
- *...aus Gras.*
- *...aus Energiepflanzen.*
- *...aus Speiseabfällen.*

Biogas kann genutzt werden,
- *...um Strom zu erzeugen.*
- *...um Gebäude zu heizen.*
- *...um Fahrzeuge anzutreiben.*
- *...um es ins Gasnetz einzuspeisen.*

---

[362] Neben dieser Auswertung wurden auch die anderen Ränge berücksichtigt, Mittelwerte verglichen, Rangsummen gebildet etc. Alle Auswertungen erbrachten die gleichen Resultate.

Was schätzen Sie: Wie viel ha Ackerfläche sind ungefähr notwendig, um eine Biogasanlage durchschnittlicher Größe (0,5 MW$_{el}$) zu betreiben?

(Antwortmöglichkeiten: „35 ha", „85 ha", „200 ha", „540 ha")

Was vermuten Sie: Wie viele Biogasanlagen gibt es in Ihrem Landkreis?
(offene Frage)[363]

Aus diesen Fragen wurde eine Skala über das Wissen von Biogas gebildet. Alle vier Fragen wurden gleichgewichtet und jeweils im Schulnotensystem (1-5) bewertet. Anschließend wurden die einzelnen Noten summiert.

Tabelle 22 zeigt die Verteilung des Wissens in den Ortschaften sowie die dazugehörigen Akzeptanzwerte:

Tabelle 22: Verteilung des Wissens über Biogasanlagen

	Anteil der Befragten	Tinnen	Holt-hausen	Bourheim	Ameln	Akzeptanz (∅ 59)*
gutes Wissen (4-9 Punkte)	26,8 %	12,5 %	31,0 %	27,3 %	36,4 %	76
mittleres Wissen (10-12 Punkte)	45,4 %	54,2 %	48,3 %	50,0 %	27,3 %	57
schlechtes Wissen (13-16 Punkte)	27,8 %	33,3 %	20,7 %	22,7 %	36,4 %	50

Quelle: Eigene Darstellung, n=105; * Akzeptanz-Unterschiede zwischen den Wissens-Gruppen sind signifikant auf dem 0,01-Niveau (einfaktorielle Anova).

Ungefähr je ein Viertel der Befragten hat ein gutes und ein schlechtes Wissen über Biogasanlagen. Etwa 45 % verfügen über ein Wissen im mittleren Niveau. Die einzelnen Ortschaften unterscheiden sich hinsichtlich des Wissens nicht signifikant voneinander. In allen Ortschaften liegt der Mittelwert auf der Wissensskala bei ungefähr elf Punkten. Zwischen dem Wissen und der Akzeptanz konnte eine auf dem 0,01-Niveau signifikante Korrelation in Höhe von -0,35 nachgewiesen werden. Die Hypothese *je größer das Wissen, umso höher die Akzeptanz* kann somit bestätigt werden. Ob hierdurch eine tatsächliche Ursachen-Wirkungsbeziehung vorliegt, kann nicht eindeutig geklärt werden. Wäre dies der Fall, könnten Anlagenbetreiber durch Informationsvermittlung die Akzeptanz

---

[363] Die Antworten auf diese Fragen finden sich im Theorieteil dieser Arbeit, vgl. Kapitel 2.3 und 3.4.3.

steigern. Inwieweit weitere Variablen diesen Zusammenhang beeinflussen, wird in Kapitel 4.2.4 (regressionsanalytische Auswertung) erörtert.

Im Gegensatz zu den Landwirten scheint das Wissen als kognitive Komponente einen Einfluss auf die konative Komponente zu haben. Im Hinblick auf die affektive Komponente kann nur eine Korrelation für die Erwartungen und Befürchtungen nachgewiesen werden (-0,38). Das Wissen scheint sich leicht positiv auf die Assoziationen, nicht aber auf die allgemeinen Einstellungen auszuwirken (wie z. B. *modern-altmodisch, negativ-positiv* etc.).

4.2.3.3 Akzeptanzrelevante Faktoren

Im Folgenden werden, wie auch bei der Erhebung der Landwirte, die akzeptanzrelevanten Faktoren nach LUCKE dargestellt. Im Rahmen des RREEMM-Modells stellen sie die Logik der Situation dar und werden als *indirekte* Ressourcen und Restriktionen betrachtet.

4.2.3.3.1 Biografieebene

Um zu untersuchen, inwieweit biografische Gegebenheiten die Akzeptanz von Biogasanlagen beeinflussen, werden im Folgenden sowohl soziodemografische als auch haushaltsökonomische Aspekte erörtert (deskriptive Statistiken: vgl. Kapitel 4.2.1).
Bezüglich folgender Variablen konnte kein Einfluss auf die Akzeptanz nachgewiesen werden (Kruskal-Wallis-H-Test, Korrelation):

- *Geschlecht*
- *Alter*
- *Schulabschluss*

Der höchste Ausbildungsabschluss zeigte keinen signifikanten Unterschied zwischen den Kategorien Meister und (Fach-)Hochschulabschluss (beide Akzeptanzwerte: 52). Zwischen diesen beiden Kategorien und der Gruppe derjenigen, die eine Lehre absolviert haben (Akzeptanzwert 70), konnte ein signifikanter Unterschied auf dem 0,01-Niveau nachgewiesen werden. Insofern kann der Hypothese *je höher der Bildungsgrad, desto niedriger die Akzeptanz* bedingt zugestimmt werden.
Bei der Betrachtung des Einkommens konnten ebenfalls signifikante Unterschiede beobachtet werden. Diese Unterschiede waren jedoch schwer zu interpretieren, da sie nicht in eine Richtung zeigten. Insbesondere in den mittleren Einkommenskategorien bestanden

starke Schwankungen im Hinblick auf die Akzeptanz (2800-3300 €: Akzeptanz 60; 3300-3800 €: Akzeptanz 30; 3800-4300 € Akzeptanz 50). Trotz der signifikanten Unterschiede kann die These *je höher das Einkommen, umso niedriger die Akzeptanz* verworfen werden.

Neben den soziodemografischen Daten wurden haushaltsrelevante Themen für die Akzeptanz von Biogas ermittelt. Neben Fragen zur Heizungsanlage und -kosten wurden die Art der Wohnung und die Wohndauer ermittelt.

Die Mehrheit der Befragten ist im Besitz eines Einfamilienhauses (76 %). Jeweils um 5 % der Befragten wohnen in einem eigenem Doppelhaus bzw. einer Eigentumswohnung, ebenfalls jeweils um 5 % der Befragten wohnen in einem gemieteten Doppelhaus bzw. einer Eigentumswohnung. Rund 20 % der Befragten wohnen seit bis zu fünf Jahren in ihrer Immobilie, weitere 10 % seit bis zu zehn Jahren. Etwa die Hälfte der Befragten wohnt über 20 Jahre in der angegebenen Immobilie. Durch die Betrachtung von Lebensalter und Wohndauer können diejenigen ermittelt werden, die seit ihrer Kindheit in der genannten Immobilie wohnen und somit auch in der Ortschaft. Nach dieser Betrachtung leben ca. 10 % der Befragten im Haus ihrer Eltern, weitere 10 % leben in der Immobilie seit ihrer frühen Kindheit (0-16 Jahre). Lediglich 20 % in der Stichprobe sind mit einem Alter von über 40 in ihre Immobilie gezogen. Die Mehrheit wohnt daher in einem Haus, in das sie in der Phase der Familiengründung eingezogen ist.

SPILLER ermittelte in seiner Studie über die Akzeptanz von Tierhaltungsanlagen, dass diejenigen, die länger in ihrem Haus in ihrer Ortschaft wohnen, über eine höhere Akzeptanz verfügen als Zugezogene.[364] In der vorliegenden Studie konnten entsprechende Zusammenhänge, ebenso wie bei NOLTEN,[365] nicht nachgewiesen werden. Ebenfalls scheint es nicht von Bedeutung zu sein, ob die Wohnung bzw. das Haus gemietet ist oder sich im Eigentum befindet. Signifikante Unterschiede konnten hingegen zwischen den Wohnungsformen nachgewiesen werden (p < 0,01): Die Bewohner von Einfamilienhäusern weisen die niedrigste Akzeptanz in Höhe von 56 auf. Danach folgen die Doppelhausbewohner mit 69 und schließlich mit der höchsten Akzeptanz (78) die Bewohner von Mehrfamilienhäusern.

Zwar wohnen in den Doppelhäusern und Eigentumswohnungen eher jüngere und finanziell schlechter gestellte Befragte, allerdings konnte durch diese Variablen die Akzeptanz

---

[364] Vgl. Spiller, A.; Gerlach, S.: Stallbaukonflikte bei landwirtschaftlichen Stallbauten: Hintergründe und Einflussfaktoren – Ergebnisse einer empirischen Analyse, a. a. O., S. 26.
[365] Vgl. Nolten, R.: Landwirtschaft: Selbstverständlicher Dorfbestandteil und Konfliktquelle? A. a. O., S. 23-42.

nicht erklärt werden. Ebenso konnte die Vermutung, dass in Einfamilienhäusern die Geruchsbelästigung in höherem Maße befürchtet wird (da evtl. mehr Zeit im Garten verbracht wird), nicht bestätigt werden. Vielleicht ist die niedrigere Akzeptanz der Bewohner von Einfamilienhäusern dadurch bedingt, wie lange die Bewohner noch planen in der Immobilie zu leben. Diese Dauer wurde in dieser Studie jedoch nicht erhoben. Ferner wäre es vorstellbar, dass Bewohner von Mehrfamilienhäusern vermehrt darin geübt sind, Rücksicht auf ihre Nachbarn zu nehmen und zu gewähren.

Eine weitere Determinante, die einen Einfluss auf die Akzeptanz haben könnte, ist die Wärmeversorgung. Bei der Beschreibung der Akzeptanz (Kapitel 4.2.2.2) wurde bereits deutlich, dass viele Bewohner an günstigen Heizmöglichkeiten interessiert sind. 57 % der Befragten heizen mit Erdgas, 36 % mit Heizöl. 17 % nutzen Holz, um ihre Immobilie mit Wärme zu versorgen. Knapp 10 % der Befragten verwenden Strom als Energiequelle zum Heizen, jeweils 3 % der Befragten verfügen über Anlagen, die Sonnenenergie oder Erdwärme zum Heizen umwandelt (Mehrfachantworten waren möglich). Die Form der Heizung hat keinen Einfluss auf die Akzeptanz. Lediglich die Nutzer von Sonnenenergie zeigten eine signifikant höhere Akzeptanz als diejenigen, die keine Sonnenenergie nutzen. Die Aufgeschlossenheit gegenüber Erneuerbarer Energien könnte in diesem Zusammenhang von Bedeutung sein.

Das mittlere Alter der Heizungsanlagen beträgt 12,5 Jahre. Die Hälfte der Anlagen ist jünger als zehn Jahre, 15 % der Anlagen sind älter als 20 Jahre. Das Alter der Heizungsanlagen hat keinen Einfluss auf die Akzeptanz. Die Hypothese *je älter die Heizungsanlagen, desto höher die Akzeptanz* muss daher abgelehnt werden. Zum einen könnte dies bedeuten, dass eine partielle Akzeptanz vorliegt und der mögliche Bezug günstiger Wärme keinen Einfluss auf die Höhe der Akzeptanz hat. Zum anderen könnte vermutet werden, dass auch Haushalte mit jüngerer Heizungsanlage bereit wären, diese Wärmequelle zugunsten günstiger Wärme aus Biogasanlagen aufzugeben.

Ein Drittel der Befragten hat Heizkosten bis 1100 € pro Heizperiode, ein weiteres Drittel bezahlt bis 1800 € jährlich. Bis zu 3000 € jährlich bezahlt ebenfalls ein Drittel der Stichprobe. Das arithmetische Mittel beträgt 1533 €.

Die Heizkosten stehen ebenfalls in keinem Zusammenhang zur Akzeptanz. Die These, dass *höhere Heizkosten eine erhöhte Akzeptanz von Biogasanlagen* zur Folge haben, kann somit abgelehnt werden.

71 % betonen, ihre Heizkosten senken zu wollen. Diese Befragten unterscheiden sich hinsichtlich der Akzeptanz nicht signifikant von denen, die keinen Handlungsbedarf sehen.

Nichtsdestotrotz zeigt die hohe Anzahl an Personen, die ihre Heizkosten senken wollen, dass potenzielle Biogasanlagenbetreiber bei erwarteten Konflikten versuchen könnten, dieses Potenzial sowohl im Hinblick auf ökonomische als auch auf akzeptanzrelevante Gesichtspunkte zu erschließen.

4.2.3.3.2 Situations- und Problemebene

In der Situations- und Problemebene werden die Bereiche Problemrelevanz, persönliche Betroffenheit und Beeinflussbarkeit auf ihren Einfluss auf die Akzeptanz von Biogasanlagen untersucht.

Problemrelevanz

Etwa 20 % aller Befragten äußern, dass sie oft mit dem Thema Biogas konfrontiert werden (*Wie oft werden Sie mit dem Thema Biogas konfrontiert?*). 42 % werden manchmal mit der Thematik konfrontiert, 18 % selten.

Zwischen der Konfrontation und der Akzeptanz konnte kein signifikanter Zusammenhang nachgewiesen werden. Die Hypothese *je häufiger die Anwohner mit dem Thema Biogas konfrontiert werden, umso höher die Akzeptanz* muss somit abgelehnt werden. Dieses Ergebnis entspricht den Ergebnissen, dass sich die Akzeptanz in den Ortschaften mit Biogasanlagen nicht signifikant von den Ortschaften ohne Biogasanlage unterscheidet und hinsichtlich der Konfrontation keine signifikanten Unterschiede zwischen den Ortschaften nachgewiesen werden konnten.

58 % in der Stichprobe interessieren sich für Biogasanlagen (16,2 % „ja", 41,9 % „eher ja"). Zwischen dem Interesse und der Akzeptanz konnte eine auf dem 0,05-Niveau signifikante Korrelation in Höhe von -0,258 nachgewiesen werden. Die Ursachen-Wirkungsbeziehung dieses Zusammenhangs lässt sich an dieser Stelle nicht eindeutig klären und wird abschließend in der regressionsanalytischen Auswertung (Kapitel 4.2.4) untersucht.

Betroffenheit

Tabelle 23 zeigt, welchen Bezug die Anwohner zu Biogasanlagen aufweisen:

Tabelle 23: Bezug der Anwohner zu Biogasanlagen in den Untersuchungsregionen

	„ja" Tinnen	Holt-hausen	Bour-heim	Ameln	Akzeptanz (Ø 59)
Es soll in der Nähe eine Anlage gebaut werden.	6,7 % 11,1 %	0,0 %	18,2 %	0,0 %	**71**
Ich kenne einen Biogasanlagen-betreiber.	48,6 % 40,7 %	87,9 %	4,5 %	43,5 %	**55**
Ich kenne Landwirte, die Roh-stoffe liefern.	41,9 % 40,7 %	63,6 %	4,5 %	47,8 %	**57**
Ich habe schon einmal eine An-lage besichtigt.	24,8 % 14,8 %	39,9 %	9,1 %	30,4 %	**62**
In der Nähe steht eine Anlage.	50,0 % 22,8 %	93,9 %	9,1 %	60,9 %	**61**
Ich habe keinen Bezug zur Bio-gastechnologie.	34,3 % 44,4 %	0,0 %	72,7 %	34,8 %	**65**

Quelle: Eigene Darstellung, n=106.

Obwohl in Tinnen und Bourheim zum Zeitpunkt der Erhebung keine konkreten Anlagenplanungen vorliegen,[366] vermuten in Tinnen 11,1 % und in Bourheim 18,2 %, dass Anlagen geplant werden. Obgleich die Bewohner ausdrücklich über die Neutralität und das wissenschaftliche Interesse dieser Untersuchung informiert wurden, gab es einige Briefe aus der Ortschaft Tinnen, in denen gerade diese Neutralität bezweifelt und Vermutungen geäußert wurden, dass potenzielle Anlagenbetreiber die Studie in Auftrag gegeben hätten. In Holthausen geben knapp 90 % der Befragten an, den Anlagenbetreiber zu kennen, in Ameln ist dieser Anteil nur halb so hoch. Diese Tatsache könnte darin begründet liegen, dass die Anlage in Holthausen in direkter Nähe zum Hofgelände des Anlagenbetreibers steht, in Ameln hingegen nicht. Obwohl sich in Tinnen keine Anlage befindet, äußern etwa 40 % einen Anlagenbetreiber zu kennen, was darin begründet liegen könnte, dass in Nachbarortschaften (ca. acht Kilometer Entfernung) Biogasanlagen errichtet wurden.

---

[366] Angaben der Landwirtschaftskammern.

Eine ähnliche Tendenz zeigt sich für die Besichtigung einer Biogasanlage: In Holthausen haben knapp 40 % bereits eine Anlage besichtigt,[367] in Bourheim hingegen, in dem die geringsten Bezüge zur Biogastechnologie bestehen, etwa 10 %.

Bis auf die Besichtigungen von Anlagen unterscheiden sich die Ortschaften in den Angaben signifikant voneinander (Chi^2-Test; 0,01-Niveau). Zwischen der Akzeptanz der Befürworter der jeweiligen Aussagen und den Verneinern ist hingegen kein signifikanter Unterschied nachweisbar. Die Bekanntschaft zu Biogasanlagenbetreibern, rohstoffliefernden Landwirten und die Tatsache, dass eine Biogasanlage besichtigt wurde, scheinen – genau wie bei den Landwirten auch – keinen Einfluss auf die Akzeptanz zu haben. Die These, dass *Befragte mit einem stärkeren Bezug zu Biogasanlagen eine höhere Akzeptanz aufweisen* muss daher abgelehnt werden.

Beeinflussbarkeit

Wie bei den Landwirten wurde untersucht, inwieweit das Selbstwirksamkeitskonzept Einfluss auf die Akzeptanz hat (für eine detaillierte Beschreibung der Items und der Vorgehensweise siehe Kapitel 4.1.3.3.2). Cronbachs Alpha liegt mit 0,652 in einem akzeptablen Bereich. In der Stichprobe verfügen 34,6 % über ein niedriges Selbstwirksamkeitskonzept und denken, durch ein Engagement im Hinblick auf Biogasanlagen nichts erreichen zu können. 33,7 % der Befragten erreichen auf der Skala eine mittlere Punktzahl, über eine hohe Selbstwirksamkeit verfügen 31,7 % aller Befragten. Die Ortschaften unterscheiden sich im Bezug auf die Selbstwirksamkeit nicht signifikant voneinander. Ein Bezug zur Akzeptanz konnte nicht nachgewiesen werden, die Hypothese *je höher die Selbstwirksamkeit der Befragten, desto extremer die Akzeptanz* konnte nicht bestätigt werden.

Ferner wurden die Befragten über das Selbstwirksamkeitskonzept hinaus im Sinne der Ressourcen und Restriktionen des RREEMM-Modells befragt, inwieweit ein Engagement durch verfügbares Wissen, Zeit oder Geld beeinflusst würde:

Wodurch wird Ihr Engagement für oder gegen eine Sache beeinflusst?

---

[367] Ein Anteil von 40 % der Befragten, die eine Anlage in Holthausen besichtigt haben, scheint sehr hoch. Zum einen wäre es möglich, dass die Befragten eine unwahre Aussage gemacht haben, was aufgrund der ansonsten festgestellten Validität eher unwahrscheinlich ist. Des Weiteren wäre es möglich, dass im Sinne eines Bias' vermehrt diejenigen den Fragebogen beantwortet haben, die die Anlage besichtigt haben. Da die Biogasanlage in Holthausen sehr zentral gelegen ist, ist es jedoch am wahrscheinlichsten, dass die Befragten unter „Anlage besichtigen" keine „professionelle Führung" verstehen, sondern eher ein „langsames und bewusstes Vorbeifahren bzw. -gehen".

Tabelle 24 zeigt die Verteilung der Beurteilung folgender Statements:

Tabelle 24: Ressourcen und Restriktionen eines Engagements

	stimme voll zu	stimme zu	lehne ab	lehne völlig ab
Ich würde finanzielle Mittel für ein Engagement aufbringen können.	9,6 %	22,1 %	51,0 %	17,3 %
Ich würde mir nicht zutrauen, Überzeugungsarbeit zu leisten, da ich hier zu wenig Leute kenne.	2,9 %	30,8 %	50,0 %	16,3 %
Mir fehlt einfach die Zeit für jegliches Engagement.	6,7 %	26,9 %	55,8 %	10,6 %
Für ein Engagement habe ich zu wenig Wissen.	13,5 %	35,6 %	34,6 %	16,3 %

Quelle: Eigene Darstellung, n=106.

Im Hinblick auf die einzelnen Restriktionen und Ressourcen bestehen kaum signifikante Unterschiede zwischen den vier Ortschaften. Lediglich Tinnen und Ameln weisen eine signifikante Differenz auf: In Ameln trauen sich weniger Menschen zu, Überzeugungsarbeit zu leisten, da sie zu wenig Leute kennen. Dies liegt allerdings nicht an der Variable Wohndauer: Es konnte kein Zusammenhang zwischen der Wohndauer in der Ortschaft und der Einschätzung, keine Überzeugungsarbeit aufgrund eines fehlenden Netzwerkes leisten zu können, nachgewiesen werden.

Nach Umkodieren eines Items (*finanzielle Mittel*) wurde eine Skala gebildet (Reliabilität gewährleistet), die die Befragten in drei Gruppen einteilt und überprüft, inwieweit Ressourcen und Restriktionen die Akzeptanz beeinflussen.

Etwa 20 % weisen überwiegend Restriktionen auf (4-8 Punkte auf der Skala (überwiegende Beurteilung: „stimme voll zu" und „stimme zu")), 65 % weisen sowohl Restriktionen als auch Ressourcen auf (9-11 Punkte), 15 % weisen überwiegend Ressourcen auf (12-16 Punkte (überwiegende Antworten: „lehne ab" und „lehne völlig ab")).

Mithilfe des Kruskal-Wallis-H-Tests wurde untersucht, inwieweit sich die Gruppen hinsichtlich der Akzeptanz unterscheiden. Es konnten keine signifikanten Unterschiede nachgewiesen werden. Die Hypothese *je höher die Ressourcen, umso extremer (höher bzw. niedriger) die Akzeptanz* muss demnach abgelehnt werden.

Die genannten Restriktionen und Ressourcen scheinen keinen Einfluss auf ein mögliches Engagement für oder gegen Biogasanlagen zu haben. Auch bei der Untersuchung der einzelnen Items (*Finanzen, Zeit etc.*) waren keine Akzeptanzunterschiede in den verschiedenen Gruppen erkennbar.

Die Mehrheit der Befragten wird mit Biogasanlagen konfrontiert, weist einen Bezug zur Thematik auf und verfügt über die notwendigen Ressourcen für ein Engagement. Für die Akzeptanz von Biogasanlagen scheint die Situations- und Problemebene allerdings keinen bedeutenden Stellenwert einzunehmen.

4.2.3.3.3 Akteursebene

Das Vertrauen kann von großer Bedeutung für ein Akzeptanzobjekt sein. Für die Erhebung bei den Anwohnern wurde dieselbe Vorgehensweise wie für die Erhebung der Landwirte gewählt (nach AMELANG UND BARTUSSEK, vgl. Kapitel 4.1.3.3.3).

Eine Vertrauensskala zur allgemeinen Vertrauensseligkeit konnte im Gegensatz zu der Befragung der Landwirte nicht gebildet werden, da sich ein Wert für Cronbachs Alpha weit unterhalb der zulässigen Grenze von 0,6 ergab. Darüber hinaus konnten keine Einflüsse der einzelnen Items auf die Akzeptanz nachgewiesen werden, sodass davon ausgegangen werden kann, dass die These *je höher die allgemeine Vertrauensseligkeit, desto höher die Akzeptanz* abgelehnt werden muss.

Des Weiteren wurde geprüft, inwieweit das Vertrauen zu den Anlagenbetreibern selbst von Bedeutung ist. Die Aussage *Ich bin bisher mit den Landwirten immer gut klar gekommen, warum sollte ich ihnen jetzt Steine in den Weg legen*, die bereits zur Ermittlung der Akzeptanzart nach LUCKE Verwendung fand, wurde mithilfe des Mann-Whitney-U-Tests auf einen signifikanten Unterschied geprüft: Diejenigen, die die Aussage mit „ja" beantworteten, haben eine mittlere Akzeptanz von 73, die Befragten, die diese Aussage verneinten, äußerten im Mittel eine Akzeptanz von nur 31. Aufgrund der Mehrdimensionalität der Aussage, die in dem abgefragten Kontext beabsichtigt war, lässt sich in diesem Zusammenhang kein eindeutiges Ergebnis ableiten, wohl aber die starke Tendenz, dass das Vertrauen zum Anlagenbetreiber von großer Wichtigkeit ist.

Neben den Anlagenbetreibern treten die Politiker und Genehmigungsbehörden als weitere Akteure im Akzeptanzumfeld auf. Die Vorgehensweise entspricht der Erhebung der Landwirte (vgl. Kapitel 4.1.3.3.3). Den lokalen Politikern vertraut ein Drittel der Befragten (5 % „ja", 28 % „eher ja"). Bei den Bundespolitikern ist dieses Vertrauen geringer: Hier lag der Anteil lediglich bei 18 % (1 % „ja", 17 % „eher ja"). 43 % äußerten, dass sie den Genehmigungsbehörden Vertrauen schenken (davon 2 % „ja", 41 % „eher ja").

Hinsichtlich der Ortschaften konnte ein signifikanter Unterschied (Kruskal-Wallis-H-Test) nachgewiesen werden: Die Befragten in Holthausen scheinen im Verhältnis zu den anderen drei Ortschaft unzufrieden mit ihren lokalen Politikern zu sein. Ihr Vertrauen gegenüber dieser Akteursgruppe ist um etwa 25 % geringer als das in Tinnen, Ameln und Bourheim.

Aus den drei Items wurde eine Skala gebildet. Die Reliabilität liegt in einem akzeptablen Bereich (Cronbachs Alpha 0,733). Wie bei den Landwirten konnte auch bei den Anwohnern keine Korrelation zur Akzeptanz nachgewiesen werden. Die These *je höher das Vertrauen gegenüber den beteiligten Akteuren, desto höher die Akzeptanz* konnte somit nicht bestätigt werden. Bei der Betrachtung der einzelnen Items ergab sich ein Zusammenhang zwischen der Akzeptanz und dem *Vertrauen zu den Genehmigungsbehörden* in Höhe von -0,216 (Spearmans-Roh, $p < 0,05$).

Vertrauen gegenüber dem Anlagenbetreiber und der Genehmigungsbehörde scheint für die Akzeptanz von Biogasanlagen bedeutend zu sein. Betreiber sollten sich dieser Ressource bewusst sein und ein bestehendes Vertrauensverhältnis nicht durch unüberlegtes Handeln zerstören. Dazu gehört eine umfangreiche Aufklärung der Anwohner, die bereits vor dem Bau stattfinden sollte. Unzureichende Informationspolitik kann zu Misstrauen und somit zu einer niedrigeren Akzeptanz führen.

4.2.3.3.4 Legitimationsebene

In der Systematik LUCKES ist die Legitimation, die Rechtfertigung eines Akzeptanzobjektes, von besonderer Bedeutung. Ähnlich wie bei der Erhebung der Landwirte wurde der Schwerpunkt auf die Legitimation Erneuerbarer Energien gelegt.
Tabelle 25 zeigt die Bewertung folgender Aussagen:

Tabelle 25: Legitimation Erneuerbarer Energien

	Zustimmung („stimme voll zu" und „stimme zu")	Ablehnung („lehne ab" und „lehne völlig ab")	Akzeptanz (Ø 59)
Ich meine, die Auswirkungen des Klimawandels werden überbewertet.	33,3 %	66,7 %	50/64*
Ich interessiere mich für Erneuerbare Energien.	94,3 %	5,7 %	59/61
Ich finde es nicht gut, dass wir Stromkunden die Stromerzeugung aus Erneuerbaren Energien durch die EEG-Umlage finanzieren müssen.	89,5 %	10,5 %	58/61
Mir machen die steigenden Gas- und Ölpreise Angst.	53,3 %	46,7 %	60/52

Quelle: Eigene Darstellung, n=106, * signifikanter Unterschied zwischen Befürwortern und Ablehnern (t-Test, $p < 0{,}01$).

Eine Skala zur Legitimation konnte nicht gebildet werden – es lagen keine reliablen Werte für Cronbachs Alpha vor. Zwischen den Ortschaften bestanden im Hinblick auf die Legitimation Erneuerbarer Energien keine Unterschiede. Diejenigen, die die Auswirkungen des Klimawandels als überbewertet betrachten, haben eine um 14 Punkte niedrigere Akzeptanz als die Befragten, die dies nicht denken (50 vs. 64 Punkte; t-Test, $p < 0{,}01$). Bei den anderen Items bestanden keine signifikanten Unterschiede zwischen den Befürwortern und den Ablehnern der Aussagen im Hinblick auf die Akzeptanz, Tendenzen wurden hingegen deutlich: Diejenigen, die mehr Angst vor steigenden Energiepreisen haben, haben eine höhere Akzeptanz. Die meisten Befragten bekunden zwar ihr Interesse für Erneuerbare Energien (94,3 %), gleichzeitig finden allerdings knapp 90 % der Anwohner es nicht richtig, dass die Finanzierung Erneuerbarer Energien zu ihren Lasten geht.

Die Legitimationsebene untermauert die Bedeutung der partiellen Akzeptanz: Die Mehrheit der Befragten zeigt Interesse an Erneuerbaren Energien, befürchtet steigende Energiepreise und erkennt die Auswirkungen des Klimawandels an, jedoch finden nur 10 % eine eigene Beteiligung durch die EEG-Umlage gerechtfertigt.

4.2.3.3.5 Verhaltens-, Norm- und Werteebene

Die Verhaltens-, Norm- und Werteebene fasst eine Reihe akzeptanzrelevanter Faktoren der Akzeptanz-Systematik LUCKES zusammen. Für die Akzeptanz von Biogasanlagen wird ermittelt, inwieweit Protest-, Risiko- und Umweltverhalten einen Einfluss auf das Akzeptanzobjekt haben. Des Weiteren wird die Norm- und Werteebene untersucht, die aufgrund des Einsatzes potenzieller Nahrungsmittelpflanzen in Biogasanlagen von Bedeutung ist.

Protestverhalten

Das Protestverhalten wird mit den gleichen Items wie in der Erhebung der Landwirte gemessen (für detailliertere Ausführungen siehe Kapitel 4.1.3.3.5). Da zwischen den Ortschaften keine signifikanten Unterschiede im Hinblick auf das Protestverhalten nachgewiesen werden konnten, zeigt Tabelle 26 die Verteilung der Häufigkeiten in der gesamten Stichprobe:

Tabelle 26: Protestverhalten der befragten Anwohner

Teilnahme an:	Das habe ich schon einmal gemacht.	Würde ich machen, wenn mich eine Sache stören würde.	Würde ich nur unter ganz außergewöhnlichen Umständen machen.	Würde ich unter keinen Umständen machen.
- Unterschriftensammlungen	23,8 %	38,1 %	29,5 %	8,6 %
- Demonstrationen	10,6 %	30,8 %	35,6 %	23,1 %
- Bürgerinitiativen	5,7 %	39,0 %	41,9 %	13,3 %
Prozess vor Gericht führen	3,8 %	19,0 %	48,6 %	28,6 %

Quelle: Eigene Darstellung, n=104.

Aus den Items wurde eine Skala zum Protestverhalten gebildet. Die Reliabilität liegt im akzeptablen Bereich (Cronbachs Alpha: 0,846) und die einzelnen Items korrelieren stark untereinander.

Ein Zusammenhang zwischen der Akzeptanz und dem Protestverhalten konnte – wie bei den Landwirten auch – nicht nachgewiesen werden (weder in der gesamten Stichprobe noch in den Ortschaften bzw. Landkreisen). Die Hypothese *je größer das Protestverhalten, umso niedriger die Akzeptanz* muss daher abgelehnt werden.

Anschließend wurden die Anwohner darum gebeten, folgende Aussage auf einer Vierer-Skala zu bewerten („stimme voll zu" bis „lehne völlig ab"):

Wenn ein benachbarter Landwirt eine Biogasanlage oder einen Stall etc. planen würde, würde mir sofort eine bestimmte Person in meiner Umgebung einfallen, die sich dagegen beschweren würde.

An die 60 % der Befragten stimmen dieser Aussage zu (18 % „stimme voll zu"; 42 % „stimme zu").

Das Protestverhalten hat zwar keinen Einfluss auf die Akzeptanz, dennoch hat ein Großteil der Befragten eine bestimmte Person vor Augen, die sich beschweren würde, und das nicht nur aufgrund der Belastungssituation. Es scheint Schlüsselpersonen zu geben, die sich an vielen Dingen stören, zeitnah Beschwerden einlegen und gegen eine Sache vorgehen. Dieses Phänomen konnte durch ein quantitatives Vorgehen nicht ermittelt werden. Hier könnten qualitative Untersuchungsmethoden von Vorteil sein.

Risikoverhalten

Das Risikoverhalten wurde mit den gleichen Items gemessen wie in der Erhebung der Landwirte (vgl. für Erläuterungen Kapitel 4.1.3.3.5). Die Reliabilität der Skala ist mit Cronbachs Alpha in Höhe von 0,638 in einer akzeptablen Höhe.

33 % sind der Skala nach als risikobereit zu bezeichnen, sie stimmen den Aussagen zur Risikobereitschaft „zu" bzw. „voll zu". Über die Hälfte der Befragten (52 %) weisen ein mittleres Risikoverhalten auf. 15 % sind eher risikoavers (überwiegende Antworten zu den Aussagen „lehne ab" bzw. „lehne völlig ab").

Das geäußerte Risikoverhalten unterscheidet sich hinsichtlich der vier Ortschaften kaum voneinander, lediglich die Bourheimer haben im Vergleich zu den anderen drei Ortschaften ein um etwa 15 % riskanteres Verhalten (Anova, $p < 0,05$).

Zwischen der Akzeptanz und dem angegebenen Risikoverhalten konnte keine signifikante Korrelation nachgewiesen werden, die Hypothese *je größer das eingeschätzte Risikoverhalten, desto höher die Akzeptanz* muss daher – wie auch in der Untersuchung der Landwirte – abgelehnt werden.

Umwelt- und Naturverhalten

Das Umweltverhalten wurde in Anlehnung an die Skala „Naturverträgliches Handeln" von SCHERHORN ET AL. ermittelt.[368]
Folgende Items wurden den Befragten mit der Bitte um Bewertung vorgelegt:

Im Folgenden werden Beispiele für umweltrelevantes Handeln im Alltag genannt. Bitte markieren Sie, wie häufig Sie diese Verhaltensweisen praktizieren („bisher nicht", „manchmal", „immer")!

- *mit Wasser sparsam umgehen*
- *Geld spenden an Umweltorganisationen*
- *bei kurzen Strecken auf das Auto verzichten*
- *Recyclingpapier benutzen*

Die Reliabilität der Skala liegt mit Cronbachs Alpha von 0,669 im akzeptablen Bereich. 15 % der Befragten weisen ein gutes angegebenes Umweltverhalten auf (überwiegende Antwort: „immer"), 6 % in der Stichprobe hingegen ein schlechtes (überwiegende Antwort: „bisher nicht"). Die meisten Befragten verfügen nach dieser Systematik über ein mittleres Umweltverhalten (79 %). Zwischen den Ortschaften konnten keine signifikanten Unterschiede im Hinblick auf das geäußerte Umweltverhalten nachgewiesen werden.
Es konnte ebenfalls keine signifikante Korrelation zur Akzeptanz nachgewiesen werden, die Hypothese *je häufiger umweltrelevante Handlungen angegeben werden, umso höher die Akzeptanz* muss somit abgelehnt werden.

Da nach SCHLAGHECK der ländliche Raum neben der Wohnfunktion auch bedeutsam für die Erholung und Ökologie ist,[369] wurden die Anwohner danach befragt, *wie oft sie im Monat zur Erholung in der freien Natur sind (z. B. Spazieren oder Radfahren).*
Die Befragten äußerten, im Durchschnitt 16 mal im Monat zur Erholung in der freien Natur zu sein. Die angegebenen Werte liegen normalverteilt vor. Zwischen den Ortschaften bestanden diesbezüglich keine signifikanten Unterschiede.
In der gesamten Stichprobe konnte kein signifikanter Zusammenhang zwischen der Anzahl der Naturaufenthalte und der Akzeptanz von Biogasanlagen nachgewiesen werden.

---

[368] Vgl. Scherhorn, G.; Haas, H.; Hellenthal, F.; Seibold, S.: Naturverträgliches Handeln. In: Glöckner-Rist, A. (Hrsg.): ZUMA-Informationssystem. Elektronisches Handbuch sozialwissenschaftlicher Erhebungsinstrumente. ZIS Version 10.00. Mannheim: Zentrum für Umfragen, Methoden und Analysen 2006.
[369] Vgl. Schlagheck, H.: Beiträge der Agrarstrukturpolitik zur nachhaltigen Entwicklung ländlicher Räume, a. a. O., S. 121-126 (vgl. Kapitel 3 dieser Arbeit).

Aufgeteilt nach Landkreisen konnte im Emsland jedoch eine auf dem 0,01-Niveau signifikante Korrelation in Höhe von -0,385 nachgewiesen werden. Da der Zusammenhang nur im Emsland zu beobachten ist, liegt die Vermutung nahe, dass aufgrund des bereits sehr hohen Maisanteils in der Fruchtfolge diejenigen, die häufiger in der Natur sind, auch stärker von den Auswirkungen einer Biogasanlage (Maisanbau) betroffen sind. Da in Düren der Anteil von Maisflächen sehr gering ist, könnte diese Überlegung von den Dürenern nicht bedacht worden bzw. von untergeordneter Bedeutung sein.

In diesem Zusammenhang wurde das Empfinden des Landschaftsbildes der Befragten ermittelt:

Auf einer Skala von 1-4, wie stark würde es Sie stören, wenn mehr als die Hälfte der Ackerflächen mit vier Meter hohem (Energie-)Mais bestellt wäre? Kreuzen Sie an!

Knapp 60 % der Befragten gaben an, dass Sie dieses Szenario stören würde (31 % „sehr stark stören", 27 % „stark stören"). Zwischen den Ortschaften bestehen keine nennenswerten Unterschiede.

In der gesamten Stichprobe konnte kein signifikanter Zusammenhang zwischen der Akzeptanz von Biogasanlagen und der Störung durch hohen Energiemais bestimmt werden. In den Ortschaften mit Biogasanlagen konnte ein Zusammenhang zur Akzeptanz in Höhe von 0,423 (Spearmans-Roh, $p < 0,01$) nachgewiesen werden. Der Hypothese, dass Anwohner, *die sich an hohen Energiepflanzen mehr stören auch eine niedrigere Akzeptanz aufweisen*, kann jedoch nicht uneingeschränkt zugestimmt werden: Es liegt zwischen der Variablen der *Störung durch hochwachsende Maissorten* und der *Häufigkeit in der freien Natur* keine Korrelation vor, wohl aber eine hohe Korrelation (-0,515) mit der Variablen *Ethik der Maisverstromung*. Daher kann davon ausgegangen werden, dass die angegebene Störung nicht auf validen Aussagen beruht, sondern ein Trittbrettfahrerargument im Sinne SPILLERS darstellt. Die multikollinearen Effekte werden abschließend in der regressionsanalytischen Auswertung berücksichtigt (siehe Kapitel 4.2.4).

Alle Verhaltensweisen, die einen indirekten Bezug zur Akzeptanz aufweisen können (Risiko, Protest und Umwelt), haben keinen besonderen Einfluss auf die Höhe der Akzeptanz. Es scheint, als wären diese akzeptanzrelevanten Merkmale im Vergleich zu den akzeptanzbestimmenden Faktoren unbedeutsam. Die Anwohner von Biogasanlagen fokussieren sich anscheinend objektiv auf konkrete Vor- und Nachteile einer Biogasanlage. Indirekte subjektive Ressourcen und Restriktionen im Sinne des RREEMM-Modells sind von untergeordneter Bedeutung.

Moral

In der Erhebung der Landwirte deutete sich bereits an, dass der Einsatz von Energiepflanzen in Biogasanlagen einen großen Einfluss auf die Akzeptanz von Biogasanlagen hat. Analog der Vorgehensweise zur Ermittlung der moralischen Bedenken bei den Landwirten wurden die Anwohner befragt (vgl. Kapitel 4.1.3.3.5).

Da im Hinblick auf den Einsatz von Mais in Biogasanlagen signifikante Unterschiede zwischen den Ortschaften mit Biogasanlage (Holthausen, Düren) und denen ohne Anlage (Tinnen, Bourheim) bestanden (0,01-Niveau; Mann-Whitney-U-Test), zeigt Abbildung 31 die Verteilung der Antworten getrennt voneinander (*Finden Sie es in Ordnung, dass Getreide/Mais zu energetischen Zwecken verwendet wird?*):

Abbildung 31: Bewertung einer energetischen Nutzung von Getreide und Mais

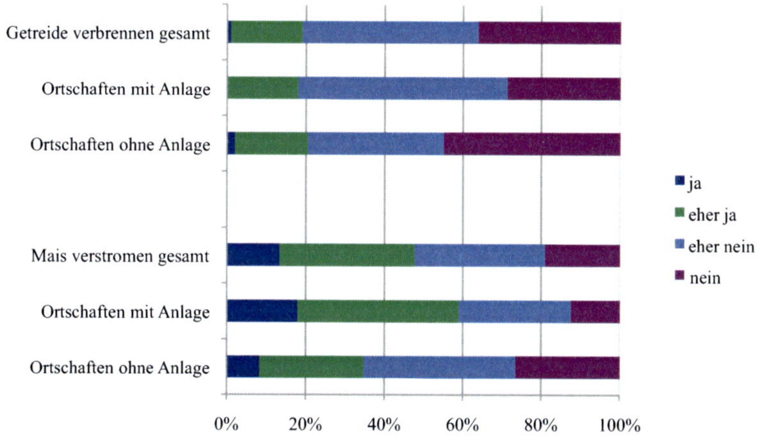

Quelle: Eigene Darstellung, n=105, Ortschaften mit Anlage: Holthausen (EL), Ameln (DN); Ortschaften ohne Anlage: Tinnen (EL), Bourheim (DN).

Es wird deutlich, dass bei der Bewertung der Getreideverbrennung keine großen Unterschiede in der Bewertung zwischen den beiden Ortschaftstypen bestehen. 20 % der Befragten äußern, dass sie die Verbrennung von Getreide zum Heizen in Ordnung finden („ja" und „eher ja"). Die Mehrheit von 80 % findet dies nicht in Ordnung.

Bei der Verstromung von Mais ist der Anteil derer in der gesamten Stichprobe, die den Einsatz zur Energiegewinnung in Ordnung finden, mit etwa 50 % mehr als doppelt so hoch wie bei denen, die die Getreideverbrennung akzeptieren. Obwohl bei beiden Kulturen Flächen für eine potenzielle Nahrungsmittelgewinnung entfallen, scheint es, dass die Befragten aus traditionellen, religiösen oder symbolischen Gründen die Getreideverbrennung als moralisch bedenklicher betrachten als die Verstromung von Mais.

Interessant ist, dass in den Ortschaften mit Biogasanlage der Maiseinsatz von nahezu doppelt so vielen Anwohnern akzeptiert wird wie in den Ortschaften ohne eine Anlage. Die Bewohner der Ortschaften mit Biogasanlagen könnten vertrauter mit dem Gedanken und der Praxis sein, dass Mais zur Energiegewinnung eingesetzt wird und daher eine höhere Akzeptanz aufweisen.

Aus den beiden Items wurde eine Skala gebildet (Cronbachs Alpha: 0,68). Es konnte eine signifikante Korrelation zwischen der Skala und der Akzeptanz von -0,437 ($p < 0,01$) nachgewiesen werden. Die These *je größer die ethischen Bedenken zur energetischen Nutzung potenzieller Nahrungsmittelpflanzen, desto niedriger die Akzeptanz* kann somit bestätigt werden. Da die beiden Items einzeln betrachtet ebenfalls mit der Akzeptanz korrelieren, v. a. das Item *Getreideverbrennung*, kann davon ausgegangen werden, dass die Angaben über die Akzeptanz der Maisverstromung valide sind und nicht als Trittbrettfahrer-Argument vorgeschoben werden. Diese Tatsache wird auch durch die Befragten deutlich, die zum Abschluss des Fragebogens in der Rubrik „Sonstiges" ihre Bedenken im Hinblick auf die ethische Sicht des Einsatzes von Energiepflanzen kundgaben. Es fanden sich viele emotionale, teils unreflektierte Äußerungen, wie folgende aus der Ortschaft Holthausen: „Bin komplett dagegen. Mais und Korn kann in arme Länder geschickt werden. Altes Brot ist nicht hart, kein Brot ist hart."

Abschließend kann über die inhaltliche Bedeutung hinaus der Zusammenhang zwischen Ethik und Akzeptanz als weiteres Indiz zur Kriteriumsvalidität der Akzeptanzskala angesehen werden.

4.2.3.3.6 Bezugsgruppenebene

Die Bezugsgruppenebene umfasst die soziale und räumliche Nähe der Akzeptanzsubjekte. Im Hinblick auf die Anwohner von Biogasanlagen werden in diesem Zusammenhang das Wohlfühlen am Wohnort, die Nähe zur Landwirtschaft, der Lebensstil und die räumliche Entfernung von Biogasanlagen näher betrachtet.

Soziale Nähe

Ähnlich wie in der Erhebung der Landwirte (vgl. Kapitel 4.1.3.3.6) wurde eine Skala gebildet, die das Wohlfühlen und die Integration im Wohnort abbilden soll. Ein funktionierendes soziales Netzwerk kann nach SCHMUCK insbesondere für die Nutzung der Abwärme einer Biogasanlage von hoher Bedeutung sein.[370] Bei den Items der Anwohner wurden einige kleine Veränderungen vorgenommen (Vierer-Skala: „stimme voll zu" bis „lehne völlig ab"):

- *Ich fühle mich in meinem Wohnort wohl.*
- *In meinem Wohnort herrscht großer Zusammenhalt.*
- *Ich habe ein gutes Verhältnis zu meinen Nachbarn.*

Die Befragten in der Stichprobe scheinen sich sehr wohl in ihren Ortschaften zu fühlen: 95 % gaben an, sich in ihrem Wohnort wohl zu fühlen (57 % „stimme voll zu", 38 % „stimme zu"). 81 % äußerten, dass im Wohnort ein großer Zusammenhalt herrsche (16 % „stimme voll zu", 65 % „stimme zu"). 92 % der befragten Anwohner bezeichneten ihr Verhältnis zu den Nachbarn als gut (34 % „stimme voll zu", 58 % „stimme zu"). Aus den Items wurde eine Skala gebildet (Cronbachs Alpha: 0,703). Die vier Ortschaften unterscheiden sich signifikant voneinander (Anova, $p < 0,05$): Während sich die Bewohner in Tinnen am wohlsten fühlen (arithmetisches Mittel der Skala: 4,3 von 12 Punkten), belegen Holthausen (5,1 Punkte) und Bourheim (5,6 Punkte) einen mittleren Platz, in Ameln fühlen sich die Bewohner am unwohlsten (6,3 Punkte).

Für die gesamte Stichprobe konnte kein signifikanter Zusammenhang zwischen dem *Wohlfühlen im Ort* und der Akzeptanz von Biogasanlagen nachgewiesen werden. Interessanterweise besteht jedoch ein starker Zusammenhang zwischen der Akzeptanz und dem Wohlfühlen in Ameln: Hier konnte eine Korrelation in Höhe von 0,744 ($p < 0,01$) nach-

---

[370] Vgl. Schmuck, P.; Eigner-Thiel, S.; Lackschewitz, H.: Das „Bioenergiedorf"-Projekt: Interdisziplinäre und transdisziplinäre Erfahrungen von UmweltpsychologInnen beim Initiieren eines Projekts zur Nutzung Erneuerbarer Energien im ländlichen Raum. In: Umweltpsychologie, 7. Jg., Heft 2, 2003, S. 139.

gewiesen werden. Die Amelner, die sich wohler fühlen als andere Amelner, weisen eine höhere Akzeptanz auf. Diese Tatsache könnte abermals in der Rechtsform der Biogasanlage in Ameln begründet sein: Die Anlage wird gemeinsam von vielen Anlegern betrieben, von denen einige in Ameln leben. Vermutlich haben die Landwirte die Möglichkeit zur Beteiligung an der Biogasanlage wahrgenommen, weil sie über gute Netzwerke in der Ortschaft verfügen. Somit wären in den Netzwerken viele Anlageneigner vertreten, die wiederum die Akzeptanz bei den anderen integrierten Bewohnern erhöhen könnten.

Neben dem *Wohlfühlen im Wohnort* könnte auch die *Nähe zu Landwirten und zur Landwirtschaft* ein Einflussfaktor auf die Akzeptanz im ländlichen Raum darstellen. Die Befragten wurden darum gebeten, anzugeben („ja" oder „nein"), ob sie mit Landwirten befreundet bzw. bekannt seien und ob sie verwandtschaftliche Beziehungen zu Landwirten haben oder auf einem landwirtschaftlichen Betrieb aufgewachsen wären. Des Weiteren wurden sie befragt, ob sie Jäger seien. Drei Viertel der Befragten haben Landwirte im Freundes- und Bekanntenkreis, 43 % sind mit Landwirten verwandt. Etwa ein Drittel der Befragten ist auf einem landwirtschaftlichen Betrieb groß geworden. 10 % der Befragten haben einen Jagdschein.

Zwischen den Ortschaften bestehen signifikante Unterschiede (Chi^2-Test, $p < 0{,}01$): In den emsländischen Ortschaften stammen mehr als die Hälfte der Befragten von landwirtschaftlichen Betrieben, in Bourheim und Ameln hingegen nur einzelne Befragte. Zwischen denjenigen, die einen Bezug zur Landwirtschaft aufweisen und denjenigen, die diesen Bezug nicht haben, konnten keine signifikanten Unterschiede festgestellt werden (Mann-Whitney-U-Test). Die Hypothese, dass *die Befragten mit Bezug zur Landwirtschaft eine höhere Akzeptanz aufweisen*, muss somit abgelehnt werden.

Lebensstil

LUCKE deutet in ihren Ausführungen darauf hin, dass der Wertewandel von einer materialistischen hin zu einer postmaterialistischen Gesellschaft von enormer Bedeutung für viele Akzeptanzsubjekte sei.[371]

In diesem Zusammenhang wurden in Anlehnung an INGLEHARTS Knappheits- und Sozialisationshypothese[372] die Befragten mit eher materialistischen (M) und eher postmaterialistischen (P) politischen Zielen konfrontiert, die sie in eine Rangfolge bringen sollten:

---

[371] Vgl. Lucke, D.: Akzeptanz – Legitimität in der „Abstimmungsgesellschaft", a. a. O., S. 52 ff.

Auch in der Politik können nicht alle Ziele gleichzeitig erreicht werden. Auf dieser Liste finden Sie einige Ziele, die man in der Politik verfolgen kann. Wenn Sie zwischen diesen verschiedenen Zielen wählen müssten, welches Ziel erschiene Ihnen persönlich am wichtigsten? Nennen Sie bitte den entsprechenden Buchstaben! Welches Ziel erschiene Ihnen am zweitwichtigsten usw.?

A: Aufrechterhalten von Ruhe und Frieden in diesem Land (M)
B: Mehr Einfluss der Bürger auf die Entscheidungen der Regierung (P)
C: Kampf gegen die steigenden Preise (M)
D: Schutz der freien Meinungsäußerung (P)

Aus den Rangfolgen wurde eine Skala *Materialismus/Postmaterialismus* in Anlehnung an INGLEHARTS Ausführungen durch Summieren gebildet. Jedes Item wurde gleich gewichtet, die materialistischen Ränge wurden von den postmaterialistischen subtrahiert. Es ergaben sich Werte zwischen -4 (materialistische Wertevorstellungen überwiegen) bis +4 (postmoderne Wertvorstellungen überwiegen).

Von den 100 Befragten, die diese Bewertung vornahmen, können 30 % als sehr materialistisch (-4 Punkte) und 23 % als eher materialistisch (-2 Punkte) bezeichnet werden. 27 % bezeichneten sowohl materialistische als auch postmaterialistische Werte als bedeutsam (0 Punkte). 11 % weisen eher postmaterialistische Werte auf (2 Punkte) und 9 % nannten an erster Stelle Ziele, die auf eine sehr postmaterialistische Wertevorstellung (4 Punkte) hinweisen.

Die Skala *Materialismus/Postmaterialismus* ist nicht normalverteilt, alle Mittelwerte liegen auf der materialistischen Hälfte (arithmetisches Mittel: -1,0; Median -2; Modus: -4). Die beiden Landkreise unterscheiden sich signifikant voneinander (Mann-Whitney-U-Test, $p < 0,01$): Die Dürener weisen materialistischere Wertvorstellungen als die Emsländer auf. Da hinsichtlich der soziodemografischen Daten keine signifikanten Unterschiede zwischen den emsländischen und den Dürener Befragten bestehen, können die Ursachen hierfür nicht anhand der vorliegenden Daten geklärt werden.

Zwischen der Skala *Materialismus/Postmaterialismus* und der Akzeptanz von Biogasanlagen konnte in der gesamten Stichprobe eine auf dem 0,05-Niveau signifikante Korrelation in Höhe von -0,210 (Spearmans-Roh) nachgewiesen werden. Bei der getrennten Betrachtung der Emsländer und Dürener konnten jedoch keine Zusammenhänge beobachtet werden, sodass der in der gesamten Stichprobe ermittelte Zusammenhang vermutlich auf die

---

[372] Vgl. Inglehart, R.: Wertewandel in den westlichen Gesellschaften: Politische Konsequenzen von materiellen und postmaterialistischen Prioritäten, a. a. O., S. 279-282 (siehe auch Kapitel 3.2.3).

unterschiedliche Akzeptanzhöhe in den beiden Untersuchungsregionen zurückgeführt werden kann. Inwieweit die Hypothese *je postmaterialistischer die Wertvorstellungen, umso niedriger die Akzeptanz* zulässig ist, kann abschließend erst durch multivariate Analysemethoden geklärt werden (vgl. Kapitel 4.2.4).

Parteizugehörigkeit

Die Parteizughörigkeit soll – ähnlich wie die Untersuchung der Lebensstile – Aufschluss geben, ob bestimmte Gruppen bestehen, die eine gemeinsame Akzeptanzhöhe aufweisen. Dazu wurden die Befragten mit folgender Frage konfrontiert:

Wenn am nächsten Sonntag ein neuer Bundestag gewählt werden würde, welche Partei würden Sie dann wählen? Antwortmöglichkeiten: CDU, SPD, FDP, Grüne, Linke, Nichtwähler, Sonstige

98 von 106 Befragte beantworteten die Frage zur Parteipräferenz. 36 % gaben an, CDU zu wählen. 20 % der Befragten fühlten sich der SPD zugehörig. Jeweils um die 10 % würden die Grünen (10,2 %), FDP oder die Linken (je 9,2 %) wählen. Als Nichtwähler bekannten sich 8,2 % der befragten Anwohner. Die übrigen Anteile entfallen auf sonstige Parteien. Abbildung 32 zeigt die Akzeptanzwerte in Abhängigkeit der Parteiangabe:

Abbildung 32: Höhe der Akzeptanz in Abhängigkeit der Parteipräferenz

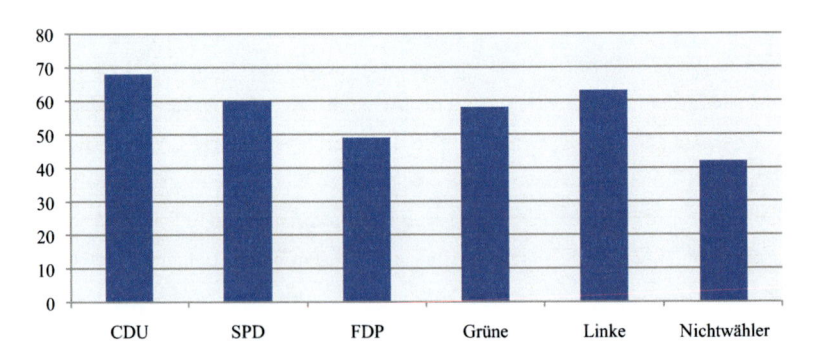

Quelle: Eigene Darstellung, n=98.

Während sich die Anhänger von CDU, SPD, Grüne und Linke nicht signifikant voneinander unterscheiden, bestehen signifikante Unterschiede zwischen denen der CDU und der FDP sowie zwischen den Nichtwählern und Wählern von CDU bzw. Linke (Kruskal-Wallis-H-Test, $p < 0{,}05$).

Die CDU-Wähler weisen die höchste Akzeptanz auf (68). Sympathisanten von SPD, Grüne und Linke liegen mit einer Akzeptanz um jeweils 60 darunter. FDP-Wähler weisen eine vergleichsweise niedrige Akzeptanz auf (50). Die Gruppe der Nichtwähler äußerte mit knapp über 40 den niedrigsten Akzeptanzwert. Sie scheinen nicht nur die Wahlen zu boykottieren: Diese Gruppe hat überproportional häufig angegeben, eine Bürgerinitiative gegen eine Anlage zu gründen (bzw. daran teilzunehmen). Des Weiteren zeigten die Nichtwähler das höchste Protestverhalten aller Gruppen.

FDP-, Grünen- und Linke-Wähler weisen einen ähnlichen Bildungsstand und eine ähnliche Einkommensgruppe auf. Die niedrige Akzeptanz der FDP-Wähler lässt sich durch diese Determinanten nicht erklären. Interessant ist, dass die Grünen-Anhänger nicht die höchste Akzeptanz aufweisen. Da die Grünen-Wähler keine signifikanten Unterschiede im Vergleich zu den anderen Parteiwählern beim Item *Ethik der Maisverstromung* und *Akzeptanz der Getreideverbrennung* aufweisen, bleibt auch hier die Frage offen, warum – trotz des höchsten angegebenen Umweltschutzverhaltens aller Wähler – die Akzeptanz nur im durchschnittlichen Bereich liegt.[373]

Räumliche Nähe

Auch die Anwohner wurden befragt, ab welcher Entfernung von ihrem Wohnhaus zur geplanten Biogasanlage Bedenken bestehen und ab welcher Entfernung es ihnen gleichgültig wäre. Außerdem wurden sie gebeten, die Entfernung ihres Wohnhauses zu den nächsten Ackerflächen anzugeben (detaillierte Beschreibungen über die methodische Vorgehensweise siehe Kapitel 4.1.3.3.6 Bezugsgruppenebene/Räumliche Nähe). Tabelle 27 zeigt die durchschnittlichen angegebenen Entfernungen. Da keine von ihnen normalverteilt vorliegt (Kolmogorov-Smirnov-Test, Signifikanz: 0), werden neben den arithmetischen Mitteln die Mediane dargestellt, die in diesem Fall mit dem Modus übereinstimmen:

---

[373] Ebenfalls wurde geprüft, ob Unterschiede im Hinblick auf soziodemografische Variablen (v. a. Bildung, Einkommen) zwischen den Grüne-/FDP-Wählern und den anderen Wählern bestehen. In der Stichprobe konnten jedoch diesbezüglich keine signifikanten Unterschiede nachgewiesen werden.

Tabelle 27: Mittelwerte und Korrelationen im Hinblick auf die räumliche Nähe und Akzeptanz von Biogasanlagen

	arithmetisches Mittel	Median/ Modus	Korrelation: Akzeptanz und ...
Entfernung, ab der Bedenken entstehen (n=83)	0,8 km	0,5 km	-0,312**
Entfernung, ab der Gleichgültigkeit herrscht (n=83)	2,6 km	1,0 km	-0,434**

Quelle: Eigene Erhebung, ** Spearmans-Roh, p < 0,01.

Die Mehrheit der Befragten, die sich im Hinblick auf die Entfernungen äußerten, gab an, dass sie unter einer Entfernung von 500 m Bedenken im Hinblick auf den Bau einer Biogasanlage in der Nachbarschaft hätte. Ab einem Kilometer Entfernung wäre es ihnen als Anwohner hingegen gleichgültig, ob die Anlage gebaut würde. Zwischen den angegebenen Entfernungen und der Akzeptanz liegen starke Korrelationen vor, die in die vermutete Richtung weisen, sodass der Hypothese *die Entfernung einer geplanten Biogasanlage hat einen Einfluss auf die Akzeptanz* zugestimmt werden kann. Im Vergleich zu den angegebenen Werten der Landwirte (Korrelation: -0,618) erscheinen die der Bewohner niedrig. Die Entfernung scheint demnach ein wichtiger, aber kein dominierender akzeptanzrelevanter Faktor für die Anwohner darzustellen. Dieses Ergebnis zeigt, dass sich die Konflikte um Biogasanlagen von Stallbaukonflikten unterscheiden. Sowohl MANN UND KÖGL[374] als auch ALBERSMEIER, SCHLECHT UND SPILLER[375] weisen der Entfernung bei Stallbaukonflikten eine sehr große Bedeutung zu, die bei Biogasanlagen so nicht zu bestehen scheint. Ausführlich wird die Gewichtung der einzelnen Faktoren in der regressionsanalytischen Auswertung (Kapitel 4.2.4) beschrieben.

Der nachgewiesene Zusammenhang zwischen Entfernung und Akzeptanz kann als ein weiteres Indiz für die Konstruktvalidität der Akzeptanzskala angesehen werden.

Ferner wurden die Befragten darum gebeten, die Entfernung ihres Wohnhauses zu den nächsten Ackerflächen anzugeben. Die Hypothese *je näher die Anwohner an Ackerflächen wohnen, umso niedriger die Akzeptanz* konnte jedoch nicht bestätigt werden. Es konnte keine Korrelation nachgewiesen werden. Denkbar wäre gewesen, dass diejenigen, die nah an Ackerflächen wohnen, sich verstärkt an Monokulturen stören und sich darüber hinaus

---

[374] Vgl. Mann, S.; Kögl, H.: On the acceptance of animal production in rural communities, a. a. O., S. 243-670.
[375] Vgl. Albersmeier, F.; Schlecht, S.; Spiller, A.: Zur Bedeutung gesellschaftlicher Anspruchsgruppen bei landwirtschaftlichen Bauprojekten: Einflussfaktoren auf einen erfolgreichen Stallbau, a. a. O., S. 1-10.

dichter an potenziellen Biogasanlagenstandorten befinden. Da die Befragung nur in Ortschaften mit um die 1000 Einwohner durchgeführt wurde, befanden sich die meisten Häuser in geringer Entfernung zu den nächsten Ackerflächen: Die meisten Anwohner gaben eine Entfernung von 100 Metern zu den nächsten Ackerflächen an (Modus und Median).

Die Anwohner wurden – wie auch die Landwirte – danach befragt, wie viele Anlagen sie in ihrem Landkreis vertretbar fänden. Es stellte sich heraus, dass über 85 % der Befragten dies nicht beurteilen konnten oder wollten („weiß nicht"). Lediglich 22 Personen antworteten und gaben an, dass maximal 21,4 Anlagen in ihrem Kreis vertretbar wären (ähnliche Werte in allen Ortschaften). Dass die Mehrheit der Befragten in diesem Zusammenhang keine Angabe gemacht hat, zeigt, dass die Anwohner den Fragebogen ernsthaft und ehrlich beantwortet haben und nicht z. B. Biogasanlagenverneiner mit niedriger Akzeptanzhöhe vermehrt die Anzahl „Null" angaben.

4.2.3.3.7 Wahrnehmungs- und Einstellungsebene

Mithilfe der Wahrnehmungs- und Einstellungsebene wird ermittelt, aus welcher Perspektive heraus die Befragten die Bewertung von Biogasanlagen vornehmen. Von Bedeutung sind in diesem Zusammenhang die Art und Weise der Wahrnehmung von Konflikten sowie Einstellungen, die die Akzeptanz von Biogasanlagen beeinflussen, wie z. B. Einstellungen gegenüber der Landwirtschaft (affektiv, kognitiv) und der Natur.

Wahrnehmungsebene

In der gesamten Stichprobe äußerten 22 % der Befragten, dass ihnen Konflikte bekannt sind, die wegen einer Biogasanlage entstanden sind. Im Emsland waren dies etwa 40 %, in Düren gaben fast alle Befragten an, noch nie von Konflikten in der Umgebung gehört zu haben, sogar in Ameln als Ort mit Biogasanlage gab kein Befragter an, von Konflikten gehört zu haben.
Es konnte ein signifikanter Unterschied hinsichtlich der Akzeptanz zwischen denen, die Konflikte kennen und denen, denen keine Konflikte bekannt waren, festgestellt werden (Akzeptanzhöhe 48 vs. 63). Da jedoch nur in den emsländischen Ortschaften Befragte angaben, Konflikte zu kennen, kann nicht eindeutig gesagt werden, ob der genannte signifikante Unterschied tatsächlich durch die Konflikte begründet ist oder in anderen landkreisspezifischen Ursachen zu suchen ist.

Neben der Wahrnehmung von Konflikten könnte die Berichterstattung über Biogas in den örtlichen Tageszeitungen von Bedeutung sein. Die Anwohner wurden daher gefragt, *ob sie eine Tageszeitung beziehen und wie sie die Berichterstattung darin über Biogasanlagen empfinden*. 77 % der Befragten beziehen eine lokale Tageszeitung (90 % der Emsländer, 60 % der Dürener). 17 % der Leser empfinden die Berichterstattung über Biogasanlagen als *positiv*, 3 % als *negativ*. Die übrigen Leser gaben an, die Berichterstattung wäre *neutral*.

Sowohl zwischen den Lesern und den Nicht-Lesern als auch zwischen den verschiedenen Beurteilungen konnten keine signifikanten Unterschiede hinsichtlich der Akzeptanzhöhe festgestellt werden, sodass die Hypothese, dass *die Akzeptanz von den lokalen Medien beeinflusst wird*, abgewiesen werden muss.

Einstellungsebene

Um den Zusammenhang zwischen der Einstellung der Anwohner gegenüber den Landwirten und der Akzeptanz zu ermitteln, wurden die Befragten über ihre Meinung (affektive Komponente) und über ihr Wissen (kognitive Komponente) im Hinblick auf die Landwirtschaft befragt. Tabelle 28 zeigt die Verteilung und die Mittelwerte der affektiven Komponente:

Was denken Sie über Landwirte? Landwirte sind:

Tabelle 28: Verteilung der Einstellungen über Landwirtschaft (in %)

	1	2	3	4	5	6	Ø	
gierig	2,9	7,8	19,4	38,8	24,3	6,8	**3,9**	bescheiden
sympathisch	9,7	33,0	39,8	16,5	1,0	0,0	**2,7**	unsympathisch
Landschaftspfleger	8,7	26,2	44,7	11,7	6,8	1,9	**2,8**	Landschaftszerstörer

Quelle: Eigene Erhebung, n=103.

Anhand der Mittelwerte wird deutlich, dass den Landwirten eher positive Eigenschaften zugeschrieben werden. Zwischen den Ortschaften konnten keine signifikanten Unterschiede festgestellt werden. Aus den Items wurde nach Umpolen des Items *gierig-bescheiden* eine Skala gebildet. Die Reliabilität der Skala liegt im akzeptablen Bereich (Cronbachs Alpha: 0,666). Zwischen der Sympathie für die Landwirte und der Akzeptanz konnte eine Korrelation in Höhe von -0,346 ($p < 0,01$) nachgewiesen werden. Die Hypothese *je positiver die Einstellungen zur Landwirtschaft, umso höher die Akzeptanz* kann somit bestätigt werden.

Neben der affektiven wurde auch die kognitive Komponente in Bezug auf die Landwirtschaft untersucht. Hierzu wurden die Anwohner mit Fragen über landwirtschaftliche Themen konfrontiert. Die Fragen wurden bewusst offen konstruiert, um den Fragebogen abwechslungsreicher zu gestalten:

Bitte versuchen Sie folgende Fragen so gut wie möglich zu beantworten!
- Wie viel Liter Milch geben Hochleistungskühe ungefähr in einem Jahr?
- In welchem Monat wird Weizen meistens geerntet?
- Aus wie vielen m^2 besteht ein ha?

Als Problem stellte sich bei diesen Fragen die sehr gewissenhafte Beantwortung heraus: Bei vielen Fragebögen wurde ersichtlich, dass die ersten, spontanen Antworten später durch richtige Antworten ersetzt wurden. Viele Befragte haben vermutlich die richtigen Antworten recherchiert, was für die Gewissenhaftigkeit des Ausfüllens spricht, aber sich im Hinblick auf die Ermittlung des Wissens über die Landwirtschaft negativ auswirkt. Nicht zuletzt aus diesem Grund erreichten viele Befragte ein sehr gutes Wissen. Den Antworten wurden Schulnoten (1-5) zugewiesen, wobei die erreichten Ergebnisse eng aneinander liegen.

In den Ortschaften Ameln, Bourheim und Holthausen betrug die durchschnittliche Note 1,5. Ein signifikant schlechteres Wissen über die Landwirtschaft hatten die Tinner mit der Note 2,1. Zwischen dem Wissen und der Akzeptanz konnte keine Korrelation festgestellt werden. Für die Nicht-Korrelation könnte zum einen das Wissen verantwortlich sein, zum anderen aber auch die beschriebenen Probleme mit dem Messinstrument. Somit kann abschließend keine eindeutige Aussage darüber getroffen werden, inwieweit das Wissen über die Landwirtschaft die Akzeptanz beeinflusst.

4.2.4 Akzeptanzbestimmende und -relevante Faktoren: Regressionsanalyse

Die regressionsanalytische Auswertung wurde durchgeführt, um zum einen multikollineare Effekte herauszufiltern und zum anderen, um die entscheidenden Faktoren zu ermitteln. Die Vorgehensweise wurde analog zur Analyse der Erhebung der Landwirte gewählt (vgl. Kapitel 4.1.4).

Unter Berücksichtigung der bereits gewonnen Erkenntnisse und des theoretischen Rahmens wurden in einem iterativen Prozess Faktoren gebildet, die in der Regressionsanalyse berücksichtigt wurden. Schließlich stellte sich ein regressionsanalytisches Modell als belastbar und plausibel dar. Da weder kontinuierliche Unterschiede zwischen den Landkreisen bzw. zwischen den Ortschaften mit und ohne Biogasanlage vorlagen, wurde – nachdem verschiedene Möglichkeiten getestet waren – nur ein einziges Modell für die gesamte Stichprobe ausgewählt.

Die Faktoren dieses Modells setzen sich aus folgenden Items zusammen:[376]

Faktor Perspektiven von Biogas

- *Assoziation Klimaschutz*
- *Assoziation Arbeitsplätze*
- *Assoziation Energieunabhängigkeit*
- *Assoziation sauberer Strom*

Faktor Entfernung

- *Mindestentfernung einer Biogasanlage, ohne dass ein Protest stattfindet*
- *Mindestentfernung einer Biogasanlage, dass Anlagenbau gleichgültig ist*

Faktor Ethik/Landschaftsbild

- *Ethik: Getreideverbrennung zum Heizen*
- *Ethik: Maiseinsatz zur Verstromung in einer Biogasanlage*
- *Landschaftsbild: Störung durch hohen Energiemais*

Das Modell erfüllt die Anforderungen eines Regressionsmodells: Das Bestimmtheitsmaß liegt in einem durchaus akzeptablen Bereich ($R^2=0{,}708$), die nicht-standardisierten und standardisierten Residuen verfügen über ein arithmetisches Mittel von 0. Die Störgrößen sind normalverteilt (Kolmogorov-Smirnov-Test). Autokorrelationen konnten ebenfalls

---

[376] Nähere Informationen zur Bildung des Modells siehe Fußnoten in Kapitel 4.1.4.

nicht nachgewiesen werden (Durbin-Watson-Test: 1,140), die auch nicht zu erwarten waren (keine Zeitreihendaten). Es bestehen keine linearen Abhängigkeiten zwischen den erklärenden Variablen, die VIF-Werte liegen weit unterhalb der Höchstgrenze.[377]
Tabelle 29 zeigt die Ergebnisse des Regressionsmodells:[378]

Tabelle 29: Regressionsmodell der Anwohnerbefragung

	Beta	T-Wert	Signifikanz	VIF
Konstante	-	10,93	0,000	-
Faktor 1: Perspektiven von Biogas	**-0,676**	-7,978	0,000	1,033
Faktor 2: Entfernung	**-0,432**	-5,168	0,000	1,004
Faktor 3: Ethik/Landschaftsbild	**-0,183**	-2,157	0,037	1,037

Quelle: Eigene Berechnung, abhängige Variable: Akzeptanz; R^2=0,708, F= 33,922 (p < 0,001).

Die *Perspektiven der Biogastechnologie* scheinen von großer Bedeutung für die Akzeptanz zu sein. Von Interesse ist in diesem Zusammenhang, dass von den Assoziationen im Hinblick auf Biogasanlagen nur die positiven Assoziationen in die Regressionsanalyse aufgenommen wurden. Geruchsbelästigung und weitere negative Begleiterscheinungen, die im Zusammenhang mit der Errichtung einer Biogasanlage stehen, haben demnach keinen Einfluss auf die Erklärung der Akzeptanz. Die Akzeptanz könnte erhöht werden, wenn die positiven Assoziationen im Hinblick auf Biogas (Klimaschutz, Entstehung von Arbeitsplätzen, Energie-Unabhängigkeit von anderen Ländern und Produktion sauberen Stroms) von den Akzeptanzsubjekten adaptiert würden. Hier könnten Potenziale für Anlagenbetreiber und seitens der Politik bestehen.

Als zweitwichtigster Faktor ist die *Entfernung* zu nennen. Die von den Befragten genannten Entfernungen sind im Rahmen der Nimby-Problematik zu betrachten. Die Akzeptanz hinsichtlich der Entfernung zu beeinflussen könnte sich schwierig gestalten, da aufgrund der Wärmenutzung geringe Entfernungen zur Wohnbebauung wünschenswert wären.

Abschließend sind die Faktoren für die Akzeptanz von Bedeutung, die sich mit der Verwendung von Energiepflanzen zur energetischen Nutzung beschäftigen. Hierbei spielen

---

[377] Vgl. Backhaus, K; Erichson, B.; Plinke, W.; Weiber, R.: Multivariate Analysemethoden, a. a. O., S. 78 ff.
[378] Auch in der Regressionsanalyse der Anwohner wurden alle in der Arbeit beschriebenen Faktoren, darunter auch die soziodemografischen Variablen in diesem Modell zunächst berücksichtigt, aufgrund nicht signifikanter Ergebnisse aber ausgeschlossen. Um eine bessere Übersichtlichkeit zu erreichen, werden nur die signifikanten Faktoren genannt.

sowohl *ethische Motive* als auch das *Landschaftsempfinden* der Anwohner eine Rolle. Die Akzeptanz von Biogasanlagen ließe sich positiv durch schlüssige Konzepte beeinflussen, die die Verwendung von eigens dafür angebauten Energiepflanzen in Biogasanlagen minimieren.

Insgesamt weisen die relevanten Faktoren ähnliche Tendenzen wie die regressionsanalytischen Modelle der Erhebung der Landwirte auf. Auch hier waren die Faktoren *Entfernung, Ethik* und *Assoziationen* die einflussreichsten Merkmale.

5 ZUSAMMENFASSUNG UND HANDLUNGSEMPFEHLUNGEN

Zusammenfassung

Im Rahmen der Förderung Erneuerbarer Energien steigt die Anzahl der Biogasanlagen im ländlichen Raum stetig an. Biogasanlagen tragen zu einer nachhaltigen und klimafreundlichen Energieversorgung bei. Allerdings kommt es immer wieder zu Konflikten mit (potenziellen) Biogasanlagenbetreibern auf lokaler Ebene: Anwohner befürchten Belästigungen, die direkt von der Anlage ausgehen. Landwirte in Veredelungsgebieten sehen die Flächenkonkurrenz durch Energiepflanzen, insbesondere den Maisanbau, als Bedrohung für ihre eigenen Entwicklungsmöglichkeiten.

Ziel dieser Studie ist, die *Akzeptanz von Biogasanlagen* und *akzeptanzbestimmende Faktoren* zu ermitteln. Es soll geklärt werden, inwieweit und unter welchen Umständen Konflikte von Biogasanlagen ausgehen, die dazu führen, dass Potenziale hinsichtlich einer nachhaltigen Energieversorgung nicht ausgeschöpft werden können.

Im Rahmen der postalischen Erhebung wurden 1150 Fragebögen an Landwirte und Anwohner in der Ackerbauregion Düren und der Veredelungsregion Emsland verschickt. Der Vergleich zwischen einer Ackerbau- und einer Veredelungsregion dient dazu, die unterschiedlichen Vieh- und Biogasanlagendichten zu berücksichtigen. In jeder Region wurden zwei Ortschaften ausgewählt: jeweils eine Ortschaft mit Biogasanlage (Holthausen, Ameln) und jeweils eine Ortschaft ohne Biogasanlage (Tinnen, Bourheim). Dieses Erhebungsdesign wurde gewählt, um mögliche Vorurteile und Meinungsklimata erfassen zu können. Die Erhebung fand im Oktober und November 2008 statt. Die Rücklaufquote betrug 16,8 % bei den Anwohnern, bei den Landwirten 29,6 %.

Im Folgenden werden die wesentlichen Ergebnisse zusammenfassend vorgestellt und daraus resultierend Handlungsempfehlungen anhand des RREEMM-Modells, mit dem die Restriktionen und Ressourcen einzelner Akteure ermittelt und von diesen ausgehend deren Handlungsempfehlungen abgeleitet werden können, ausgesprochen.

Akzeptanz (nach HOFINGER)

Die Akzeptanzskala nach HOFINGER ermöglicht eine Einstufung der Akzeptanz anhand verschiedener Verhaltensmöglichkeiten. Die Skala erstreckt sich von engagierter Akzeptanz über Gleichgültigkeit bis hin zu aktiver Nicht-Akzeptanz.

Etwa 20 % der *Landwirte* in der Stichprobe weisen eine ablehnende Haltung gegenüber dem Bau einer Biogasanlage in unmittelbarer Nähe auf, genauso groß ist der Anteil derer, die eine gleichgültige Haltung haben. Somit äußerten knapp 60 % der Landwirte ihre Zustimmung gegenüber Biogasanlagen.

Zwischen den Untersuchungsregionen bestehen große Unterschiede: Während in der Ackerbauregion (Düren) beinahe keine ablehnenden Haltungen bestehen, beträgt dieser Anteil in der Veredelungsregion (Emsland) über 40 %. Analog dazu äußerten über 80 % in der Ackerbauregion ihre Zustimmung, in der viehreichen Region beträgt der Anteil der Befürworter nur knapp 30 %.

Viele Landwirte weisen extreme Akzeptanzformen auf: Etwa 10 % der Landwirte gaben an, eine Biogasanlage zu bauen, 5 % der Befragten würden eine Bürgerinitiative gegen eine Biogasanlage gründen, 12 % an einer Bürgerinitiative teilnehmen. Entsprechend der Akzeptanzhöhe sind ebenfalls die Anteile der genannten extremen Handlungen in der Veredelungsregion deutlich stärker ausgeprägt.

Bei den befragten *Anwohnern* stellt sich die Situation ähnlich dar: 25 % der Befragten zeigen eine ablehnende Haltung gegenüber dem Bau einer Anlage im eigenen Umfeld. Ebenso weisen 25 % eine gleichgültige Haltung auf. Die Hälfte der Befragten äußerte eine zustimmende Haltung gegenüber einer geplanten Biogasanlage in unmittelbarer Nähe.

Wie bei den Landwirten ist bei den Anwohnern ein Unterschied im Hinblick auf die Akzeptanz zu beobachten: In der Veredelungsregion (Emsland) herrscht eine niedrigere Akzeptanz als in der Ackerbauregion (Düren). Wie bei den Landwirten auch könnte diese Tendenz darauf schließen lassen, dass die Menschen in Veredelungsregionen bedingt durch die vielen bereits bestehenden Biogasanlagen in Verbindung mit der großen Anzahl an Tierhaltungsanlagen näher an einer „Sättigungsgrenze" stehen als die Menschen in Ackerbauregionen.

Da zwischen den Ortschaften mit Anlage und den Ortschaften ohne Anlage kein Unterschied nachgewiesen wurde, kann davon ausgegangen werden, dass im Hinblick auf die Akzeptanz *Vorurteile und Berührungsängste* keine Bedeutung haben, im Gegenteil: Die Ortschaft Bourheim, die von allen Ortschaften diejenige mit dem geringsten Bezug zu Biogasanlagen ist (keine Anlage im Dorf und in der näheren Umgebung), weist mit Abstand die höchsten Akzeptanzwerte auf.

Ein großer Anteil der Befragten zeigt extreme Akzeptanzäußerungen: 21 % äußerten, sich gegebenenfalls an einer Anlage in der Nähe finanziell zu beteiligen, 70 % würden sich um

Informationen bemühen, um zu erfahren, ob die entstehende Abwärme in ihrem Wohngebiet zu nutzen wäre. Dieser extrem positiven Akzeptanz stehen 4 % der befragten Anwohner gegenüber, die eine Bürgerinitiative gegen die Anlage gründen würden und 12 %, die an dieser Initiative teilnähmen. Wie auch bei den Landwirten sind die negativen, extremeren Akzeptanzformen eher in der Veredelungsregion vorzufinden.

Biogasanlagen genießen im Vergleich zu den landwirtschaftlichen Betriebszweigen Schweine- und Hähnchenmast eine hohe Akzeptanz. Eine Biogasanlage würde in der Nachbarschaft den Schweine- und Hähnchenmaststallungen bevorzugt und erreicht eine ähnlich hohe Akzeptanz wie Milchviehstallungen.

Biogasanlagen sind daher nicht mit Schweinemastanlagen zu vergleichen. Die Ergebnisse der vorliegenden Studie haben gezeigt, dass im Gegensatz zu den Ausführungen von SPILLER UND GERLACH gerade in Ackerbauregionen mit einer deutlich höheren Akzeptanz gerechnet werden kann als in Veredelungsregionen.[379]

Akzeptanz (nach LUCKE)

Den Schwerpunkt der Akzeptanz nach LUCKE bilden die Motive, die sich hinter einer Akzeptanz bzw. Nicht-Akzeptanz verbergen.

Die überwiegende Mehrheit der Befragten – sowohl Landwirte als auch Anwohner – verfügt über Akzeptanzformen, die als instabil bezeichnet werden können. Viele Motive hinter der Akzeptanz sind begründet durch Unwissenheit, Meinungen anderer und dem Vertrauen zum Anlagenbetreiber. Die partielle Akzeptanz ist für die Akzeptanz von Biogasanlagen von besonderer Bedeutung.

Akzeptanzbestimmende Faktoren

Bei der Ermittlung akzeptanzbestimmender und -relevanter Faktoren wurden die folgenden Bereiche in Anlehnung an LUCKES Akzeptanzforschung (Auszüge aus der Operationalisierung) betrachtet. In vielen Ebenen weisen Landwirte und Anwohner ähnliche Tendenzen auf. In den entsprechenden untergeordneten Kategorien wurde deutlich, dass sich die emsländischen von den Dürener Landwirten in einigen Bereichen unterscheiden.

Bei den Anwohnern der vier Ortschaften in den beiden Untersuchungsregionen konnten hinsichtlich der akzeptanzbestimmenden Faktoren keine nennenswerten Unterschiede festgestellt werden. Die Anwohner aller vier Ortschaften bildeten eine homogene Stich-

---

[379] Vgl. Spiller, A.; Gerlach, S.: Stallbaukonflikte bei landwirtschaftlichen Stallbauten, a. a. O., S. 26.

probe. Abbildung 33 gibt einen Überblick über die wesentlichen akzeptanzbestimmenden Faktoren:

Abbildung 33: Einfluss akzeptanzbestimmender und -relevanter Faktoren auf die Akzeptanz

Ebenen (LUCKE)	Unterebenen		Einfluss auf Akzeptanz Landwirte (DN/EL)	Einfluss auf Akzeptanz Anwohner
Situations- und Problemebene	Betroffenheit		-	-	-
	Problemrelevanz		**	*	-
	Beeinflussbarkeit		-	-	-
Akteursebene	Vertrauen	Betreiber	**	**	**
		Politiker, allgemein	-	-	-
Legitimationsebene	Rechtfertigung (EE)		**	*	-
Verhaltens-, Norm- und Werteebene	Verhalten (Umwelt-, Protest-, Risikoverhalten)		-	-	-
	Ethik		***	***	***
Bezugsgruppen- ebene	Lebensstil		-	-	-
	Räumliche Nähe		***	***	***
	Soziale Nähe		-	-	-
Biografieebene	Soziostrukturelle Zugehörigkeiten (Person)		-	-	**
	Soziostrukturelle Zugehörigkeiten (Betrieb)		-	**	nicht erhoben
Wahrnehmungs- und Einstellungs- ebene	Wahrnehmung		-	-	-
	Einstellungen	affektiv	***	***	***
		kognitiv	-	-	**
		konativ		= Akzeptanz	

Quelle: Eigene Darstellung; *** sehr starker Zusammenhang zwischen Akzeptanz und der jeweiligen Variable nachgewiesen (in die Regressionsanalyse aufgenommen), ** starker Zusammenhang zwischen Akzeptanz und der jeweiligen Variable nachgewiesen; * schwacher Zusammenhang zwischen Akzeptanz und der jeweiligen Variable nachgewiesen; - keine Zusammenhänge von Bedeutung festgestellt.

Von größter Bedeutung sind die Faktoren *Ethik, räumliche Nähe* und mit der Biogasanlage verbundene Hoffnungen und Befürchtungen (*affektive Komponente* der Einstellungen). Der Faktor *Ethik* beinhaltet Items, die die Nutzung von potenziellen Nahrungspflanzen zur Energiegewinnung aus ethischen Gesichtspunkten kritisch hinterfragen. Zu diesem Themenbereich äußerten sich viele Befragte (Landwirte und Anwohner) unter dem Punkt „Sonstiges" des Fragebogens. Auch wenn aus theologischer und philosophischer Sicht keine einheitliche Meinung darüber besteht, ob Mais verstromt und Getreide verbrannt werden darf, scheinen viele Befragte sich mit diesem Gedanken nicht vertraut machen zu können.

Der Faktor *räumliche Nähe* ist bei den Befragten als Ausdruck der Nimby-Problematik („Not in my backyard") zu verstehen. Unter bestimmten Entfernungen zum eigenen Wohnhaus werden Belästigungen vom Betrieb einer Anlage befürchtet. Alle Anwohner und die Dürener Landwirte äußern Entfernungen, die sich durch geringe Abstände zum Wohnhaus widerspiegeln. Unter einer Entfernung von 800 Metern zum Wohnhaus liegen Bedenken vor, ab einer Entfernung von über zwei Kilometern wird die Errichtung einer Anlage als vollkommen gleichgültig betrachtet.

Die emsländischen Landwirte geben Entfernungen an, die sich eher an betrieblichen Befürchtungen orientieren (Flächenkonkurrenz): Unter neun Kilometern äußern sie, Bedenken zu haben, über 26 Kilometern Entfernung zum Betrieb ist ihnen die Errichtung einer Anlage vollkommen gleichgültig.

Hoffnungen und *Befürchtungen*, die sich nicht auf die Biogasanlage als unmittelbarer Anrainer beziehen, sind von besonderer Bedeutung für die Erklärung der Akzeptanz aller Anwohner und der Dürener Landwirte; sie wurden in die jeweiligen regressionsanalytischen Modelle aufgenommen. *Entstehung von Arbeitsplätzen, Klimaschutz, sauberer Strom* und *Energieunabhängigkeit* von anderen Ländern sind dabei die entscheidenden Erwartungen, die einen hohen Anteil der Akzeptanz erklären.

Bei den Befürchtungen wurde festgestellt, dass die häufig von Biogasanlagengegnern vorgebrachten Ängste hinsichtlich Geruchs- und Lärmbelästigung sowie erhöhtem Verkehrsaufkommen keinen Einfluss auf die Akzeptanzhöhe haben.

Bei den emsländischen Befragten stellte sich die Situation leicht abgewandelt dar: Hier waren die Befürchtungen, die im Zusammenhang mit der Flächenkonkurrenz stehen (*steigende Pachtpreise, verknappte Flächen zur Ausbringung der Gärreste, Monokultur*), bestimmend über die Höhe der Akzeptanz. In diesem Zusammenhang befürchten die Emsländer *Konflikte mit Berufskollegen*, die als Begleiterscheinung durch den Bau von Biogasanlagen entstehen könnten. Weitere Variablen, die im Zusammenhang mit der Höhe der Akzeptanz stehen, sind bei allen Befragten das *Vertrauen zu den Anlagenbetreibern* und bei den Anwohnern das *Wissen über Biogas*.

Anhand der dargestellten Auflistung ist darüber hinaus zu erkennen, inwieweit LUCKES Ansatz der Akzeptanzforschung auf techniksoziologische Aspekte übertragen werden kann. Einige Faktoren, die LUCKE in ihren Forschungen im Hinblick auf die Akzeptanz von Frauenerwerbsfähigkeit, Ehe-Scheidungen oder Homosexualität für bedeutsam erachtet, sind für techniksoziologische Sachverhalte nicht von Belang. So zeigte sich in der vorliegenden Untersuchung, dass alle entscheidenden Faktoren in direktem Zusammenhang mit dem Akzeptanzsubjekt stehen. Verhaltensweisen, die mit Biogasanlagen auf den ersten Blick keine Verbindung zu haben scheinen, wie Risiko-, Protest- oder Umweltverhalten wurden in dieser Untersuchung beispielsweise als indirekte Ressourcen und Restriktionen im Rahmen des RREEMM-Modells betrachtet. Es konnten allerdings bei den indirekten Ressourcen und Restriktionen kaum Abhängigkeiten zwischen dem Akzeptanzobjekt und den Faktoren nachgewiesen werden.

LUCKES Typologie kann aus methodologischer Sicht als Basis techniksoziologischer Untersuchungen verwendet werden, sofern darauf geachtet wird, dass die relevanten Faktoren in einem direkt plausiblen Zusammenhang zum Akzeptanzobjekt stehen. Des Weiteren empfiehlt es sich, LUCKES Typologie durch weitere Theorien, wie z. B. dem Drei-Komponenten-Modell, zu erweitern. Insbesondere ihre Operationalisierung des Akzeptanzbegriffes kann wichtige Hinweise für die Stabilität einer Akzeptanz geben, die jedoch quantitativ nur oberflächlich untersucht werden kann. Wenn bereits erste Daten über die Akzeptanz eines Akzeptanzobjektes vorliegen, könnten LUCKES Ausführungen insbesondere durch ein qualitatives Forschungsdesign ihre Überlegenheit gegenüber anderen Modellen zum Ausdruck bringen.

Bevor ein Ausblick auf die zukünftige Entwicklung von Biogasanlagen und damit verbundene Handlungsempfehlungen für die beteiligten Akteure ausgesprochen werden, gibt Abbildung 34 eine zusammenfassende Darstellung der erläuterten Ergebnisse anhand des RREEMM-Modells:

KAPITEL 5: ZUSAMMENFASSUNG UND HANDLUNGSEMPFEHLUNGEN 211

Abbildung 34: Zusammenfassung der Ergebnisse anhand des RREEMM-Modells

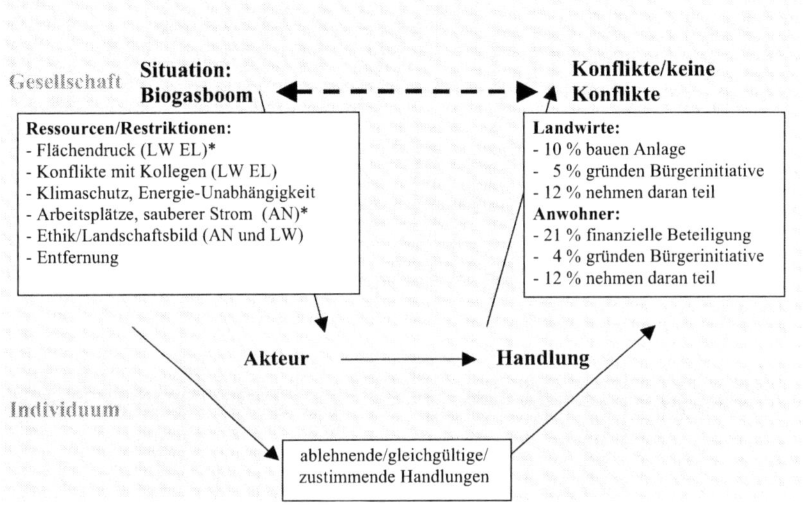

Gesellschaft — **Situation: Biogasboom** ← — — — — — → **Konflikte/keine Konflikte**

Ressourcen/Restriktionen:
- Flächendruck (LW EL)*
- Konflikte mit Kollegen (LW EL)
- Klimaschutz, Energie-Unabhängigkeit
- Arbeitsplätze, sauberer Strom (AN)*
- Ethik/Landschaftsbild (AN und LW)
- Entfernung

Landwirte:
- 10 % bauen Anlage
- 5 % gründen Bürgerinitiative
- 12 % nehmen daran teil

Anwohner:
- 21 % finanzielle Beteiligung
- 4 % gründen Bürgerinitiative
- 12 % nehmen daran teil

Akteur ⟶ **Handlung**

Individuum

ablehnende/gleichgültige/ zustimmende Handlungen

Quelle: Eigene Darstellung in Anlehnung an ESSER, vgl. Kapitel 3.1.2., * LW EL: Landwirte Emsland, AN: Anwohner.

Der gestrichelte Pfeil stellt die Rückkopplung dar, die Proteste oder Unzufriedenheiten der Bevölkerung im Hinblick auf die ursprünglich soziale Situation auslösen könnten. Diese Rückkopplung kann durch extreme Akzeptanzarten große Auswirkungen haben. Die Stabilität der Akzeptanz ist in diesem Zusammenhang von besonderer Bedeutung. In der Darstellung sind exemplarisch die wesentlichen Ressourcen und Restriktionen sowie extreme Akzeptanzhandlungen zu erkennen.

Handlungsempfehlungen und Ausblick

Im Rahmen der Klimaschutzdebatte ist vorgesehen, dass sich Biogasanlagen weiter etablieren. Aufgrund der hohen Zahl der Befragten, die sich sehr aktiv *gegen* Biogasanlagen engagieren würden[380] auf der einen Seite, und der Zahl der Menschen, die sich aktiv *für* eine Anlage einsetzen würden auf der anderen Seite, bleibt zu erwarten, dass das soziale Gefüge vor allem in Veredelungsgebieten empfindlich gestört werden kann (Landwirte und Anwohner). Diese Vermutung wurde durch einige Äußerungen von Befragten im Fra-

---

[380] Ob diese Äußerungen in der Realität tatsächlich umgesetzt würden, kann nicht überprüft werden, die Tendenz für ein Stimmungsbild ist jedoch zu erkennen.

gebogen unter dem Punkt „Sonstiges" deutlich. Neben verbalen Konflikten war sogar die Rede von Gewaltausbrüchen und Prügeleien.

Damit eine weitere positive Entwicklung der Biogaserzeugung stattfinden könnte, müssten die Unmut verursachenden Faktoren beseitigt werden:

Faktor Flächendruck und Faktor Ethik/Landschaftsbild: Mais als Energiepflanze
In Veredelungsgebieten empfinden die Landwirte einen hohen Flächendruck. Sie befürchten steigende Pachtpreise, Verknappung der Flächen zur Gärresteausbringung und die Ausweitung von Maismonokulturen. Diese Befürchtungen können sich auf die Akzeptanz auswirken. Aus diesem Grund und aufgrund der höheren Akzeptanzwerte in den Ackerbauregionen wäre ein grundsätzlich hohes Potenzial für die Biogastechnologie in Ackerbauregionen vorhanden. Allerdings bestehen auch in diesen Regionen ethische Bedenken beim Anbau von Energiepflanzen, die die Akzeptanz von Biogasanlagen beeinflussen.

Unabhängig davon, ob die Befürchtungen der Landwirte und Anwohner wissenschaftlich berechtigt sind, müssten aus sozialwissenschaftlicher Sicht Veränderungen stattfinden. Auf der gesellschaftlichen Ebene ist der Gesetzgeber gefordert, das EEG dahingehend zu novellieren, dass Biogasanlagen keine anderen landwirtschaftlichen Betriebszweige aufgrund der finanziellen Förderung verdrängen bzw. beeinträchtigen. Der Gülle-Bonus und die Abschaffung des Technologie-Bonus für reine Nawaro-Anlagen waren dafür erste Schritte. Doch insbesondere in Veredelungsgebieten muss dem Flächendruck Rechnung getragen werden, auch wenn dieser nicht nur durch Biogasanlagen entsteht, sondern vielmehr durch die Zunahme großer Veredelungsbetriebe.

Die Fläche für Energiepflanzenanbau und die Anzahl von Biogasanlagen müssten reguliert werden, weil quasi-subventionierte Biogasanlagen andere, nicht gestützte Betriebszweige nicht verdrängen sollten. Dies würde jedoch weitere Eingriffe ins Marktgeschehen erfordern.

Wird die ethische Komponente bei dieser Überlegung mit ins Kalkül einbezogen, sollte allerdings eher der Anbau von Zwischenfrüchten zur Energiepflanzenproduktion fokussiert werden. Dadurch könnten neben den positiven Effekten für die Akzeptanz Fruchtfolgen entstehen, die viele positive Begleiterscheinungen mit sich bringen. Landwirte könnten u. U. zusätzlich die Vielfältige-Fruchtfolge-Prämie in Höhe von 65 €/ha/Jahr beantragen. Für die Flora und Fauna würde eine ganzjährige Bepflanzung der Felder Vorteile im Erosionsschutz bedeuten, Wildtiere hätten zusätzliche Äsungsmöglichkeiten und Wasserwerke könnten gegebenenfalls von niedrigeren Stickstoff-Werten profitieren. Die Funktionen des ländlichen Raumes *Ökologie* und *Erholung* würden demnach ebenfalls positiv tangiert. Die Förderung von Energiepflanzen als Hauptfrucht sollte aus den genannten Kriterien vermindert oder abgeschafft werden, Zwischenfrüchte jedoch so weit gefördert werden, dass sie die vorzüglichere Anbauvariante darstellen. Denkbar wäre, daraus zusätzliche Einnahmen zu erzielen, z. B. von Wasserwerken oder Jagdpächtern.

Um Konflikte in Veredelungsregionen zu vermindern, könnten ferner technische Verfahren zur Separierung des Gärsubstrates von Biogasanlagen in großem Ausmaß gefördert werden. Dadurch könnten Nährstoffe, insbesondere Phosphor, von den Veredelungsgebieten kostengünstig in Ackerbauregionen transportiert werden. Dies würde sowohl dem Umwelt- und Ressourcenschutz dienen als auch den Viehhaltern im Hinblick auf die zu erbringenden Flächennachweise der Gülle.

Da die Landwirtschaftskammern und die Bauernverbände ein hohes Vertrauen genießen, sollten sie bei größeren Projekten zur Beratung hinzugezogen werden und als Moderatoren bzw. Mediatoren fungieren.

Faktor Entfernung

Der Faktor Entfernung beruht auf Ängsten und Befürchtungen, die eine Biogasanlage in der Nachbarschaft verursachen kann.

Potenzielle Anlagenbetreiber sollten berücksichtigen, dass unter einer Entfernung von 800 Metern die Anwohner hohe Bedenken haben. Diese Bedenken könnten einen sich selbst verstärkenden Prozess auslösen, der das soziale Gefüge in den Ortschaften stört und das Biogasprojekt gefährden könnte. Durch Aufklärung und Wissensvermittlung kann die Akzeptanz nicht sichergestellt werden, die kognitive Komponente leistet dementsprechend keinen großen Beitrag zur Erklärung der Akzeptanz. Werden daneben die relativ instabile Akzeptanzsituation und die Bedeutung des Vertrauens zum Anlagenbetreiber bedacht, wird folgendes deutlich:

Landwirte, die den Bau einer Anlage erwägen, sollten aus soziologischer Sicht ihr Handeln geplant gestalten: Die hohe Bereitschaft der Landwirte und Anwohner, sich über die Wärmenutzung zu informieren, weist einen Weg auf, Akzeptanzpotenziale zu erschließen. Die Nachbarn in unmittelbarer Nähe könnten vermutlich durch eine günstige Nutzung der Wärme vom Standort überzeugt werden. Gerade wenn sich der Standort einer möglicher Anlage in der Nähe zur Wohnbebauung befindet, ist es von großer Bedeutung, die Anwohner frühzeitig zu informieren und gegebenenfalls in die Planung miteinzubeziehen, um das vorhandene Vertrauen zu nutzen und nicht zu zerstören. Da im Rahmen des BauGB ähnliche Entfernungen vorgesehen werden, ist aus soziologischer Sicht hier keine Änderung notwendig.

Der Gesetzgeber sollte insbesondere für kleinere Hofanlagen in der Nähe von Wohnbebauungen, für die auch in der Zukunft keine Entschwefelungsanlagen zur Einspeisung des Gases ins Erdgasnetz ökonomisch sinnvoll sind, Nahwärmenetze verstärkt fördern. Wie bereits Modellprojekte (z. B. *Bioenergiedorf Jühnde*) zeigen, kann somit die Akzeptanz in der Bevölkerung maßgeblich verbessert werden.

Demnach bestehen große Potenziale für Maßnahmen nach dem EE-Wärme-Gesetz: Insbesondere für Neubaugebiete im ländlichen Raum, in denen Nahwärmenetze kostengünstig installiert werden könnten und darüber hinaus die Bewohner keine eigene Heizungsanlage benötigen, sollten weitere Anreize vom Gesetzgeber geschaffen werden.

Biogasanlagen ohne ein schlüssiges Wärmenutzungskonzept sollten aufgrund der unnötigen Ressourcenverschwendung nicht genehmigt werden.

Faktor Perspektiven

Der Faktor Perspektiven beinhaltet den Einfluss positiver Assoziationen im Hinblick auf die Akzeptanz von Biogasanlagen. Während die negativen Assoziationen, wie *Geruchsbelästigung* und *Verkehrsaufkommen etc.*, keinen Einfluss auf die Höhe der Akzeptanz haben, scheinen die positiven Assoziationen *Klimaschutz, Energie-Unabhängigkeit, Produktion sauberen Stroms* und *Entstehung von Arbeitsplätzen* die Akzeptanz maßgeblich zu beeinflussen.

Dies wird insbesondere deutlich, wenn Projekte, die diesen Perspektiven nicht entsprechen, durchgesetzt werden sollen: In der emsländischen Gemeinde Dörpen (unweit von Holthausen und Tinnen) bestanden heftige Konflikte im Hinblick auf ein geplantes Steinkohlekraftwerk. Neben der Befürchtung hoher Emissionen war ein Hauptbestandteil der Argumentation der Bürgerinitiative gegen das Kraftwerk die nicht auf den Klimaschutz ausgerichtete Stromerzeugung.[381]

Um eine negative Rückkopplung auf die Akzeptanzsituation von Biogasanlagen zu verhindern, muss weiter daran gearbeitet werden, die positiven Assoziationen auszudehnen:

---

[381] Vgl. Bürgerinitiative gegen ein geplantes Steinkohlekraftwerk: http://www.saubere-energie-doerpen.de, zuletzt am 23.3.2009.

Da durch Informationsvermittlung nicht viel erreicht werden kann (kognitive Komponente hat nur geringe Bedeutung), könnten Anwohner durch ökonomische Vorteile dazu bewegt werden, sich intensiver mit den Vorteilen der Biogaserzeugung auseinanderzusetzen. Auch vor diesem Hintergrund wäre eine umfassendere Förderung von Nahwärmenetzen oder aber eine Förderung im Rahmen von baulichen energetischen Sanierungsmaßnahmen (Erneuerung von Heizsystemen, hier: Austausch älterer Anlagen gegen den Anschluss an Nahwärmenetze) anzuraten.

Kritische Anwohner gerade in Veredelungsgebieten könnten im Hinblick auf die ethischen und landschaftsbildbezogenen Bedenken von ökologischen Vorteilen des Anbaus von Zwischenfrüchten überzeugt werden.

In der vorliegenden Arbeit wurde deutlich, wie komplex und vielschichtig der Akzeptanzbegriff ist, insbesondere in einer sich pluralisierenden Gesellschaft, in der partielle Akzeptanzformen der Akzeptanzsubjekte dominieren. Nicht nur für Biogasanlagen, sondern für viele technisch oder ethisch diskutable Akzeptanzobjekte wird sich die Akzeptanz zu einem wesentlichen Standortfaktor entwickeln. Die Problematik, Akzeptanzsubjekte erfolgreich in ihrer Akzeptanz beeinflussen zu können, liegt darin, dass echte Akzeptanz nicht erzwungen werden kann. RÖGLIN fasst diesen Prozess wie folgt zusammen: *„Wer Akzeptanz will, darf sie nicht wollen."*[382] Im Hinblick auf die Akzeptanz von Biogasanlagen bedeutet dies, dass die beschriebenen Probleme, die zu einer Nicht-Akzeptanz führen, behoben werden müssen. Krisen und Konflikte sollten auch hier als Chancen gesehen werden, ganzheitliche Lösungen zu finden, von denen sowohl Landwirte als auch Anwohner der Biogasanlage profitieren können. Sämtliche Funktionen des Ländlichen Raumes, wie Wohnen, Landwirtschaft, Ökologie und Erholung könnten so von einer innovativen Technologie profitieren und sich einander ergänzen.

---

[382] Röglin, H.-C.: Verdient Vertrauen, wer um Vertrauen wirbt? – Gedanken zu einem neuen Konzept der Öffentlichkeitsarbeit. In: gdi-impuls, 3,1/1985, S. 61-68.

LITERATURVERZEICHNIS

AJZEN, I.: From Intentions to actions. A theory of planned behaviour. In: Kuhl, J.; Beckman, J. (Hrsg.): Action-control: From cognition to behaviour. Germany, o. O. 1985.

ALBERSMEIER, F.; SCHLECHT, S.; SPILLER, A.: Zur Bedeutung gesellschaftlicher Anspruchsgruppen bei landwirtschaftlichen Bauprojekten: Einflussfaktoren auf einen erfolgreichen Stallbau. In: Jahrbuch der Österreichischen Gesellschaft für Agrarökonomie, Band 18 (1) 2009.

ALVENSLEBEN, R. VON, KAFKA, C.: Grundprobleme der Risikokommunikation und ihre Bedeutung für die Land- und Ernährungswirtschaft. In: Schriften der Gesellschaft für Wirtschafts- und Sozialwissenschaften des Landbaus e. V., Bd. 35, 1999.

AMELANG, M.; BARTUSSEK, D.: Zwischenmenschliches Vertrauen. In: Glöckner-Rist, A. (Hrsg.): ZUMA-Informationssystem. Elektronisches Handbuch sozialwissenschaftlicher Erhebungsinstrumente. ZIS Version 10.00. Mannheim: Zentrum für Umfragen, Methoden und Analysen 2006.

ARNOLD, N.: Akzeptabilität und Akzeptanz, Wissenschaft und Technik in der öffentlichen Kontroverse. In: Zeitschrift zur Politischen Bildung, Band 35 (1998), Heft 2.

ASBRAND, A.: Emsland steuert Stallbauten. In: Landwirtschaftliches Wochenblatt Westfalen-Lippe, Heft 15/2009.

AUER, L. VON: Ökonometrie. Berlin 1999.

BACKHAUS, K.; ERICHSON, B.; PLINKE, W.; WEIBER, R.: Multivariate Analysemethoden – Eine anwendungsorientierte Einführung. Berlin 1996.

BACKHAUS, K; ERICHSON, B.; PLINKE, W.; WEIBER, R.: Multivariate Analysemethoden. Berlin 2003.

BANDURA, A.: Self-efficacy in changing societies. Cambridge 1999.

BARNES, S.; KAASE, M.: Protestattitüden/Protestverhalten. In: Glöckner-Rist, A. (Hrsg.): ZUMA-Informationssystem. Elektronisches Handbuch sozialwissenschaftlicher Erhebungsinstrumente. ZIS Version 10.00. Mannheim: Zentrum für Umfragen, Methoden und Analysen 2006.

BAYERISCHE LANDESANSTALT FÜR LANDWIRTSCHAFT: Biogasanlagen – angewandte Forschung für eine zukunftssichere, regenerative Energieversorgung. Freising 2008.

BAYERISCHE LANDESANSTALT FÜR LANDWIRTSCHAFT: Nawaro-Transport, Konzepte zur Reduzierung der Kosten beim Transport von nachwachsenden Rohstoffen für Biogasanlagen. Freising 2007.

BECKMANN, G.: Regionale Potenziale ausgewählter biogener Reststoffe. In: BBR: Bioenergie: Zukunft für ländliche Räume. Heft 1/2-2006.

BERTELSMANN-STIFTUNG: Wegweiser Kommune. Datenblatt Emsland, Datenblatt Düren, unter www.wegweiser-kommune.de, zuletzt am 3.3.2009.

BOHNER, G.: Einstellungen. In: Stroebe, W.; Jonas, K.; Hewstone, M. (Hrsg.): Sozialpsychologie – eine Einführung. Berlin 2002.

BORTZ, J.; DÖRING, N.: Forschungsmethoden und Evaluation für Human- und Sozialwissenschaftler. Berlin 2002.

BRAUN, J.; LORLEBERG, W.: Regionale Struktur- und Einkommenswirkungen der Biogasproduktion in NRW. Soest 2007.

BROCKMANN-KÖNEMANN, K.: Biogas zu 90 % aus Gülle. In: Landwirtschaftliches Wochenblatt Westfalen-Lippe, Heft 19/2008.

BROSIUS, G.; BROSIUS, F.: SPSS. Base System und Professional Statistics. Bonn 1995.

BUCHNER, W.: Neue Erkenntnisse im Energiepflanzenanbau. In: Landwirtschaftliches Wochenblatt Westfalen-Lippe, Heft 32/2007.

BUNDESAMT FÜR BAUORDNUNG UND BAUWESEN (BBR): Bioenergie: Zukunft für ländliche Räume. Bonn, Heft 1/2-2006.

BUNDESFORSCHUNGSANSTALT FÜR LANDWIRTSCHAFT: Biogasanlagen – 12 Datenblätter. Braunschweig 2004.

BUNDESMINISTERIUM DES INNERN (HRSG.): Verordnung über genehmigungsbedürftige Anlagen (4. BImSchV) vom 14. März 1997, zuletzt geändert am 23.02.2007 (BGBl I, S. 2470).

BUNDESMINISTERIUM FÜR ERNÄHRUNG, LANDWIRTSCHAFT UND VERBRAUCHERSCHUTZ; FACHAGENTUR FÜR NACHWACHSENDE ROHSTOFFE (HRSG.): Studie – Einspeisung von Biogas in das Erdgasnetz. Leipzig 2007.

BUNDESMINISTERIUM FÜR ERNÄHRUNG, LANDWIRTSCHAFT UND VERBRAUCHERSCHUTZ (HRSG.): Verordnung über die Anwendung von Düngemitteln, Bodenhilfsstoffen, Kultursubstraten und Pflanzenhilfsmitteln nach den Grundsätzen der guten fachlichen Praxis beim Düngen (Düngeverordnung (DüngeV)); Neufassung vom 27.02.2007 (BGBl I 2007, S. 221).

BUNDESMINISTERIUM FÜR ERNÄHRUNG, LANDWIRTSCHAFT UND VERBRAUCHERSCHUTZ; FACHAGENTUR FÜR NACHWACHSENDE ROHSTOFFE (HRSG.): Bioenergie – Basisdaten Deutschland. Stand: Januar 2008. Gülzow 2008.

BUNDESMINISTERIUM FÜR ERNÄHRUNG, LANDWIRTSCHAFT UND VERBRAUCHERSCHUTZ; FACHAGENTUR FÜR NACHWACHSENDE ROHSTOFFE: Biogas. Basisdaten Deutschland, Stand: Januar 2008. Gülzow 2008.

BUNDESMINISTERIUM FÜR UMWELT, NATURSCHUTZ UND REAKTORSICHERHEIT (HRSG.): Gesetz über die Umweltverträglichkeitsprüfung (UVPG) vom 12. Februar 1990, zuletzt geändert am 23.10.2007 (BGBl. 1 1990, S. 205).

BUNDESMINISTERIUM FÜR UMWELT, NATURSCHUTZ UND REAKTORSICHERHEIT (HRSG.): Gesetz über die Einspeisung von Strom ins Verbundnetz (Stromeinspeisungsgesetz) vom 7. Dezember 1991 (BGBl I 1991, S. 2633).

BUNDESMINISTERIUM FÜR UMWELT, NATURSCHUTZ UND REAKTORSICHERHEIT (HRSG.): Gesetz für den Vorrang Erneuerbarer Energien vom 29. März 2000 (BGBl. I, S. 305).

BUNDESMINISTERIUM FÜR UMWELT, NATURSCHUTZ UND REAKTORSICHERHEIT (HRSG.): Technische Anleitung zur Reinhaltung der Luft (TA Luft vom 24. Juli 2002), Nr. 5.4.8.6 Anlagen der Nummer 8.6: Anlagen zur biologischen Behandlung von Abfällen: Nr. 5.4.8.6.1: Anlagen zur Vergärung von Bioabfällen und Anlagen, die Bioabfälle in Kofermentationsanlagen mitverarbeiten.

BUNDESMINISTERIUM FÜR UMWELT, NATURSCHUTZ UND REAKTORSICHERHEIT: Novelle des Erneuerbaren-Energien-Gesetzes (EEG) – Überblick über die Regelungen des neuen EEG vom 21. Juli 2004. Bonn 2004.

BUNDESMINISTERIUM FÜR UMWELT, NATURSCHUTZ UND REAKTORSICHERHEIT: Novelle des EEG – Überblick über die Regelungen des neuen EEG vom 21. Juli 2004.

BUNDESMINISTERIUM FÜR UMWELT, NATURSCHUTZ UND REAKTORSICHERHEIT: Die wichtigsten Merkmale des Gesetzes für den Vorrang Erneuerbarer Energien (EEG) vom 21. Juli 2004.

BUNDESMINISTERIUM FÜR UMWELT, NATURSCHUTZ UND REAKTORSICHERHEIT: Verordnung über die Erzeugung von Strom aus Biomasse (Biomasseverordnung – BiomasseV) vom 21. Juni 2001, zuletzt geändert durch die 1. Verordnung zur Änderung der Biomasseverordnung vom 9. August 2005 (BGBl. I Nr. 49 vom 17. August 2005, S. 2419).

BUNDESMINISTERIUM FÜR UMWELT, NATURSCHUTZ UND REAKTORSICHERHEIT: Verordnung über die Verwertung von Bioabfällen auf landwirtschaftlich, forstwirtschaftlich und gärtnerisch genutzten Böden (Bioabfallverordnung (BioAbfV)) vom 21. September 1998 (BGBl I S. 2955), zuletzt geändert am 20.10.2006.

BUNDESMINISTERIUM FÜR UMWELT, NATURSCHUTZ UND REAKTORSICHERHEIT (HRSG.): Erfahrungsbericht 2007 zum Erneuerbare-Energien-Gesetz (EEG-Erfahrungsbericht). Bonn 2007.

BUNDESMINISTERIUM FÜR UMWELT, NATURSCHUTZ UND REAKTORSICHERHEIT: Erneuerbare Energien in Zahlen. Bonn 2007.

BUNDESMINISTERIUM FÜR UMWELT, NATURSCHUTZ UND REAKTORSICHERHEIT: Monitoring zur Wirkung des EEG auf die Entwicklung zur Stromerzeugung aus Biomasse 2007. In: Bundesministerium für Ernährung, Landwirtschaft und Verbraucherschutz (BMELV); Fachagentur für Nachwachsende Rohstoffe (FNR): Biogas. Basisdaten Deutschland, Stand Januar 2008. Gülzow 2008.

BUNDESMINISTERIUM FÜR UMWELT, NATURSCHUTZ UND REAKTORSICHERHEIT: Das Erneuerbare-Energien-Wärmegesetz im Überblick. Bonn 2008.

BUNDESMINISTERIUM FÜR UMWELT, NATURSCHUTZ UND REAKTORSICHERHEIT: Entwicklung der Erneuerbaren Energien in Deutschland im Jahr 2007 – Grafiken und Tabellen unter Verwendung aktueller Daten der Arbeitsgruppe Erneuerbare Energien-Statistik. Stand: März 2008.

BUNDESMINISTERIUM FÜR UMWELT, NATURSCHUTZ UND REAKTORSICHERHEIT: Begründung für den Entwurf eines Gesetzes zur Neuregelung des Rechts der Erneuerbaren Energien im Strombereich und zur Änderung damit zusammenhängender Vorschriften, o. O., o. J.

BUNDESMINISTERIUM FÜR UMWELT, NATURSCHUTZ UND REAKTORSICHERHEIT (HRSG.): Gesetz zur Neuregelung des Rechts der Erneuerbaren Energien im Strombereich und zur Änderung damit zusammenhängender Vorschriften vom 25. Oktober 2008 (BGBl. I, S. 2074).

BUNDESMINISTERIUM FÜR VERBRAUCHERSCHUTZ, ERNÄHRUNG UND LANDWIRTSCHAFT [HEUTE: BUNDESMINISTERIUM FÜR ERNÄHRUNG, LANDWIRTSCHAFT UND VERBRAUCHERSCHUTZ] (HRSG.): Schweinehaltungshygieneverordnung (SchHaltHygV), Verordnung über hygienische Anforderungen beim Halten von Schweinen vom 7. Juni 1999 (BGBl 1, S. 1252), zuletzt geändert am 18.4.2000.

BUNDESMINISTERIUM FÜR VERBRAUCHERSCHUTZ, ERNÄHRUNG UND LANDWIRTSCHAFT [HEUTE: BUNDESMINISTERIUM FÜR ERNÄHRUNG, LANDWIRTSCHAFT UND VERBRAUCHERSCHUTZ] (HRSG.): Tierische Nebenprodukte-Beseitigungsgesetz (TierNebG) vom 25.01.2004 (BGBl I, S. 507).

BUNDESMINISTERIUM FÜR VERBRAUCHERSCHUTZ, ERNÄHRUNG UND LANDWIRTSCHAFT [HEUTE: BUNDESMINISTERIUM FÜR ERNÄHRUNG, LANDWIRTSCHAFT UND VERBRAUCHERSCHUTZ]: Handreichung Biogasgewinnung und -nutzung. Gülzow 2005.

BUNDESMINISTERIUM FÜR VERKEHR, BAU UND STADTENTWICKLUNG (HRSG.): Verordnung über die bauliche Nutzung der Grundstücke (Baunutzungsverordnung (BauNVO)) vom 26. Juni 1962, zuletzt geändert am 22. April 1993 (BGBl I, S. 466).

BUNDESMINISTERIUM FÜR VERKEHR, BAU UND STADTENTWICKLUNG (HRSG.): Baugesetzbuch vom 23. Juni 1960, zuletzt geändert am 21.12.2006 (BGBl. I, S. 3316).

BUNDESMINISTERIUM FÜR WIRTSCHAFT UND TECHNOLOGIE: Verordnung zur Änderung der Gasnetzzugangsverordnung, der Gasnetzentgeltverordnung, der Anreizregulierungsverordnung und der Stromnetzentgeltverordnung vom 8. April 2008 (BGBl I, S. 693-698).

COLEMAN, J.: Foundations of Social Theory. Cambridge 1990.

DAHLHOFF, A.: Biogasbetreiberdatenbank NRW der Landwirtschaftskammer Nordrhein-Westfalen, Stand 2007. Bonn 2007.

DAHRENDORF, R.: Homo Sociologicus. Ein Versuch zur Geschichte, Bedeutung und Kritik der Kategorie der sozialen Rolle. Opladen 1977 (zuerst 1958).

DEUTSCHER BAUERNVERBAND: Situationsbericht 2008. Trends und Fakten zur Landwirtschaft. Berlin 2007.

DIEKMANN, A.: Empirische Sozialforschung. Reinbek 2004.

DIERKES, M.: Akzeptanz und Akzeptabilität der Informationstechnologien. In: Wissenschaftsmagazin der Technischen Universität Berlin. Berlin 1982.

DRÄGER DE TERAN, M.: Methan und Lachgas – Die vergessenen Klimagase. Hintergrundinformationen WWF, Berlin 2007.

EAGLY, A.; CHAIKEN, S.: Attitude structure and function. In: Gilbert, D.; Fiske, S.; Lindzey, G.: (Hrsg.): Handbook of social psychology, 4th ed. New York 1998.

EIGNER-THIEL, S.; SCHMUCK, P.; LACKSCHEWITZ, H.: Kommunales Engagement für die energetische Nutzung von Biomasse: Auswirkungen auf Umweltverhalten, soziale Unterstützung, Selbstwirksamkeitserwartung und seelische Gesundheit. In: Umweltpsychologie, 8. Jg., Heft 3, 2004.

ENDRUWEIT, G.: „Akzeptanz und Sozialverträglichkeit". In: Endruweit, G.; Trommsdorff, G. (Hrsg.): Wörterbuch der Soziologie Band 1. Stuttgart 1989.

ENDRUWEIT, G.; TROMMSDORFF, G. (HRSG.): Wörterbuch der Soziologie Band 1. Stuttgart 1989.

ESSER, H.: Soziologie – Allgemeine Grundlagen. Frankfurt/Main, New York 1993.

ESSER, H.: Soziologie – Spezielle Grundlagen, Band 1: Situationslogik und Handeln, Frankfurt/Main1999.

FACHAGENTUR FÜR NACHWACHSENDE ROHSTOFFE: Biogas – Eine Einführung. Gülzow 2008.

FACHVERBAND BIOGAS E. V.: Biogas – Das Multitalent für die Energiewende. Fakten im Kontext der Energiepolitik-Debatte. Freising 2006.

FESTINGER, L.: An analysis of compliant behaviour. In: Cherif, C. W.; Wilson, M. O. (Hrsg.): Group relations on the crossroads. New York 1953.

FESTINGER, L.: A theory of cognitive dissonance. Evanstone 1957.

FORSTREUTER, T.: Nawaro-Bonus muss stabil bleiben. In: Landwirtschaftliches Wochenblatt Westfalen-Lippe, Heft 22/2007.

FRANZ, S.: Grundlagen des ökonomischen Ansatzes: Das Erklärungskonzept des Homo Oeconomicus. In: Fuhrmann, W. (Hrsg): International Economics, Heft 2 (2004), Nr. 2004-02.

FRIEDRICHS, J.: Methoden empirischer Sozialforschung. Opladen 1980.

FRITSCHE, U.: Treibhausgasemissionen und Vermeidungskosten der nuklearen, fossilen und erneuerbaren Strombereitstellung. Arbeitspapier Öko-Institut Freiburg. März 2007.

FUCHS, W.; KLIMA, R.; LAUTMANN, R.; RAMMSTEDT, O.; WIENOLD, H. (HRSG): Lexikon zur Soziologie. Opladen 1973.

GENOSSENSCHAFTSVERBAND NORDDEUTSCHLAND E. V.: Biogasanlagen in genossenschaftlicher Rechtsform – Wesentliche Aspekte sprechen für die eG. In: Dialog, Februar 2007.

GESCHÄFTSSTELLE DER LANDESINITIATIVE ZUKUNFTSENERGIEN NRW BEIM MINISTERIUM FÜR WIRTSCHAFT, MITTELSTAND UND ENERGIE: Dezentrale Biogasnutzung für das Kreishaus in Steinfurt. Düsseldorf 2006.

GESETZ ZUR ORDNUNG DES WASSERHAUSHALTS (Wasserhaushaltsgesetz (WHG)) vom 27. Juli 1957 (BGBl. I, S. 1110, 1386), zuletzt geändert am 10.5.2007.

GLÖCKNER-RIST, A. (HRSG.): ZUMA-Informationssystem. Elektronisches Handbuch sozialwissenschaftlicher Erhebungsinstrumente. ZIS Version 10.00. Mannheim: Zentrum für Umfragen, Methoden und Analysen 2006.

GÖMANN, H.; BREUER, T.: Deutschland – Energie-Corn-Belt Europas. In: Agrarwirtschaft – Zeitschrift für Betriebswirtschaft, Marktforschung und Agrarpolitik, Heft 5/6-2007.

GROßE ENKING, J.: Biogas – Wohin geht die Reise. In: Landwirtschaftliches Wochenblatt Westfalen-Lippe, Heft 30/2007.

GRUBER, W.; BRÄUTIGAM, V.: Biogasanlagen in der Landwirtschaft, aid infodienst Verbraucherschutz, Ernährung, Landwirtschaft e. V. Heft 1453/2005. Bonn 2005.

GRUBER, W.; DAHLHOFF, A.: Neue Impulse für Biogas. In: Landwirtschaftliches Wochenblatt Westfalen-Lippe, Heft 29/2008.

HABERMAS, J.: Vorbereitende Bemerkungen zu einer Theorie der kommunikativen Kompetenz. In: Habermas, J.; Luhmann, N.: Theorie der Gesellschaft oder Sozialtechnologie? Frankfurt 1976.

HABERMAS, J.; LUHMANN, N.: Theorie der Gesellschaft oder Sozialtechnologie? Frankfurt 1976.

HART, A.: Zur Standortwahl von NIMBY-Gütern, Saarbrücken 1994.

HELMLE, S.: Images sind Kommunikation. Empirische Untersuchung und Modellbildung zum Image der Landwirtschaft in Deutschland. In: Rollen der Landwirtschaft in benachteiligten Regionen. Tagungsband der 19. Jahrestagung der Österreichischen Gesellschaft für Agrarökonomie 2009. Insbruck 2009.

HENSELEIT, M.: Möglichkeiten der Berücksichtigung der Nachfrage der Bevölkerung nach Biodiversität am Beispiel von Grünland in Nordrhein-Westfalen bei der Ausgestaltung eines ergebnisorientierten Honorierungskonzepts im Rahmen des Vertragsnaturschutzes. Bonn 2006.

HENTSCHKE, H.: Landwirtschaftliche Biomasseanlagen – genehmigungsrechtliche Perspektiven. In: KTBL-Schrift 438 „Landwirtschaft – Visionen 2015", Tagungsband zur KTBL-Tagung 04.-06.04.2005 in Berlin. Darmstadt 2005.

HERKNER, W.: Lehrbuch Sozialpsychologie. Göttingen 1991.

HILGERS, Y.: Regionale Akteursnetzwerke in ländlichen Räumen – Eine Untersuchung bei kleinen und mittelständischen Unternehmen in der Region Aachen. Bonner Studien zur Wirtschaftssoziologie Band 32. Aachen 2008.

HOFINGER, G.: Denken über Umwelt und Natur. Weinheim 2001.

HOLM-MÜLLER, K.; BREUER, T.: Potenzialkonzepte für Energiepflanzen. In: Bundesamt für Bauwesen und Raumordnung (Hrsg.): Bioenergie: Zukunft für ländliche Räume. Bonn 2005.

HOLM-MÜLLER, K.; BREUER, T.: Abschätzung der Wertschöpfungspotenziale im ländlichen Raum durch Biokraftstoffe am Beispiel Nordrhein-Westfalens. In: Agrarwirtschaft – Zeitschrift für Betriebswirtschaft, Marktforschung und Agrarpolitik, Heft 5/6-2007.

HONDRICH, K.; MATTHES, J. (HRSG.): Theorievergleich in den Sozialwissenschaften. Darmstadt und Neuwied 1978.

HUBER, J.: Technikbilder – Weltanschauliche Weichenstellungen der Technologie- und Umweltpolitik. Opladen 1989.

INGLEHART, R.: Wertewandel in den westlichen Gesellschaften: Politische Konsequenzen von materiellen und postmaterialistischen Prioritäten. In: Klages, H.; Kmieciak, P. (Hrsg.): Wertewandel und gesellschaftlicher Wandel. Frankfurt a. M., New York 1979.

JÄGER, P.; SCHWAB, M.; STEPHANY, R.: Betriebsform, Arbeitszeit, Steuern. In: Bundesministerium für Verbraucherschutz, Ernährung und Landwirtschaft [heute: Bundesministerium für Ernährung, Landwirtschaft und Verbraucherschutz]: Handreichung Biogasgewinnung und -nutzung. Gülzow 2005.

JAUFMANN, D.; KISTLER, E.: Bevölkerung und Technik – Einige einleitende Anmerkungen zum Thema. In: Jaufmann, D.; Kistler, E. (Hrsg.): Einstellungen zum technischen Fortschritt, Technikakzeptanz im nationalen und internationalen Vergleich. Frankfurt a. M., New York 1991.

JAUFMANN, D.; KISTLER, E. (HRSG.): Einstellungen zum technischen Fortschritt, Technikakzeptanz im nationalen und internationalen Vergleich. Frankfurt a. M., New York 1991.

JUCHEM, R.: Darf man mit Weizen heizen? In: Kirchenbote – Wochenzeitung für das Bistum Osnabrück, Nr. 12 vom 26. März 2006.

KALTSCHMITT, A.: Stellung und Bedeutung von Biogas als regenerativer Energieträger in Deutschland. In: Bundesministerium für Verbraucherschutz, Ernährung und Landwirtschaft [heute: Bundesministerium für Ernährung, Landwirtschaft und Verbraucherschutz]: Handreichung Biogasgewinnung und -nutzung. Gülzow 2005.

KALTSCHMITT, M.; HARTMANN, H.: Energie aus Biomasse – Grundlagen, Techniken und Verfahren. Berlin 2002.

KASSEL, K.-F.: Nemitz ist überall. In: Die Zeit, Nr. 46 vom 10. November 2005.

KECK, G.: Einstellungsbildung zur Gentechnik bei Schülerinnen und Schülern unter dem Einfluss von Schule – Eine quantitative Querschnittsanalyse. Stuttgart 2000.

KENNEDY, P.: A Guide to Econometrics. Oxford 1998.

KEYMAR, U.; REINHOLD, G.: Grundsätze bei der Projektplanung. In: Bundesministerium für Verbraucherschutz, Ernährung und Landwirtschaft [heute: Bundesministerium für Ernährung, Landwirtschaft und Verbraucherschutz]: Handreichung Biogasgewinnung und -nutzung. Gülzow 2005.

KLAGES, H.; KMIECIAK, P. (HRSG.): Wertewandel und gesellschaftlicher Wandel. Frankfurt, New York 1979.

KOLLMANN, T.: Das Konstrukt der Akzeptanz im Marketing. In: Wirtschaftswissenschaftliches Studium, Nr. 3, 1999.

KREDITANSTALT FÜR WIEDERAUFBAU (KFW): KfW-Programm Erneuerbare Energien. Programmnummer 128, gültig bis zum 31.12.2007.

KROMREY, H.: Empirische Sozialforschung. Stuttgart 2006.

KROEBER-RIEL, W.: Konsumentenverhalten, 5. Auflage, München 1992.

KÜHN, M.; DANIELZYK, R.: Der Stellenwert der Kulturlandschaft in der Regional- und Raumplanung – Fazit, Ausblick und Handlungsempfehlungen. In: Matthiesen, U.; Danielzyk, R.; Heiland, S.: Kulturlandschaften als Herausforderung für die Raumplanung. Verständnisse – Erfahrungen – Perspektiven. Hannover 2006.

KÜHNEL, S.; KREBS, D.: Statistik für die Sozialwissenschaften. Grundlagen, Methoden, Anwendungen. Hamburg 2001.

KUHL, J.; BECKMAN, J. (HRSG.): Action-control: From cognition to behaviour. Berlin 1985.

KURATORIUM FÜR TECHNIK UND BAUWESEN IN DER LANDWIRTSCHAFT (HRSG.): Bau- und umweltpolitische Rahmenbedingungen der Veredelungsproduktion; KTBL-Arbeitspapier Nr. 265, Münster 1998.

KUTSCH, T.; NOLTEN, R.; PIECHACZEK, J.: Vereinbarkeit der Ziel-, Indikatoren- und Handlungssysteme von Landwirten von landwirtschaftsbezogenen gesellschaftlichen Rollenerwartungen. In: Schriftenreihe der Rentenbank, Band 24: Neue Potenziale für die Landwirtschaft. Herausforderungen für die Agrarpolitik. Frankfurt 2009.

KUTSCH, T.; WISWEDE, G.: Sozialer Wandel. Darmstadt 1978.

KUTSCH, T.; WISWEDE, G.: Wirtschaftssoziologie. Stuttgart 1986.

LANDKREIS DÜREN: Portrait des Landkreises auf der Homepage, siehe: www.kreisdueren.de/neu/, zuletzt am 6. Januar 2009.

LANDKREIS EMSLAND 2008: Kreisbeschreibung, siehe: www.emsland.de/42.html, zuletzt am 6. Januar 2009.

LANDWIRTSCHAFTSKAMMER NIEDERSACHEN: Pressemitteilungen 2009, siehe: www.lwk-niedersachsen.de/index.cfm/portal/landwirtschaftskammer/nav/782/article/11441.html, zuletzt am 7. Januar 2009.

LANDWIRTSCHAFTSKAMMER NIEDERSACHSEN: Veräußerungsfälle von Ackerland und Grünland in den Landkreisen 2004. Oldenburg 2005.

LANDWIRTSCHAFTSKAMMER NORDRHEIN-WESTFALEN: Zahlen zur Landwirtschaft in Nordrhein-Westfalen 2008. Bonn 2008.

LEIBNIZ-ZENTRUM FÜR AGRARLANDSCHAFTSFORSCHUNG (HRSG.): Grünes Gold im Osten?! Flächenansprüche von Biomassepfaden durch klimabedingte Ausbauziele und Handlungsoptionen für die Raumordnung. Endbericht Kulturlandschaftliche Wirkungen eines erweiterten Biomasseanbaus für energetische Zwecke. Müncheberg 2007.

LETTMANN, A.: Akzeptanz von Extensivierungsstrategien. Bonner Studien zur Wirtschaftssoziologie Band 2. Witterschlick/Bonn 1995.

LINNARTZ, T.: Die Landwirtschaft und ihre Probleme im Meinungsbild der Bevölkerung – Eine Analyse hinsichtlich ausgewählter Themen und ihrer Bestimmungsgründe. Bonn 1994.

LUBOWSKI, K.: Pastor will Behlendorf versöhnen. In: Hamburger Abendblatt, Ausgabe vom 26. November 2006.

LUCKE, D.: Akzeptanz – Legitimität in der „Abstimmungsgesellschaft", Opladen 1995.

LUCKE, D.: Akzeptanz. In: Schäfers, B.: Grundbegriffe der Soziologie, Opladen 2000.

LINDENBERG, S.: An assessment of the new political economy: Its potential for the social sciences and for sociology in particular. In: Sociological Theory, Vol. 3.

LINDENBERG, S.; WIPPLER, R.: Theorievergleich: Elemente der Rekonstruktion. In: Hondrich, K. O.; Matthes, J. (Hrsg.): Theorievergleich in den Sozialwissenschaften, Darmstadt und Neuwied 1978.

MAAG, G.: Gesellschaftliche Werte. Strukturen, Stabilität und Funktion. Opladen 1991.

MAHLAU, G.: Das Image der Landwirtschaft – Ein Vergleich zwischen Medienberichterstattung, Bevölkerungsmeinung und Identität. Bonn 1999.

MANN, S.; KÖGL, H.: On the acceptance of animal production in rural communities. In: Land Use Policy, 20,3. 2003.

MATTHIAS, J.; JÄGER, P.; KLAGES, A; NIEBAUM, A.: Rechtliche und administrative Rahmenbedingungen. In: Bundesministerium für Verbraucherschutz, Ernährung und Landwirtschaft [heute: Bundesministerium für Ernährung, Landwirtschaft und Verbraucherschutz]: Handreichung Biogasgewinnung und -nutzung. Gülzow 2005.

MATTHIAS, J.: Die Wärme nicht ungenutzt lassen. In: Landwirtschaftliches Wochenblatt Westfalen-Lippe, Heft 19/2007.

MATTHIESEN, U.; DANIELZYK, R.; HEILAND, S.: Kulturlandschaften als Herausforderung für die Raumplanung. Verständnisse – Erfahrungen – Perspektiven. Hannover 2006.

MECKLING, W.: Values and the Choice of the Individual in the Social Sciences. In: Schweizerische Zeitschrift für Volkswirtschaft und Statistik, 112, 545 (1976).

MEIER, T.; HAGEDORN, K.: Ein Ansatz zur Operationalisierung des Konstrukts „Image" für die Marktforschung. In: Agrarwirtschaft 42, Heft 3/1993.

MERTON, R. K.: Social Theory and Social Structure. London 1957.

MERTON, R. K.: Social Problems and Social Theory. In: Merton, R. K.; Nisbet, R. A. (Hrsg.): Contemporary Social Problems. New York 1961.

MERTON, R. K.; NISBET, R. A. (HRSG.): Contemporary Social Problems. New York 1961.

MINISTERIUM FÜR UMWELT UND FORSTEN RHEINLAND-PFALZ (HRSG.): Handbuch für die Planung, die Errichtung und den Betrieb von Biogasanlagen in der Landwirtschaft in Rheinland-Pfalz. Mainz o. J.

MINISTERIUM FÜR UMWELT UND NATURSCHUTZ, LANDWIRTSCHAFT UND VERBRAUCHERSCHUTZ DES LANDES NORDRHEIN-WESTFALEN: Ratgeber für Genehmigungsverfahren bei landwirtschaftlichen Biogasanlagen. Düsseldorf 2002.

MÜNCH, R.: Soziologische Theorie, Band 2: Handlungstheorie. Frankfurt 2002.

MUMMENDEY, A.: Zum gegenwärtigen Stand der Erforschung der Einstellungs-Verhaltens-Konsistenz. In: Mummendey, H. (Hrsg): Einstellung und Verhalten. Bern 1979.

MUMMENDEY, H. (HRSG): Einstellung und Verhalten. Bern 1979.

NIEDERSÄCHSISCHES LANDESAMT FÜR STATISTIK: Agrarstrukturerhebung 2007.

NISCHWITZ, G.: Sozioökonomische, ökologische und rechtliche Rahmenbedingungen für die Veredelungswirtschaft in der zweiten Hälfte der neunziger Jahre. Vechta 1996.

N. N.: Anbau nachwachsender Rohstoffe. In: Landwirtschaftliches Wochenblatt Westfalen-Lippe, Heft 6/2010.

N. N.: Biogas boomt. In: Landwirtschaftliches Wochenblatt Westfalen-Lippe, Heft 6/2010 vom 11.2.2010.

N. N.: Biogas-Silomais auf gut 243.000 Hektar. In: AGRA-EUROPE, Heft 47/07, Kurzmeldungen 27. Bonn 2007.

N. N.: Biomethan ins Erdgasnetz. In: Landwirtschaftliches Wochenblatt, Heft 21/2008.

N. N.: Das Image der deutschen Landwirtschaft – Ergebnisse einer Repräsentativbefragung in Deutschland. Bonn 2007.

N. N.: Klimapaket stabilisiert Absatz von Bioenergie aus der Landwirtschaft. In: AGRA-Europe, Heft 50/07, Länderberichte 6. Bonn 2007.

N. N.: Portrait des Bürgerforums des Ortsteils Vorhelm auf der Homepage: www.ahlenvorhelm.de, zuletzt am 10.2.2010.

N. N.: Portrait der Bürgerinitiative Bürstadt auf der Homepage: www.biogas-buerstadt.de/beweggruende.htm, zuletzt am 10.2.2010.

N. N.: Portrait der Bürgerinitiative Eggebek auf der Homepage: www.buerger-fuer-eggebek.de/biogeruch.html, zuletzt am 10.2.2010.

N. N.: Portrait der Bürgerinitiative gegen ein geplantes Steinkohlekraftwerk: www.saubere-energie-doerpen.de, zuletzt am 23.3.2009.

N. N.: Russland und Ukraine verhandeln wieder. In: Stern, Ausgabe vom 3. Januar 2006.

NOLTEN, R.: Implementation von Naturschutzsonderprogrammen. Bonner Studien zur Wirtschaftssoziologie Band 8. Witterschlick/Bonn 1997.

NOLTEN, R.: Landwirtschaft: Selbstverständlicher Dorfbestandteil und Konfliktquelle? In: Berichte über die Landwirtschaft 7, Münster-Hiltrup 1998.

PETERSEN, G.; BRUHN, M.: Einstellung der Bevölkerung zu modernen Technologien in der Land- und Ernährungswirtschaft, Institut für Agrarökonomie der Christian-Albrechts-Universität Kiel, Lehrstuhl für Agrarmarketing, Arbeitsbericht Nr. 19, Kiel 2001.

PLIENINGER, T.; BENS, O.; HÜTTL, R.: Naturräumlicher und sozioökonomischer Wandel, Innovationspotenziale und politische Steuerung am Beispiel des Landes Brandenburg. Berlin 2005.

PÖLKING, A.; STIEPEL, B.; PREMKE-KRAUS, M.; WILL, J.; LÜDTKE, S.: Bioenergie und Biogasförderung nach dem neuen EEG und ihre Auswirkungen auf Natur und Landschaft. Wolfenbüttel 2006.

PORST, R.: Wie man die Rücklaufquote bei postalischen Befragungen erhöht. Zentrum für Umfragen, Methoden und Analysen – ZUMA how-to-Reihe, Nr. 09. Mannheim 2001.

RAMMSTEDT, B.: Zur Bestimmung der Güte von Multi-Item-Skalen: eine Einführung. ZUMA How-to-Reihe Nr. 12. Zentrum für Umfragen, Methoden und Analysen. Mannheim 2004.

RAU, T.: Umweltprobleme und umweltorientierte Landbewirtschaftung. Münster-Hiltrup 1989.

REHSE, H.-P.: Pachtpreise leicht angezogen. In: Landwirtschaftliches Wochenblatt Westfalen-Lippe, Heft 08/2009.

RENN, O.; PFENNING, U.: Bürgergutachten zur zukünftigen nachhaltigen Energieversorgung in Hausen – sozialwissenschaftliche Begleitforschung. Stuttgart 2006.

RENN, O.; ZWICK, M.: Risiko- und Technikakzeptanz. Berlin, Heidelberg 1997.

RICHTER P.: Themenheft „Psychologie des Unternehmertums". In: Wirtschaftspsychologie 2/2005.

RIESMAN, D.: The lonely Crowd. New Haven 1950.

RÖGLIN, H.-C.: Verdient Vertrauen, wer um Vertrauen wirbt? – Gedanken zu einem neuen Konzept der Öffentlichkeitsarbeit. In: gdi-impuls, 3-1/1985.

ROMBERG, T.: Dort hui, hier pfui. In: Die Zeit, Nr. 3 vom 14. Januar 2010.

ROSENBERG, M.; HOVLAND, C.: Attitude Organization and Change. New Haven 1960.

SACHS, L.: Angewandte Statistik. Berlin 1998.

SCHAAK, T.: Stellungnahme zum Thema: Thermische Verwertung von Getreide. Nordelbische Kirche, o. O., o. J.

SCHÄFERS, B.: Grundbegriffe der Soziologie. Opladen 2000.

SCHERHORN, G.; HAAS, H.; HELLENTHAL, F.; SEIBOLD, S.: Naturverträgliches Handeln. In: Glöckner-Rist, A. (Hrsg.): ZUMA-Informationssystem. Elektronisches Handbuch sozialwissenschaftlicher Erhebungsinstrumente. ZIS Version 10.00. Mannheim: Zentrum für Umfragen, Methoden und Analysen 2006.

SCHEUERMANN, A.; THRÄN, D.; WILFERT, R.: Fortschreibung der Daten zur Stromerzeugung aus Biomasse – Bericht für die Arbeitsgruppe Erneuerbare Energien-Statistik. Leipzig 2004.

SCHLAGHECK, H.: Beiträge der Agrarstrukturpolitik zur nachhaltigen Entwicklung ländlicher Räume. In: Zeitschrift für Kulturtechnik und Landentwicklung 41.2000.

SCHMITT, M.; BECKMANN, G.: Flächeninanspruchnahme privilegiert zulässiger Vorhaben im Außenbereich. Bonn 2006.

SCHMUCK, P.; EIGNER-THIEL, S.; LACKSCHEWITZ, H.: Das „Bioenergiedorf"-Projekt: Interdisziplinäre und transdisziplinäre Erfahrungen von UmweltpsychologInnen beim Initiieren eines Projekts zur Nutzung Erneuerbarer Energien im ländlichen Raum. In: Umweltpsychologie, 7. Jg., Heft 2, 2003.

SCHNELL, R.; HILL, P.; ESSER, E.: Methoden der empirischen Sozialforschung. München 1995.

SCHOLWIN, F.; GATTERMANN, H.; SCHATTAUER, A; WEILAND, P.: Anlagentechnik zur Biogasbereitstellung. In: Bundesministerium für Verbraucherschutz, Ernährung und Landwirtschaft [heute: Bundesministerium für Ernährung, Landwirtschaft und Verbraucherschutz]: Handreichung Biogasgewinnung und -nutzung. Gülzow 2005.

SEIPEL, C.; RIEKER, P.: Integrative Sozialforschung. Konzepte und Methoden der qualitativen und quantitativen empirischen Forschung. München 2003.

SPILLER, A.; GERLACH, S.: Stallbaukonflikte bei landwirtschaftlichen Stallbauten: Hintergründe und Einflussfaktoren – Ergebnisse einer empirischen Analyse. Diskussionsbeitrag 0602, Universität Göttingen 2006.

SPILLER, A.; GERLACH, S.: Stallbaukonflikte in Nicht-Veredelungsregionen: Empirische Analyse und Folgerungen für effiziente Governancestrukturen. Beitrag im Rahmen der 46. Jahrestagung der Gesellschaft für Wirtschafts- und Sozialwissenschaften des Landbaus (GeWiSoLa) in Gießen vom 04.-06. Oktober 2006.

STACHELSKY, F. VON: Typologie und Methodik von Akzeptanzforschungen zu neuen Medien. In: Publizistik, 28 (1), 1983.

STACHOWIAK, H.: Bedürfnisse, Werte und Normen im Wandel. Band II, Methoden und Analysen. Paderborn 1982.

STAISS, F.; KRATZAT, M.; NITSCH, J.; LEHR, U.; EDLER, D.; LUTZ, C.: Erneuerbare Energien: Arbeitsplatzeffekte – Wirkungen des Ausbaus Erneuerbarer Energien auf den deutschen Arbeitsmarkt. Berlin 2006.

STROEBE, W.; JONAS, K.; HEWSTONE, M. (HRSG.): Sozialpsychologie – eine Einführung. Berlin 2002.

STÜCKEMANN, K.: Gewinn für alle? Biogasprojekt Borken. In: Landwirtschaftliches Wochenblatt Westfalen-Lippe, Heft 12/2009.

STÜCKEMANN, K.: Ungesunder Biogas-Boom. In: Landwirtschaftliches Wochenblatt Westfalen-Lippe, Heft 6/2010.

STÜCKEMANN, K.: Wann wird endlich gebaut? In: Landwirtschaftliches Wochenblatt Westfalen-Lippe, Heft 4/2010.

THÖNE, K.-F.: Europäische Politik für die ländliche Entwicklung. In: Zeitschrift für Kulturtechnik und Landentwicklung 38.1997.

TROJECKA, A.: Landwirte als Energiewirte. Osnabrück 2007.

VERORDNUNG (EG) NR. 1774/2002 des Europäischen Parlaments und des Rates vom 3. Oktober 2002 mit Hygienevorschriften für nicht für den menschlichen Verzehr bestimmte tierische Nebenprodukte (EG-Hygiene-VO-Abl L 273 vom 10.10.2002).

WEBER, M.: Die protestantische Ethik und der Geist des Kapitalismus. In: Weber, M.: Gesammelte Aufsätze zur Religionssoziologie. Tübingen 1978 (zuerst 1920).

WECK, M.: Die garantierte Einspeisevergütung für Strom nach dem Gesetz über den Vorrang Erneuerbarer Energien – Anwendungsprobleme, europa- und verfassungsrechtliche Fragen. Frankfurt/Main 2004.

WETTER, C.; BRÜGGING, E.: Leitfaden zum Bau einer Biogasanlage – Band II. Gesetzliche Grundlagen und Planung. Steinfurt o. J.

WETTER, C.; BRÜGGING, E.: Leitfaden zum Bau einer Biogasanlage – Band III. Gesetzliche Grundlagen und Planung. Steinfurt o. J.

WISSENSCHAFTLICHER BEIRAT AGRARPOLITIK BEIM BUNDESMINISTERIUM FÜR ERNÄHRUNG, LANDWIRTSCHAFT UND VERBRAUCHERSCHUTZ: Nutzung von Biomasse zur Energiegewinnung – Empfehlungen an die Politik. Berlin 2007.

WISWEDE, G.: Soziologie – Grundlagen und Perspektiven für den wirtschafts- und sozialwissenschaftlichen Bereich. Landsberg 1998.

WOBSER, T.: Biogas – zu optimistisch geplant? In: Landwirtschaftliches Wochenblatt Westfalen-Lippe, Heft 14/2007.

BONNER STUDIEN ZUR WIRTSCHAFTSSOZIOLOGIE

Schriftenreihe des Lehrstuhls für Wirtschaftssoziologie
der Universität Bonn

Herausgegeben von Prof. Dr. Thomas Kutsch

Erschienene Bände in der Reihe:

Die Bände 1 bis 26 sind im Digital Druck & Verlag P. Wehle erschienen.

Bd. 27: **Governing the Ethiopian Coffee Forests**
A Local Level Institutional Analysis in Kaffa and Bale Mountains
von Till Stellmacher
2007 • 270 Seiten • ISBN 978-3-8322-5371-4

Bd. 28: **Leben mit der Überschwemmung im ländlichen Bangladesch**
Die Vulnerabilität der betroffenen Menschen und Perspektiven für eine angepasste Entwicklung
von Heinrich-Josef Wilms
2007 • 256 Seiten • ISBN 978-3-8322-5950-1

Bd. 29: **Implications of Quality-Based Agri-Food Supply Chains on Agri-Social Systems**
The Case of Smallholder Coffee Growers in South Colombia
von Jürgen Piechaczek
2009 • 341 Seiten • ISBN 978-3-8322-7363-7

Bd. 30: **Implementierung des staatlichen Programms zur Urbarmachung von Feuchtgebieten in Süd-Ruanda**
Empirische Untersuchung in den Marais von Gitarama
von Godihald Mushinzimana
2008 • 236 Seiten • ISBN 978-3-8322-7368-2

Bd. 31: **Developmental Effects of Food Aid**
Evidence on the Social Capital situation of rural villages in Northern Ethiopia
von Ermias Habte Bulgu
2008 • 268 Seiten • ISBN 978-3-8322-7430-6

Bd. 32: **Regionale Akteursnetzwerke in ländlichen Räumen**
Eine Untersuchung bei kleinen und mittelständischen Unternehmen in der Region Aachen
von Yvonne Hilgers
2008 • 278 Seiten • ISBN 978-3-8322-7767-3

Bd. 33: Schulische Ernährungserziehung Jugendlicher unter Berücksichtigung unterschiedlicher sozialer Milieus
von Sandra Greiten
2009 • 214 Seiten • ISBN 978-3-8322-8688-0

Bd. 34: **Akzeptanz von Biogasanlagen**
von Michael Griesen
2010 • 252 Seiten • ISBN 978-3-8322-9616-2